Ich bedanke mich bei meinem Mentor Rolf Dodenhoff für das neue Wissen, das er mir eröffnet hat, bei Christian Joswig und bei allen anderen, die sich selbstlos dafür einsetzen, die Wahrheit zu verbreiten. Außerdem bei Sven für seine Hilfe, sowie bei meinen Eltern dafür, daß sie mir auf meinem Weg nie im Wege gestanden haben.

Die Deutsche Bibliothek - CIP-Einheitsaufnahme

Conrad, Jo:
Entwirrungen : Über kosmische Gesetzmäßigkeiten und warum sie uns vorenthalten werden. / Jo Conrad. - Lilienthal : Langenbruch, 1996
ISBN: 3-9804586-5-2

Das Copyright liegt beim Autor.
Nachdruck nur mit schriftlicher Genehmigung.

Gestaltung: Jo Conrad
Verlag: Langenbruch, Lilienthal
Jo Conrad, 27726 Worpswede
Fax: 04792-3537
e-mail: JoConrad1@aol.com

1. Auflage: 10.1996
2. Auflage: 4.1997
3. Auflage: 12.1997

JO CONRAD

Entwirrungen

Über kosmische Gesetzmäßigkeiten und warum sie
uns vorenthalten werden.

**Die Wahrheit zu sagen ist ein Akt der Liebe, der *nur* dem Ganzen dienen kann.
Leider ist heute meistens das Gegenteil wahr.**

Jo Conrad

Ein Mensch - was noch ganz ungefährlich -
erklärt die Quanten (schwer erklärlich)
Ein zweiter, der das All durchspäht,
erforscht die Relativität.
Ein dritter nimmt, noch harmlos, an,
Geheimnis stecke im Uran.
Ein vierter ist nicht fernzuhalten
Von dem Gedanken, kernzuspalten.
Ein fünfter - reine Wissenschaft -
Entfesselt der Atome Kraft.
Ein sechster, auch noch bonafidlich,
Will die verwerten, doch nur friedlich.
Unschuldig wirken sie zusammen:
Wen dürfen, einzeln, wir verdammen?
Ist´s nicht der siebte erst und achte,
Der Bomben dachte und dann machte?
Ist´s nicht der Böseste der Bösen,
Der´s dann gewagt, sie auszulösen?
Den Teufel wird man nie erwischen:
Er steckt von Anfang an dazwischen.

Eugen Roth an Otto Hahn

Inhalt

Einleitung - *Ein Buch ohne Einleitung ist wie ein Fisch ohne Fahrrad* 7

Manifest gegen die Verwirrung - *Darüber, daß wir manipuliert werden und unser Weltbild absichtlich verwirrt wird, und über die Notwendigkeit, diesen Zustand zu beenden.* 9

Glauben heißt nicht wissen - *Können wir Gott beweisen, oder gibt es „schlagende Beweise", daß die Entstehung der Welt mit einer immer höheren Ordnung durch Urknall und Zufall unmöglich ist? Und ist es der Gott aus dem Alten Testament oder der nu gerade nicht? War Jahve ein Außerirdischer, und wo ist dann der wirkliche Gott?* 17

Die Schwingungen von Geist und Materie - *Ohne ein Quantenphysiker zu sein - gibt es ein Modell, anhand dessen wir uns vorstellen können, wie eine geistige Ebene, die nicht auf „kleinsten Teilchen" basiert, aussehen könnte? Gibt es ein einleuchtendes Bild, so daß wir nicht sichtbare Phänomene und Unerklärliches verstehen können?* 31

Die Hausordnung - *Können wir auf der Erde machen, was wir wollen, oder gibt es ein kosmisches Regelwerk, an das wir uns halten können?* 52

Von Logen und Brüdern - *Liegt der chaotische Zustand unserer Welt daran, daß es so schwer ist, vernünftige Dinge in der Weltpolitik umzusetzen, oder haben wir Kriege, Gewalt, Umweltzerstörung, Ignoranz etc. weil bestimmte Mächte nicht wollen, daß sich die Menschen frei entwickeln?* 61

Kennedy und die Ufos - *Fand Kennedy eine Wahrheit heraus, die ihn das Leben kostete? Und hatte es damit zu tun, daß es geheime Verbindungen mit Außerirdischen gibt?* 99

Unheimliche Art der 3. Begegnung - *Etwas zum Aufmuntern.*
Lachen nimmt uns die Angst. 136

Scharlatane - *Hat die Schulmedizin immer recht? Hat sie das Recht,*
Menschen, die sich nicht auf die Segnungen von Apparatemedizin und
Pharmaindustrie verlassen wollen, sondern auf die Heilkräfte
des Körpers, gezielt zu diffamieren? Gibt es Menschen, die elemen-
tare Dinge zur Gesundung entdeckt haben, die aber nicht genug
Profit bringen und, schlimmer noch, die Menschen selber gesund
werden lassen könnten? 139

Mord und andere Kleinigkeiten - *Was ist mit dem Terrorismus,*
Elektrosmog und dem Sommerozon? Werden uns allerhand
Lügen aufgetischt, um die Interessen bestimmter Gruppen nicht
zu gefährden? 177

Die Gefühle von Topfpflanzen - *Bei all den ernsten Themen was*
für den kleinen Lacher zwischendurch. 197

Was Sie schon immer über Sex wissen wollten - *Ist Sex so ekelig, daß*
Maria eine „unbefleckte Empfängnis" hinlegen mußte, damit Chris-
ten nicht erröten? Wie können wir mit sexuellen Energien veranwort-
lich umgehen? 200

Es gibt keine Zufälle - *Steht unser Schicksal in den Sternen, oder*
haben wir selber in der Hand, was für einen Verlauf unser Leben
nimmt? 209

Was bringt die Zukunft? - *Geht alles den Bach runter und steht die*
Apokalypse kurz bevor, oder gibt es etwas viel Wundervolleres in
einer Zukunft, die die meisten von uns noch miterleben werden? 222

Literatur- und Quellenverzeichnis 239

Einleitung

Nicht wahr, diese Welt ist ziemlich verwirrend. Man weiß wirklich kaum noch, was man glauben soll. Und man möchte doch so gerne an etwas glauben, an Gott, an UFOs, an was auch immer. Glauben Sie an Reinkarnation? Glauben Sie, daß John F. Kennedy von Lee Harvey Oswald ermordet wurde? Glauben Sie, daß es eine Hölle gibt, in der „böse" Menschen ewig schmoren müssen? Aber woher soll man *wissen*? Wo einem doch jedermann eine andere Wahrheit anbietet - und jetzt kommt noch dieses Buch, das wieder eine ganz andere Wahrheit zu haben meint. Es behauptet sogar, daß die Verwirrung, die wir haben, absichtlich so gewollt ist, ja, daß sogar Kriege geplant und gewollt sind. Daß es Leute gibt, die Wissen zurückhalten, damit die Menschen dumm und kontrollierbar bleiben.

Mit Weltanschauungen ist das so eine Sache. Es gibt sie im Dutzend billiger. Was kann man denn wirklich glauben? Schön wäre es, wenn man sie ausprobieren könnte. So wie die Schwerkraft: Man mag für sich empfinden, daß die Erdanziehungskraft früh am Tag größer sein muß als am Rest des Tages, da man morgens so schlecht aus dem Bett kommt. Aber mit ein paar einfachen Versuchen kann man sich Klarheit verschaffen. Bei Fragen des Glaubens ist das schon schwieriger. Aber auch da ist doch das Mindeste, daß einem Antworten, die einem gegeben werden, einleuchten.

Dies ist ein Buch über Gott und die Welt. Denn die Frage beginnt ja grundsätzlich da, ob es einen Schöpfer allen Lebens gibt und also eine höhere Ordnung der Welt, oder ob alles aus dem Chaos, aus dem Zufall entstanden ist. Glaubt man an den Urknall und die Evolution, gibt es kaum einen Grund, nicht seinen eigenen Vorteil zu suchen. Man kann dann das Leben beliebig manipulieren. Wenn es jedoch eine höhere Ordnung gibt, kann das Auswirkungen haben, die wir kaum ermessen können.

Wenn es aber einen Gott gibt, warum läßt er dann so viel Leid und so viel Unperfektes zu? Oder können wir den Göttlichen Plan nur nicht erkennen und müssen ihm blind vertrauen? Haben die Kirchenleute, hat der Papst denn genaue Kenntnis vom Göttlichen Plan, und müssen wir die Dinge einfach so glauben, wie sie uns gelehrt werden?

Gibt es einen Sinn hinter allem, einen Plan für unser Leben? Und wenn wir diesen Plan kennen würden, könnten wir uns dann nicht vieles einfacher gestalten, so daß das Leben nicht gegen uns arbeitete, sondern mit uns? Hat nun die moderne Wissenschaft diesen Plan durchschaut, oder hält sie uns vielleicht sogar davon ab, ihn zu erkennen? Kennen die Kirchen diesen Plan, oder halten sie uns vielleicht auch ab? Oder können wir die kosmischen Zusammenhänge nicht erkennen, weil es eine Verschwörung der Mächte gibt, die ihre eigenen Ziele unabhängig von Gott verfolgen? Die müßten dann aber sowohl in den Massenmedien, in den Bildungseinrichtungen und in den Kirchen stecken.

Was sollen wir da noch glauben? Kann man das alles entwirren? Gibt es die Wahrheit irgendwo da draußen? Oder ist sie vielleicht sogar in uns selber? Wozu dann dieses Buch lesen? Gute Frage!

Dieses Buch ist nur eine Übersicht über die wichtigsten Aspekte, die Sie wissen sollten, um die Welt besser zu verstehen. Die Einzelheiten sind dermaßen komplex, daß man etliche Bücher zu jedem der hier dargestellten Themen schreiben kann. Und man kann auch welche kaufen; ein paar Buchempfehlungen finden Sie daher im Anhang. Es geht in diesem Buch weniger um die spezifischen Details als um ein Verständnis der Zusammenhänge, die unsere Welt zu der machen, die sie ist.

Dieses Buch ist auch kein wissenschaftliches Werk; nicht alles wird bewiesen oder belegt. Aber da die Wissenschaft trotz aller streng wissenschaftlichen Vorgehensweise oft den aberwitzigsten Stuß zustandebringt, habe ich auch nicht die Absicht, um wissenschaftliche Anerkennung zu buhlen.

Auch fehlt meinem Buch die „political correctnes", da dieses m.E. zu viele Einschränkungen auferlegt, Dinge zu sagen, die gesagt werden müssen, und stattdessen unnötige Klimmzüge erfordert, um ja niemanden zu diskriminieren. Also, liebe *LeserInnen*: Dies ist das letzte Mal in diesem Buch, daß ich mich um eine sprachliche Frauenquote bemühe. Man/Frau kann´s auch übertreiben. Okay? Ich diskriminiere Sie bestimmt nicht. Wenn Sie es doch so empfinden, ist nur Ihr Ego gekränkt. Und das wird bei der bevorstehenden Lektüre sowieso stellenweise heftig schlucken.

Sicherlich wird es heftige Abwehrreaktionen gegen Vieles in diesem Buch geben. Sie werden sich fragen, wieso bildet sich der Mensch ein, alles besser zu wissen als alle anderen. Sie werden den flapsigen Stil für solche ernsten Themen vielleicht unangemessen finden. Jeder mag sich an etwas anderem stören. Dennoch hoffe ich, daß Sie mir trotzdem die Chance geben, Ihnen ein paar heftige Denkanstöße zu verpassen.

Da geht´s auch schon los...

Manifest gegen die Verwirrung

Wenn man den Zustand unserer Welt beschreiben will, trifft der Begriff „Verwirrung" ihn wohl am besten. Nach dem, was uns die Massenmedien berichten, erscheint alles chaotisch, voller Gewalt und ohne Respekt vor dem Leben. Und selbst spirituell Suchende verwirren sich leicht im Labyrinth unterschiedlicher Lehren, Ansichten und Glaubensbekenntnisse.

Die wenigsten Menschen sind sich bewußt, daß diese Verwirrung von bestimmten Wesen, die sich den Planeten Erde unter den Nagel reißen wollen, absichtlich so gewollt ist. Sie halten die Menschen künstlich im Zustand der Verwirrung und Angst, um sie kontrollieren zu können.

Angst ist tatsächlich das, was den negativsten Effekt auf uns und unsere Entwicklung hat. Sie hält uns davon ab, frei zu sein und das Leben zu lieben. Natürlich gibt es auch positive Wahrheiten, die verbreitet werden, die aber nur schwer Früchte tragen, da sie in der allgemeinen und absichtlich erzeugten Verwirrung nicht in ihrer Klarheit hervortreten können.

Die Religionen, die eigentlich dazu da sein sollten, das Positive auf die Welt zu bringen, wurden ebenfalls so weit manipuliert, daß kaum noch ein positives Verständnis der spirituellen Zusammenhänge möglich ist. Viele Kirchen reden den Menschen ein schlechtes Gewissen ein und machen ebenfalls Angst. Die Religionen, die vor tausend Jahren galten, mögen damals durchaus ihren Sinn gehabt haben und waren gut für ihre Zeit. In unserer Zeit können aber nur noch wenige Menschen Trost in ihnen finden, da die heiligen Schriften verwirrend und widersprüchlich sind. Die Menschen spüren, daß die Wahrheiten heute nicht mehr von den Kirchenvätern kommen, und wenden sich in Scharen ab.

Was für ein Glaube müßte also für heute gelten, oder, anders gefragt, gibt es eine Glaubensrichtung, die die Verwirrung beseitigen kann, die eindeutige, klare Antworten gibt? Nun, im Grunde nicht, denn ein Glaube an etwas außerhalb von einem selbst bringt einen immer davon ab, selber göttlich zu sein. Und das ist es, was die Menschen einzig ins Positive bringen würde: Frei von Angst oder der Unterwerfung unter Gesetze von anderen zu werden und tiefsten Respekt vor allem Leben einschließlich des eigenen zu haben.

Da in unseren Medien ständig von Raub, Mord, Krieg und Krankheit berichtet wird, ist es schwer, frei von Angst zu werden. Im Grunde ist dies aber nur eine verzerrte Wahrnehmung der Wirklichkeit. Wüßte man um die kosmischen Gesetzmäßigkeiten, dann bräuchte man vor nichts von alledem Angst zu haben. Denn das Leben ist sozusagen „unkaputtbar". Nur der physische Körper, der lediglich ein Gewand für unser eigentliches Ich-Bewußtsein ist, kann sterben.

Wenn man zudem erkennt, daß der Geist die Wirklichkeit formt (und keineswegs in den kleinen, grauen Zellen entsteht), dann leuchtet auch ein, daß das, mit dem wir uns dauernd beschäftigen, Realität für uns wird. Das ist ein kosmisches Gesetz: Wir sind Geistwesen, zum Lernen in einen physischen Körper in eine Welt der Dualität gepflanzt, ausgestattet mit der Fähigkeit, Wirklichkeit durch unser Denken zu schaffen. Aber womit beschäftigt sich unser Denken? Und was für eine Wirklichkeit schaffen wir damit?

Wenn wir z.B. Angst haben, in der Straßenbahn überfallen zu werden, dann ziehen wir diese oder eine ähnliche Wirklichkeit irgendwann an. Kennen wir jedoch das Gesetz, daß das, was wir aussenden - seien es Taten, Worte oder Gedanken - zu uns zurückkommt, dann können wir selber bestimmen, ob wir in der Straßenbahn überfallen werden oder etwas Schöneres auf uns zukommt. Das Universum ist so großzügig, daß es uns alles, worauf wir unsere Aufmerksamkeit richten, schenkt. Wenn wir unsere Aufmerksamkeit jedoch ständig auf das Bekämpfen von Problemen richten, werden diese weiter genährt.

Wer diese Gesetze nicht kennt, wird denken, erst müssen die anderen aufhören, böse Dinge zu tun, dann werde auch er aufhören zu hassen, und dann erst brauche er keine Angst mehr zu haben. Jedoch ist es genau umgekehrt; jeder ist selber der einzige Mensch auf diesem Planeten, der etwas daran ändern kann, was ihm zustößt. Wenn man aufhört, negative Dinge in die Welt zu setzen und sie herbeizudenken, dann hat man eine wichtige Lektion gelernt, die man fortan nicht mehr zu lernen braucht, und die „Prüfungen", die in Wahrheit immer Gelegenheiten zum Lernen sind, werden dieses Thema nicht mehr berühren.

Negativ ist nur, sich als getrennt von anderen, vom Kosmos, zu betrachten. Dabei ist derjenige, der einen in der Straßenbahn überfällt, genauso Teil von Gott wie man selber. Wir haben nicht das Recht, ihn zu beurteilen, denn er geht einen anderen Weg als wir. Wenn er einen in der Straßenbahn überfällt, dann ist es sein Weg, der sich mit unserem Weg kreuzt. Daher kann man dafür sorgen, daß es auf unserem Weg nicht mehr nötig ist, in der Straßenbahn überfallen zu werden, um etwas zu lernen, da man es schon anders gelernt hat.

Dann können wir erkennen, daß jeder positive Gedanke in uns Früchte trägt, nicht ungehört im All versickert, sondern zu uns und zu allem Leben im Universum zurück kommt. Da dies nicht die Lehre einer Kirche ist, sondern ein Gesetz, das genauso sicher wirksam ist wie das Gesetz der Schwerkraft, kann man ausprobieren, ob es funktioniert; man kann sein ganzes Leben innerhalb weniger Monate verändern, wenn man anfängt, Haß, Ärger, Gewalt, Neid etc. einzudämmen und statt dessen positive Gefühle in sich zu bestärken. Niemand anderes kann diesen Anfang in seinem Leben machen als man selbst.

Man ist kein Opfer der Wirklichkeit, sondern man schafft sie sich! Wenn man Angst hat, sich bei seinem Nachbarn mit einer Grippe anzustecken, dann wird wahrscheinlich genau das geschehen. Nicht wegen der Viren - die sind ständig in unserem Körper - sondern wegen der Manifestation des Gedankens. Wenn man jedoch erkennt, daß man im Moment keine Krankheit braucht, um zu lernen, wird dieses Gedankenmuster einen nicht anstecken.

Natürlich unterscheidet sich diese Denkweise radikal von allem, was wir glauben, über die Zusammenhänge von Ursache und Wirkung zu wissen. Und es gibt eine Menge Leute, die mit aller Macht verhindern wollen, daß solche Ideen verbreitet werden. Denn wenn man anfängt, so zu denken, ist man nicht mehr zu kontrollieren. Deswegen gibt es eine Wissenschaft, die heute allgemeiner Maßstab für Vernunft ist, die aber die wahren Zusammenhänge des Lebens nicht erkennen kann, da sie nur Meßgeräte für die dritte Dimension hat. Da werden Elektronen mit Lichtgeschwindigkeit aufeinander geschossen, um aus dem Zusammenprall Erkenntnisse über die kleinsten Teilchen zu gewinnen. Als könnte man lernen, wie Kaninchen sich vermehren, indem man sie aus hundert Metern Höhe auf die Straße wirft. Elektronen sind genauso von Geist beseelt wie alles andere, das existiert, und finden die Fahrt im Teilchenbeschleuniger sicher gar nicht amüsant. Diese sogenannte Wissenschaft erzeugt nichts weiter, als uns von einem Vertrauen in die wundervolle Ordnung des Universums zu lösen und uns Angst vor all den Wechselfällen des chaotischen Lebens - das für sie aus einem Urknall entstanden ist - zu machen.

Die Mächte, die unseren Planeten kontrollieren, wollen nicht, daß wir frei von Angst werden, daß wir unsere Emotionen frei und freudig ausleben. Deswegen machen sie uns Angst vor der Liebe, indem sie die unselige AIDS-Propaganda verbreiten, die die meisten Menschen gar nicht betrifft, und Angst vor der Sonne, die angeblich Hautkrebs verursachen soll, und dabei doch Spender allen Lebens ist.

Sie haben uns so erzogen, daß wir den Wissenschaftlern glauben, daß das Leben ein rein mechanischer Vorgang ist, den die Forscher mit ihren modernen Technologien verstehen und zum Guten verändern können. Dabei reißen sie alles aus dem Zusammenhang, zerlegen es in kleinste Teile, ohne die Ganzheit zu sehen, die Voraussetzung für das Leben ist. Mit dieser Art von Wissenschaftlichkeit haben sie geschafft, alles zu trennen - voneinander und von Gott. Trotz immer mehr wissenschaftlicher Erkenntnis werden die Menschen immer kränker. Denn das meiste, was die Mediziner über den Körper wissen, haben sie aus dem Sezieren von Leichen gelernt.

Das Leben ist so nicht zu verstehen. Milliardenteure Teilchenbeschleuniger und Computertomographie können uns keine Antworten geben, wenn man die Quelle des Lebens nicht berücksichtigt.

Uns werden alle möglichen Glaubens- und Vorstellungsrichtungen angeboten, so daß wir glauben, die freie Wahl zu haben. Da die großen Manipulatoren unser Weltbild durch die Massenmedien gezielt kontrollieren, haben wir jedoch nicht wirklich die Wahl. Wir schlagen uns auf die Seite von Kommunismus oder Kapitalismus, auf die Seite der Katholiken oder der Protestanten, sind für dieses oder jenes, ohne zu begreifen, daß uns bewußt mehrere Möglichkeiten angeboten werden, die uns davon abhalten, eine andere Möglichkeit - nämlich die Wahrheit - zu erkennen. So zerreißen wir uns am Stammtisch und am Arbeitsplatz über die Fehler der anderen Ideologie, ohne zu erkennen, daß wir genauso weit von wahrer Erkenntnis entfernt sind wie unsere Kontrahenten. Von klein auf werden wir dazu erzogen, so lange alles durchzudiskutieren, bis wir uns - angeblich frei - für eine von zwei Vorstellungen entscheiden können.

Am meisten beeinflußt uns das Fernsehen, da es uns eine Wirklichkeit vorgaukelt, wie wir sie sehen sollen, in der alles zerredet wird, damit die wirklich wichtigen Dinge bloß nicht berührt werden. Es hält uns davon ab, selber Erfahrungen zu sammeln und echte Emotionen zu erleben. Fernsehen erzeugt eine permanente Atmosphäre der Angst, selbst auf den ersten Blick harmlos und positiv erscheinende Sendungen.

Würden wir wahre Liebe, Sanftmut und Fröhlichkeit ohne Angst leben, hätten die Wesen, die uns manipulieren, keine Macht mehr über uns, und die Erde würde sich in etwas einzigartig Wundervolles verwandeln. Sie erkennen nicht, was der wahre Wert der Erde ist, der sich nämlich erst dann offenbaren würde, wenn die Menschen frei und in Liebe leben könnten. Diese Wesen wissen das aber nicht und sehen die Erde daher eher als ein nettes Stück Weltraum-Immobilie an.

Jedoch geschieht in diesen Zeiten eine Verwandlung, da überall

Menschen beginnen, ein Bewußtsein für die Wahrheit zu entwickeln. Und mit jedem einzelnen positiven Gedanken, der dazu kommt, wächst dieses Potential, bis es nicht mehr aufzuhalten ist. In den nächsten Jahren werden wir einen völligen Bewußtseinwandel erleben. Es gibt Entwicklungen, die scheinbar negativ sind, die aber zu der Entwicklung unseres Planeten gehören. Es wird Katastrophen geben, doch ist die Zerstörung nur scheinbar, denn das Leben ist unzerstörbar.

Die Menschen müssen aufhören zu denken, daß sowieso alles nur noch schlechter wird. Denn die Gedanken erzeugen die Wirklichkeit. Das beste Mittel wäre, seinen Fernseher wegzuwerfen, oder ihn nur ganz selten und selektiv zu benutzen (und zwischendurch den Stecker rauszuziehen, da nach Ansicht einiger Experten selbst im Stand-by-Modus eine Manipulation stattfinden kann). Denn es ist wichtig, daß sich die Menschen, die das Positive suchen, vom Massenbewußtsein der Angst und Negativität lösen, um andere, positive Gedanken zum Inhalt des Bewußtseins zu machen.

Wir können uns dabei nicht auf die „anerkannten" Erkenntnisse der Wissenschaftler verlassen, da sie nur so tun, als hätten sie eine Antwort auf alle Fragen des Lebens. Daß es den meisten Institutionen auf unserer Welt mehr um Geld und Macht geht, als darum, das Leben zu fördern und zu achten, wird den meisten Menschen täglich immer mehr bewußt. Berichte über Korruption und Gier sind zur täglichen Frühstückslektüre geworden. Forschung ist heute zum größten Teil fest in der Hand der Industrien, die andere Interessen haben als die Freiheit der Menschen. Den meisten Wissenschaftlern ist heute ihr Verdienst wichtiger als Wahrhaftigkeit. Daß wir durch unsere Medien, die sogenannte „freie Presse", über alles richtig informiert werden, ist leider nur eine Illusion, denn es sind die gleichen Hintermänner, die die Industrien, das Geld und die Medien besitzen.

Viele Menschen auf der Erde beginnen zur Zeit, sich von diesem Massendenken zu lösen und schaffen ein neues Weltbild, ein neues planetares Bewußtsein, das die Erde - ein lebendiges, bewußtes Wesen - in eine neue, ungeahnte Sphäre heben wird.

Die Interessengruppen, die verhindern wollen, daß die Menschheit frei wird, werden Menschen, die wirklich etwas von der Wahrheit begriffen haben und versuchen zu verbreiten, in ihren Medien als Scharlatane, Sektenmitglieder, Linke, Rechtsgerichtete, Antisemiten oder sonst etwas darstellen. In den kommenden Zeiten sollte man sich also nicht zu sehr von den Medien verwirren lassen, Horror- und Gewaltdarstellungen meiden und skeptisch sein gegenüber jedem, der einem etwas erzählen will - auch mir.

Die Wahrheit liegt in jedem verborgen und kann langsam hervorkommen, wenn man sich vom Massendenken löst und aufhört zu urteilen, wenn man erkennt, daß alles gleich Göttlich ist.

Gott ist sicher ganz anders als irgend etwas, was wir uns vorstellen können. Und es ist sicherlich nicht der Vater, der Sohn und der heilige Geist. Denn wie sollten drei männliche Entitäten etwas zeugen können ohne den Anteil des Weiblichen? Wäre also „Vater-Mutter Gott" nicht eine treffendere Bezeichnung? Wie auch immer; Gott finden wir nicht unbedingt nur in der Kirche, sondern in jedem Menschen, jedem Tier, jeder Pflanze und jedem Stein. Die Materialisten sind so hochnäsig, daß sie meinen; „Wenn ich es mit meinem kleinen Hirn nicht begreifen kann, dann kann es es nicht geben." Sie lehnen ab, etwas anzuerkennen, das größer ist als sie, und schreiben die Wunder unserer Natur lieber dem Zufall zu als einem dahinterstehenden Geist, den sie ja mit ihren wissenschaftlichen Methoden nicht beweisen können.

Auch wir haben Göttliche Schöpfungskraft. Sagte nicht Jesus, nachdem er Kranke geheilt und Tote wiedererweckt hat: „Dies alles werdet auch Ihr tun und noch viel größere Dinge"? Meinte er dies als Prophezeiung für eine ferne Zukunft? Nein! Wir haben verlernt, diese Kraft anzuwenden, da wir über Äonen beeinflußt worden sind, in Beschränkung zu leben.

Wir sollten nicht an etwas außerhalb von uns glauben, sondern müssen lernen, unser Leben in all seinen Aspekten zu erfahren und zu achten, um selber unsere Einheit mit allem, was ist, zu erkennen. Nichts ist getrennt von allem, daher brauchen wir keine Angst vor irgendwas zu haben und können alles uneingeschränkt lieben lernen.

Ein Leben als Mensch ist wie ein Lottogewinn. Es gibt sehr, sehr viele Wesen im Universum, die ihr letztes Hemd geben würden, um zu dieser besonderen Zeit auf der Erde zu sein. Tatsächlich tummeln sich viele verschiedene außerirdische Rassen auf der Erde - positive und geistig hochstehende, wie auch welche mit negativen Absichten. Das ist sicher ein spannendes Thema, aber wir sollten nicht den Fehler machen, auf die Hilfe von Außerirdischen zu warten, denn dieses ist unser Planet, und wir sind verantwortlich dafür, wohin die Reise geht.

Wir müssen lernen, unser Leben zu ehren, unsere Körper zu achten, nicht Angst zu haben, daß er krank werden könnte. Er wird nur krank, wenn man diese Gedankenform aufrechterhält. Es gibt Wesen, die säen die Gedanken von Krebs und AIDS in unsere Köpfe, um uns Angst zu machen. Wenn man nicht wirklich eine Krankheit braucht, um etwas zu lernen, warum sollte man dann eine herbeidenken?

Die Zellen unseres Körpers erneuern sich ständig. Wenn man jemanden trifft, den man vor sieben Jahren zuletzt gesehen hat, dann ist keine Zelle in ihm mehr dieselbe, die man kannte. Und doch erkennt man ihn wieder. Nämlich, weil es einen ätherischen Plan, eine Blaupause auf einer höheren Schwingungsebene gibt, nach der sich die Zellen immer wieder anordnen. Wenn man krank oder verletzt ist, warum sollten sich die Zellen dann nicht wieder so anordnen, wie es in der Blaupause steht? Nur die Pharmaindustrie hat ein Interesse daran, uns weiszumachen, daß Heilung von außen kommt.

Wir müssen anfangen, auf unsere innere Stimme zu hören. Das, was angeblich logisch und vernünftig ist, ist oft nur das, was uns projiziert wurde. In uns ist alles Wissen des Universums vorhanden. Wir haben nur verlernt, darauf zuzugreifen. Durch unsere Intuition können wir wieder an dieses Wissen heran kommen.

Wir müssen unsere Herzen für alles öffnen was uns begegnet, denn es ist alles Teil von dem großen Geist. Wir sollten Emotionen zulassen und nicht unterdrücken, weil uns irgend jemand eingeredet hat, dieses Gefühl sei unmännlich oder jenes schmutzig. Nur die negativen Emotionen sollte man etwas im Zaum halten, da sie uns krank machen und sich auf unsere Umgebung auswirken. Wir sollten lernen, uns mit all den Facetten unseres Daseins zu lieben, dorthin gehen, wo viel gelacht wird, nicht dorthin, wo man Angst bekommt.

Wir sollten uns nicht vom Fernsehen und den Zeitungen in das Massendenken von Angst und Verwirrung hineinziehen lassen. Wir sind selber der Direktor über unser Leben. Niemand sonst. Unsere Zukunft wird wundervoll sein, wenn wir es zulassen.

Wie viele Menschen hoffen auf eine Besserung ihrer Misere durch einen Lottogewinn, einen Guru, der sie erleuchtet, eine Gehaltserhöhung, oder warten auf den Erlöser. Immer suchen wir die Lösung außerhalb von uns selber, anstatt zu erkennen, daß die Wahrheit *in* uns ist. Daß wir nicht getrennt vom Kosmos, sondern eins mit ihm und somit göttlich sind. Das zu erkennen, bedeutet wahrhaftige Freiheit. Auf das Glück von außen werden wir vergeblich warten. Die Verantwortung für unsere Zukunft liegt bei uns.

Oftmals kommt die finsterste Bestrebung in einer völlig harmlosen Verkleidung daher. Selbst eine hochstehende Spiritualität kann eine Falle sein, wenn man glaubt, nun besser zu sein, als die anderen und daß nur die mit gleichem Glauben in den Himmel kommen oder die Apokalypse überleben. Aber wenn wir uns ständig bewußt machen, daß wir eins mit allem sind, dann sind wir schon in der Überzahl.

Die neuen Zeiten haben bereits begonnen und lassen sich nicht aufhalten, da sich die Erde nicht aus der kosmischen Weiterentwicklung verabschieden kann. Die meisten denken heute, sie können ja sowieso nichts ändern, da die Entwicklung der Welt von wenigen kontrolliert wird. Und obwohl das teilweise stimmt, ist jeder von uns ein Rädchen, das zum Zustand der gesamten Welt beiträgt. Ob die medizinisch-technische Assistentin Forschungsergebnisse zurechtbiegt, da der Chef es verlangt, ob jemand Eier aus der Legebatterie mit Heu beklebt, damit sie nach Bodenhaltung aussehen, ob jemand beim Verkauf seines Gebrauchtwagens versteckte Mängel verschweigt, um einen besseren Preis zu erzielen; wenn wir den Nächsten belügen, belügen wir die Welt, denn alles ist eins. Wenn wir Menschen zum Erzielen besserer Gewinne betrügen, betrügen wir das Universum, denn nichts ist getrennt voneinander. Wenn wir in Kauf nehmen, daß Menschen durch unser Verhalten krank werden, machen wir das Universum krank. Und da alles Eins ist, wird sich das auch auf uns auswirken.

Oftmals geht es um etwas, das sich weitergeben läßt, ohne daß es dann fehlt: um Informationen. Man kann Leserbriefe schreiben, gute Bücher weiterempfehlen oder einfach dafür sorgen, daß Unwahrheiten bloßgestellt werden. Die Boykottaufrufe wegen der Brent-Spar Bohrinsel sind bereits der Anfang einer sich gegen die Rücksichtslosigkeiten der Industrien wehrenden Menschheit. Auch, wenn Millionen Proteste die Atomversuche der Chirac-Regierung nicht verhindert haben, hat das Bewußtsein der Menschen in aller Welt vereint doch dazu beigetragen, daß die Rücksichtslosigkeiten gegen das Leben nicht mehr lange existieren können.

Im neuen Zeitalter wird sich jeder entscheiden müssen - für das Gute oder das Schlechte. Für Liebe und Freiheit oder Angst und Gewalt. Für Trennung oder für die Einheit. Mit halbherzigen Bekenntnissen werden wir dort nicht mehr weiterkommen. Zum Glück befinden sich Millionen Lichtarbeiter auf der Erde - zu denen vermutlich auch Sie gehören, da Sie dies lesen - die helfen werden, diesen Planeten wieder mit Licht zu erfüllen, das ihm rechtmäßig zusteht. Die Dunkelheit hat schon verloren - und sie weiß es.

War dies zu schnell für Sie, und haben Sie nur 'Bahnhof' verstanden? Hat Sie das verwirrt, anstatt die Dinge für Sie zu entwirren? Dann müssen Sie den Rest des Buches wohl auch noch lesen. Fangen wir also noch mal ganz von vorne an...

Glauben heißt nicht wissen

Für die einen ist alles ganz einfach: Das Universum entstand durch den Urknall, und dann ist das Leben durch Aminosäureverbindungen entstanden und hat sich im Laufe von Jahrmillionen zu immer höheren Formen entwickelt. Für die anderen ist das nicht so klar. Denn kann aus dem Nichts eine immer höhere Ordnung entstehen? Entwickelt sich etwas, das dem Zufall überlassen bleibt, nicht meistens zurück, anstatt immer besser zu werden? Hat das Universum und die Natur nicht eine wundervolle Ordnung, die kaum aus einer sich selbst überlassenen Explosion entstanden sein kann? Immerhin entstehen ja auch nicht da, wo auf der Erde die größten Explosionen stattfinden, die höchstentwickelten Lebensformen.

Viele Menschen suchen zeitlebens nach dem Schöpfer. Die meisten machen es sich einfach; da es reichlich komplex werden kann, über den Ursprung des Lebens zu philosophieren, überlassen sie es der Institution, die schließlich dafür da ist: der Kirche. Für sie finden sich alle Antworten und Trost in schweren Lebenslagen in der Bibel. Doch die meisten Menschen geben nach ein paar Leseversuchen in der Bibel schnell auf. Besonders das Alte Testament ist voller Gewalt und widersprüchlicher Erlebnisse. Da ist von einem Gott die Rede, der den Menschen in brennenden Dornbüschen erschien, der sein auserwältes Volk gegen andere Völker verteidigte, ja sogar andere Stämme vernichtete, um sie ins gelobte Land zu führen. Man fragt sich zu recht, wo dieser Gott heute geblieben ist.

Was steht alles drin in der Bibel: „Auge um Auge, Zahn um Zahn", mithin die Genehmigung für Rache, durch die die Welt sicherlich niemals besser werden kann, und „Die Frau sei dem Manne untertan". Da wäre mancher Frau die Urknalltheorie ohne so einen chauvinistischen Gott sicherlich lieber. *„...Lasset uns Menschen machen, ein Bild, das uns gleich sei..."* (1. Mose 1,26) Wieso spricht der Gott von sich in der Mehrzahl? Da fährt Gott vom Himmel herab, um arme Propheten wie Moses und Konsorten zu erschrecken und gibt ihnen Steintafeln mit zehn Geboten.

Dieser Gott ist extrem rachsüchtig und gewaltbereit. Daß die Göttersöhne sich mit den Erdenmenschen paarten, nur als Kuriosität am Rande. Und daß der „Herr" immer wieder mit Getöse und Rauch aus den Wolken niederkommt, um mit Mose und Hesekiel etc. zu plauschen, macht ebenfalls stutzig. Sollte sich Gott heute einmal so zeigen. Dann könnten die Menschen endlich glauben. Oder besser, sie bräuchten nicht mehr zu glauben; sie könnten es in den Acht-Uhr-Nachrichten sehen.

Gott Jahwe hat die Menschen damals immer wieder gegen Angriffe anderer Völker verteidigt. Verteidigt? Nein, er koordinierte ihre Angriffe. *„Wenn nun mein Engel vor dir herzieht und dich bringt an die Amoriter, Hethither, Pheresiter, Kanaaniter, Heviter und Jebusiter und ich sie vertilge..."* (2. Buch Mose 23,23) Merkwürdig. Ist Gott heute nicht immer auf *beiden* Seiten der kriegführenden Parteien?

Und im 4. Buch Mose, Kapitel 31,15 ff spricht Moses: *„Wie, ihr habt alle Weiber leben lassen? So tötet nun alles, was männlich ist unter den Kindern, auch alle Frauen, denen schon ein Mann beigewohnt hat..."* Und etwas weiter liest man, daß der Herr, wie er gefordert hatte, von den 16000 leben gelassenen Menschen 32 abbekam. Ist es Blasphemie, wenn man anzweifelt, daß der Schöpfer des Lebens seinen Anteil vom Kriegsgewinn, auch Edelmetalle und Tiere, nach genauen Vorgaben einfordert?

In Joshua 8,24 lesen wir voll Erstaunen: *„Und als die Israeliten alle Bewohner von Ai auf freiem Felde, am Abhang, wo sie ihnen nachgejagt, niedergemacht hatten und alle bis auf den letzten Mann durch die Schärfe des Schwertes gefallen waren, kehrte ganz Israel zurück nach Ai und schlug es mit der Schärfe des Schwertes. Und derer, die an diesem Tage fielen, Männer und Frauen, waren im ganzen zwölftausend... Den König von Ai ließ er (Joshua) an den Pfahl hängen bis zum Abend..."* Im zehnten, elften und zwölften Kapitel Joshuas geht es munter weiter mit reihenweisem Abschlachten. Entschuldige, Herr, wenn ich an Dir zweifle. Wenn ich andere Vorstellungen von Gut und Böse habe als Du. Denn im Buch Joshua, 21,45 steht geschrieben: *„Nichts fiel dahin von all dem Guten, das der Herr dem Hause Israel versprochen hatte..."* und in 24,13: *„Und ich gab euch ein Land, um das ihr euch nicht abgemüht, und Städte, die ihr nicht gebaut und doch zum Wohnsitz bekommen habt; ihr esset von Weinbergen und Ölbäumen, die ihr nicht gepflanzt habt."* Ein Schelm, wer arges dabei denkt...

Ist Gott nun solch ein drolliger Kauz, daß es ihm Spaß macht, die Leute zu verwirren? Will er, daß wir hinter all diese irrsinnigen Geschichten, die geschrieben wurden, die Wahrheit zurechtphilosophieren? Daß nur die Allergläubigsten über kleine Unstimmigkeiten hinwegsehen und diese dafür um so fester im Glauben sind? Und alle anderen, die Zweifel anmelden, kommen in die Hölle? Oder ist die Bibel vielleicht doch nur eine zufällige Ansammlung alter Schriften?

Paßt es vielleicht den Kirchenoberen ganz gut in den Kram, daß niemand in diesem Wirrwarr wirklich den wahren Gott findet und sie daher als Mittler dienen können?

Ja, ist es überhaupt ein und derselbe Gott, der da so widersprüchlich agiert? Meistens heißt er schlicht „Herr", obwohl er in den originalen Schriften mal „Baal" oder „Adonai" heißt, dann „Zebaoth", dann sind es mehrere „Elohim", und dann ist es wieder ein „Herr" names „Jahwe" oder auch „Jehova", der „Gott der Götter". (5.Mose 10,17)

Da die wenigsten Leser ausgefuchste Bibelkenner sein werden, noch ein paar schöne Textstellen, die deutlich machen, daß es schwer ist, an diesen Gott als liebevollen Schöpfer des Universums zu glauben. *„Darnach nahm Mose das Blut, besprengte das Volk damit und sprach: Seht, das ist das Blut des Bundes, den der Herr auf Grund all dieser Gebote mit Euch geschlossen hat."* (2. Mose 24,8) Schade, daß diese schöne Sitte heute nicht mehr gebräuchlich ist. Empfindsame Seelen würden sonst viel rascher aus den Kirchen austreten.

„Der Herr aber sprach zu Mose: der Mann muß getötet werden; die ganze Gemeinde soll ihn außerhalb des Lagers steinigen." (4. Mose 15,35) Ein Gott, der Hinrichtungen befiehlt?

„Ist nicht Esau Jakobs Bruder? spricht der Herr, und doch habe ich Jakob geliebt, Esau aber gehaßt." (Maleachi 1,2-3) Ein Gott, der haßt? Man sollte ab und zu mal wieder in der Bibel lesen.

Nun, was auch immer man von diesem Gott halten mag, der seinem auserwählten Volk so nahe gestanden hat; auch die christliche Religion hat dieses Alte Testament zur Heiligen Schrift erklärt. Im Neuen Testament aber hat Jesus nicht viel übrig für den Gott der Juden. Er sagt, daß sie den Teufel anbeten. *„Ihr stammt vom Teufel als eurem Vater und wollt die Gelüste eures Vaters tun. Der war von Anfang an ein Menschenmörder und stand nicht in der Wahrheit."* (Johannes 8,44) Und. *„Wenn Gott euer Vater wäre, würdet ihr mich lieben."*

Das heißt, wir haben es hier mit einem Gott zu tun, der die Juden ins gelobte Land führen wollte (und wohl noch daran arbeitet), welcher aber von Jesus Christus, der sich immerhin durch ein von Liebe und Sanftmut gekennzeichnetes Leben qualifiziert hat, als Teufel bezeichnet wird. Alles klar? Mir auch nicht.

Mir ist nur klar, daß derjenige, der das Universum geschaffen hat, so nicht sein kann. Was aber gibt es dann für eine Erklärung für die verschiedenen Berichte über das Wirken dieses als Gott angesehenen Wesens im Alten Testament? Über phantastische Möglichkeiten, die ihn durchaus über die Menschen erhebt, verfügte er ja offensichtlich.

Erich von Däneken hat ja die interessante Frage aufgeworfen: Ist dieser Gott Jahwe vielleicht ein Außerirdischer, der den damaligen Menschen ob seiner technischen Möglichkeiten als Gott erscheinen mußte? Man sollte sich mal die Mühe machen, die ersten Abschnitte des Buches „Hesekiel" zu lesen. Das klingt sehr wie die verworrene Beschreibung eines einfachen Menschen, der noch nie in seinem Leben ein Flugzeug oder Raumschiff gesehen hat und nun versucht, ein außerordentliches Erlebnis in Worte zu fassen:

„Ich sah aber, wie ein Sturmwind daherkam von Norden her und eine große Wolke, umgeben von strahlendem Glanz und einem unaufhörlichem Feuer, aus dessen Mitte es blinkte wie Glanzerz. Und mitten darin erschienen Gestalten wie von vier lebenden Wesen. (...) Und zwischen den lebenden Wesen war es anzusehen, wie wenn feurige Kohlen brennten. (...) Weiter sah ich neben jedem der vier lebenden Wesen ein Rad auf dem Boden. Das Aussehen der Räder war wie der Schimmer eines Chrysoliths. (...) und ein Getöse wie das eines Heerlagers. Wenn sie aber stillstanden, senkten sie ihre Flügel."

So beschreibt Hesekiel seine Begegnung mit dem Gott Jahwe. Wenn es also ein Außerirdischer war, dann würde es immerhin die „Gottessöhne" erklären, die sich mit den Erdenfrauen verlustierten, ebenso das Feuer und Getöse, wenn er auf den Berg hinabfuhr. Möglicherweise war es schon damals schwer, drunten im Tal einen Parkplatz zu finden. Und gab es damals auch irgendeine Strahlung, die die Annäherung an das Raumschiff gefährlich machte, wie das auch heute bei UFO-Landungen manchmal gemessen werden kann? Der Herr verbietet immerhin dem gemeinen Volk, auf den Berg zu kommen. *„...denn wer den Berg berührt, der ist des Todes."* (2. Mose 19,12) Und immer wieder ist in der Bibel davon die Rede, wie man strahlende Gegenstände reinigen kann. Und als Moses mit den Schrifttafeln der zehn Gebote von seinem Herrn kommt, strahlt er - nicht nur vor Begeisterung. *„Als Moses darnach vom Berge Sinai herabstieg, da wußte er nicht, daß die Haut seines Antlitzes strahlend geworden war."* (2. Mose 34,29) Er legte danach tagelang eine Hülle auf sein Antlitz, um die Umstehenden nicht zu gefährden. Solch strahlende Helden gibt es heute nur noch im Kino.

Wie auch immer; es ist kein Wunder, daß die Menschen Schwierigkeiten mit diesem Gott haben. Und die Kirchenleute tun wenig, um die Verwirrung über den Gottesbegriff zu beenden. Sie beharren darauf, daß man die Bibel nur genau genug lesen müsse. Dann könne man alles verstehen und alles mache für den Eingeweihten Sinn.

Nein, Sinn machte das nicht mal im Mittelalter, aber da war den einfachen Leuten wenigstens verboten, die Bibel zu lesen. So hatte niemand die Möglichkeit, sich selber einen Eindruck von diesem Gott zu schaffen, mußte sich also auf die Vermittlung durch die Kirchenleute verlassen. Heute haben wir es besser. Oder auch nicht. Denn je mehr wir im modernen Informationszeitalter über die Bibel und den Gottbegriff der Kirchen erfahren, desto weniger überzeugt es uns. Die Geschichte der Kirchen ist voller Blut, vermischt sich problemlos mit den Greueltaten des Alten Testaments.

Und auch heute distanziert sich, gerade die katholische Kirche kaum von ihrer blutigen Vergangenheit. Ja, sie sanktioniert noch in der letzten Enzyklika grausame Tierversuche und die Todesstrafe als legitim. Müßte eine Religion, die Anspruch auf Unfehlbarkeit erhebt, nicht aber die entsetzlichen Qualen und Vernichtung von Lebewesen verhindern und sich vehement für die schwachen Lebewesen einsetzen?

An was soll man da noch glauben?

Da kommt es uns gerade recht, daß die Wissenschaftler uns die Welt erklären können ohne diesen Gott, der keinen Sinn macht. Sie meinen, belegen zu können, daß das Universum aus dem Urknall per Zufall und natürlicher Auslese entstanden ist. Doch auch da ist es schwierig zu verstehen, wie sich dieses Universum gänzlich ohne eine ordnende Kraft zu immer höherer Ordnung vervollkommnet haben soll.

Evolutionstheorie vom Zufall erschlagen

Ist es denn glaubhaft, daß nicht nur einmal aus dem Chaos von selber per Zufall etwas höheres, besseres entstanden ist, sondern immer und immer wieder? Daß sich auf den Planeten Aminosäuren zufällig so zusammensetzen, daß es etwas wie das Laben ergab, das sich ständig verbessert. Aus den DNS sollen dann die ersten Zellen entstanden sein, die sich vermehren und so die ersten Lebewesen bildeten. Mit Augen, Ohren, Stoffwechsel etc.

Mal eine Computersimulation zum Selberdenken: Würde in einem Computer mit reichlich Megabytes in jahrmilliardenlanger Wartezeit irgendwann von selber sinnvolle Software entstehen? Software, die sich immer weiterentwickelt? Könnte jemand ein Programm schreiben, das sich selber verbessert, das sich selber kopiert, entsprechend der Zellteilung und Verbindung zu immer höherer Ordnung? Nein, nicht mal Windows, Photoshop oder Corel Draw entwickeln sich von selber weiter. Es erfordert die Arbeit von vielen hundert Programmierern, die sich

Gedanken darüber machen und ihre Produkte immer weiter auf der Basis des vorher Geschaffenen verbessern.

Es gibt zwar Programmierer, die angeblich Simulationen geschrieben haben, aus denen aus zufälligen simulierten „Mikroben" dann nach und nach höhere Formen entstanden. Aber ein reines Zufallsprogramm ist das nicht. Es sind Strategien darin programmiert, die höhere Stufen fördern. Eine wirkliche Simulation des Zufalls, aus dem Höheres entsteht, wäre doch nur, wenn man zum Beispiel in BASIC programmierte:

10 A=RND*25+65 (Erzeugen einer zufälligen (RND=Random) Zahl zwischen 65 und 90, die als A definiert wird.

20 A$=CHR$(A):PRINT A$; (Umwandeln der Zahl A in den ASCI-Code in dem Bereich, in dem die Buchstaben A-Z liegen, und Anzeige derselben)

30 GOTO 10 (endlose Wiederholung des ganzen)

Das ergäbe nun eine zufällige Buchstabensuppe, vergleichbar mit den zufälligen Aminosäuren, aus denen sich eine DNS-Kette bilden soll. Auch, wenn man dieses Programm Milliarden Jahre laufen läßt, würde niemals ein sinnvoller Text daraus entstehen. Man könnte mal Wörter mit drei, vier oder sogar fünf Buchstaben finden, die einen Sinn ergeben, aber mit jedem Buchstaben wird die Wahrscheinlichkeit immer geringer, bis sie gegen unendlich tendiert.

Um das Entstehen des Lebens nachzuvollziehen, müßten wir aber erwarten, daß sich aus dieser Buchstabensuppe zufällig ein Programm entwickelt, das dermaßen genial ist, daß es sich selber weiterentwickelt, immer mehr vervollkommnet. Und so ein Programm hat noch nicht mal ein genialer Programmierer erschaffen. Es soll aber hier aus unserer zufälligen Buchstabensuppe entstanden sein.

Wir könnten natürlich das Programm verfeinern, indem wir die ausgespuckten Worte daraufhin überprüfen lassen, ob sich sinnvolle Worte darin befinden, indem wir sie z.B. mit einem eingegebenen Lexikon vergleichen lassen. Und wir würden dann nur noch die sinnvollen Wörter aneinanderreihen. Aber auch dann würde aus den zufällig entstandenen Worten niemals ein schönes Gedicht entstehen. Und das Leben hat hauptsächlich schöne Formen hervorgebracht. Selbst ein gräuslich schlechtes Gedicht würde niemals so zufällig entstehen.

Und dabei wäre diese Verfeinerung des Programms schon nicht mehr zufällig. Es wäre schon eine Strategie darin enthalten, das Sinnvolle auszusieben und das Sinnlose auszuklammern.

Man könnte auch einen Supercomputer mit zig Gigabyte an Speicherchips hinstellen und Milliarden Jahre laufen lassen. Es würde sich niemals von selber auch nur das geringste Programm von selber entwickeln. Die Evolutionisten verlangen aber die zufällige Entwicklung von einem wundervollen, sich selber weiterentwickelnden Programm, das sowohl Schönheit, als auch sinnvolle Interaktion der einzelnen Programmteile (die alle zufällig entstanden sein sollen), verbindet.

Ganz Hartgesottene werden nun einwenden, daß wir bei unserem Zufallsprogramm 25 Buchstaben haben, die DNS aber nur aus 4 Bausteinen entsteht, und daher vielleicht die Wahrscheinlichkeit höher ist, daß etwas Sinnvolles entsteht. Nun, man kann auch versuchen, nur Nullen und Einsen zufällig aneinanderzureihen. Damit befindet man sich auf der einfachsten Computerebene, die auch nur zwei Zustände, nämlich Strom an (Eins) und Strom aus (Null) kennt. Auch zufällig ausgegebene Nullen und Einsen werden *niemals* ein sinnvolles Programm ergeben.

Natürlich kann man das glauben. Nur hat man dann offenbar eine völlig falsche Vorstellung von Zufall. Dann empfehle ich, das obige Programm einmal laufen zu lassen, so lange, bis die ersten beiden sinnvollen Worte hintereinander auftauchen. Und sollte das wirklich jemals geschehen, dann zu warten, wie es weitergeht. Denn es fängt immer wieder von neuem an. Niemand ist da, der die zufällig entstandenen Worte sammelt! Immer wieder kommt nur eine sinnlose Buchstabensuppe heraus. Und es *kann* nichts Komplexeres daraus entstehen, ohne daß das Programm eine über den Zufall hinausgehende Strategie enthält!

Die Materialisten verlangen in ihrer Entstehungsgeschichte, daß nicht nur die ersten Chips von selber aus (zufällig entstandenen) Transistoren entstanden sind, die ganz zufällig mit der richtigen Menge Strom versorgt werden, damit sie funktionieren, aber auch nicht zerstört werden, dazu ein Betriebssystem entstand, das sich von den ersten binären Befehlen zu einer grafischen Benutzeroberfläche entwickelt hat und dazu noch in einem schönen Gehäuse verpackt ist. Und zwar nicht durch einen genialen Programmierer, der Elektronik studiert hat und dazu noch ein begnadeter Designer ist, sondern alles per Zufall aus dem Chaos, aus dem Urknall entstanden...

Kann ein Zufallsprogramm schönere Musik erzeugen als der größte Komponist mit einem Orchester? Warum erzeugt man dann nicht Bücher, indem man die Basisdaten in einen Zufallscomputer gibt und ihn dann einfach lange genug laufen läßt? Nein, da mühen sich immer noch Millionen von Schriftstellern ab, etwas Sinnvolles auf Papier zu bringen! Welch sinnlose Verschwendung, schafft der Zufall doch angeblich ganze Welten aus dem Nichts.

Oder sind diese Materialisten etwa der Ansicht, einen Computer und Software zu machen, sei schwierig, aber das Leben demgegenüber viel einfacher? Und also können Sterne, Planeten, die Natur und der Mensch auch leichter per Zufall entstanden sein, als so etwas Komplexes, wie es die Computerindustrie hervorgebracht hat.

Wenn man sich mal mit einzelnen Aspekten der Natur, z.B. dem Auge befaßt, muß es einen doch in Erstaunen versetzen, was da entstanden ist. Ist es nicht wie eine Kamera *konstruiert*? Es muß eine Linse haben, die im richtigen Abstand zu einer Matrix aus lichtempfindlichen Nervenzellen befestigt ist. Sie muß sich automatisch scharf stellen können und eine automatische Blendenregelung haben. So was soll nicht konstruiert sein, sondern per Zufall aus Zellen, die per Zufall aus Aminosäuren entstanden sind, die sich vermehrt haben, entstanden sein? Ohne irgendeine Strategie, einen Plan, einen Konstrukteur, der die optischen Gesetze kennt und berücksichtigt (oder gemacht) hat?

Einen deutlichen Hinweis, daß die darwinsche Evolutionstheorie nicht stimmen kann, findet sich in den Ausgrabungen der Archäologen: deren Funde müßten doch auch die Fehlentwicklungen der „natürlichen Auslese" aufzeigen. Das heißt, es müßte Versteinerungen von Mißbildungen geben, und zwar Millionen nicht-lebenswerte Lebensformen auf jede perfekte Form eines Lebewesens, denn in einem System der Auslese aus den Zufallsentwicklungen müßten die „Krüppel" weit überwiegen. Man findet aber nur Versteinerungen „fertiger" Ammoniten, Schnecken, Echsen, Vögel etc. Keine Funde deuten auf die Übergangsformen hin, wo sich die Vögel und Säugetiere doch aus den ursprünglichen Wassertieren entwickelt haben sollen. Von solchen „fließenden" Entwicklungsstufen findet sich nicht die geringste Spur. Und warum sollen nur die „guten" Ergebnisse der Evolution millionenfach in Steinschichten erhalten geblieben sein?

Wenn man etwas dem Zufall überläßt, wird es nicht von selber immer besser und besser. Ein schön angelegter Garten wird nicht immer schöner und perfekter, wenn sich keiner mehr um ihn kümmert. Unsere Wissenschaft funktioniert jedoch heute zum größten Teil auf dieser Basis der zufälligen Entwicklung aus dem Chaos.

Die wissenschaftlichen Erklärungen für das, was „die Welt im Innersten zusammenhält", sind nicht immer befriedigend. Betrachten wir alleine die Bahnen der Planeten, angeblich Urmaterie, die sich verdichtete und von Sonnen „eingefangen" wurde, in einer Bahn, in der sich

Anziehungskraft und Fliehkraft gegenseitig aufhob. Wenn wir uns ein Experiment vorstellen, wo wir einen Magneten in der Mitte einer drehbaren Scheibe haben und nun versuchen, eine Eisenkugel genau in der richtigen Entfernung vom Magneten so zu plazieren, daß sich die Anziehungskraft und die durch die Drehung erzeugte Fliehkraft gegenseitig aufheben, wird jeder Mensch mit einem halbwegs gutem Vorstellungsvermögen annehmen, daß die Kugel entweder rasch vom Magneten angezogen wird oder aber behende aus der Bahn fliegt. Die Bahn der Kugel in unserem Experiment wäre äußerst instabil. In unserem Sonnensystem drehen sich aber neun Planeten „zufällig" in genau diesen Bahnen, und es eiern auch noch diverse Monde um sie herum. Künstliche Satelliten halten sich ebenfalls nicht sehr lange auf den Umlaufbahnen. Wenn die Steuerdüsen ausgebrannt sind, stürzen sie ab. Ist es da nicht einfältig, ja sogar höchst unrational, sich vorzustellen, daß überall im Universum Sonnen, Planeten und Monde auf ideale Bahnen gefunden haben, ohne irgendeine ordnende Kraft?

Kein Wunder, daß uns der Kopf raucht, wenn weder die wissenschaftliche Erklärung der Entstehung der Welt, noch die mystische, die Schaffung durch einen Gott, allzu überzeugend sind. Gibt es noch etwas dazwischen, etwas, das Sinn macht?

Nun, im Neuen Testament findet sich schon etwas, was irgendwie einleuchtender ist. Da ist von einem Menschen die Rede, der von Liebe sprach. Nicht Liebe zu bestimmten Menschen oder Dingen, sondern Liebe für alles und jedes. Liebe wäre doch ein schönes Motiv für einen Schöpfer, Planeten in ihren Bahnen zu halten und sich selbst bewußte Lebewesen zu erschaffen, oder?

Aber wie können wir an dieses Sammelsurium Bibel noch glauben, nachdem es uns einen solch schwierigen Gott offenbart hat? Können wir da noch glauben, daß wir dort die Wahrheit finden? Nun, wir gehen mal davon aus, daß die Dinge, die in der Bibel beschrieben wurden, so oder zumindest so ähnlich geschehen sind. Vielleicht nicht immer sehr verständlich ausgedrückt, aber immerhin eine der wenigen verläßlichen Quellen aus jenen Zeiten.

Dennoch muß uns bewußt sein, daß die Bücher des Neue Testaments erst zig Jahre geschrieben worden ist, nachdem Jesus tot war. Das ist so ähnlich, als würde heute jemand versuchen, die Wahrheit über Bismarcks Leben zu schreiben. Er wäre dabei darauf angewiesen, was Leute erzählen, auf Akten oder sonstige Dokumente aus der Zeit. Ob dann jedes Wort, das niedergeschrieben wird, wirklich die Wahrheit wiedergibt, ist die Frage.

Auch durch die Übersetzungen können sich viele Bedeutungen verändert haben. Z.B. kann ein Zeichen aus dem Aramäischen sowohl „Wind" als auch „Geist" bedeuten. Da sieht man schon ein bißchen, wie leicht sich da eine falsche Bedeutung einschleichen kann. Außerdem ist an der Bibel ja sehr viel absichtlich rumgeändert worden. Ganz unverhohlen haben Scharen katholischer „Correctores" an der Bibel rumgestrichen, damit sie den Interessen der Kirche besser entsprach.

Nehmen wir mal an, daß im Alten Testament Berichte über einen außerirdischen Hochstapler mit Berichten, die den Glauben an einen wirklichen Schöpfer des Universums beschreiben, bunt zusammengewürfelt wurden, so daß wir die Bibel heute nur noch mit rosa Brille lesen können. Und daß im Neuen Testament immerhin von einer damals real existierenden Person namens Jesus die Rede ist, der immerhin die bemerkenswerte Leistung zustande brachte, trotz widrigster Umstände immer nur reine Liebe auszustrahlen. Ob er nun der Gründer des Christentums - mit all seiner abenteuerlichen Geschichte - ist, oder sich einfach nur eine Religion bildete, die ihn für ihre Zwecke einspannte, lassen wir erst einmal dahingestellt sein.

Jedenfalls ist es ganz gut, mal darüber nachzudenken, ob Gott unbedingt an eine Kirche gebunden ist. Viele Menschen lehnen das Konzept „Gott" hauptsächlich deswegen ab, da in seinem Namen so viel Blut vergossen wurde, so vieles unverständlich ist und man oftmals nicht die erwartete Offenheit und Liebe im Dunstkreis der Kirchen spürt, sondern eher Beklemmung, Schuldgefühle und Angst. Die Frage ist also, ob man Gott in einer Kirche näher sein kann als draußen, oder ob man nicht ganz einfach an einen Gott - oder besser an einen großen Geist, der dem Zufall und der Evolution auf die Sprünge geholfen hat - glauben kann, unabhängig von einem Dogma. In der Tat bleiben bei den heutigen Kirchenlehren viele Fragen offen.

Wer hat die Hölle geschaffen? Gott? Was für eine Vorstellung von Gott hätte man da? Haben nicht viel mehr Menschen oder andere negative Kräfte, oder vielleicht auch „gefallene Engel" oder Wesen wie Satan, Luzifer oder sonst was eine Art Hölle geschaffen? Auf Erden gibt es genug Folterkammern, Tierversuchslabore und Kriegsschauplätze, die man gut als Hölle bezeichnen könnte. Wenn die Hölle aber nicht von Gott geschaffen ist, würde Gott dann die Seelen von „unartigen" Menschen in diese menschliche Hölle schicken?

Ist nicht die Vorstellung, daß einige Menschen für ewig in die Hölle kommen sollen, unendlich viel grausamer als alles, was es schon an recht ansehnlichen Qualen auf der Erde gibt? Oder ist Hölle nicht für ewig? Kann man nach einiger Zeit wegen guter Führung entlassen werden? Oder wird man alle paar Jahre gefragt, ob man sich nicht doch lieber zu Gott bekennen will, um den Höllenqualen zu entgehen?

Was ist mit einem Kind, daß mit fünf Jahren an Krebs stirbt? Kann es nur in den Himmel kommen? Auch, wenn es zuvor vielleicht Frösche aufgeblasen oder sonstige Grausamkeiten begangen hat? Oder kann es dann für ewig in die Hölle kommen? Nein? Kann man sich eigentlich nicht vorstellen, nicht wahr? Also in den Himmel. Gut, aber wo ist dann die Altersgrenze, ab wann man für seine Taten in die Hölle kommen kann? Wenn man volljährig ist, oder nach dem 12. Lebensjahr?

Sind die anderen Verbrecher, die mit Jesus gekreuzigt worden sind, in den Himmel oder in die Hölle gekommen? Und wenn Jesus mit seinen Leiden am Kreuz die Menschheit erlöst haben soll, hat dann das Leiden der anderen Gekreuzigten auch was gebracht?

Überhaupt, irgendwie scheint die Erlösung durch Jesus am Kreuz ja nicht ganz geklappt zu haben. Oder woran merkt man, daß die Menschheit erlöst worden ist? An der Inquisition, den Kreuzzügen, dem Holocaust, Vietnam, Jugoslawien? Oder klappt es erst, wenn der Erlöser noch mal wieder kommt, um dann echt endlich alle zu erlösen, die jetzt noch das Leben ständig aus Macht- und Profitgier schädigen?

Kann die Menschheit nur durch Leiden erlöst werden? Warum kommen denn Menschen als Krüppel auf die Welt? Und kommen diese dann in den Himmel, weil sie ja im Leben schon so viel gelitten haben? Selbst, wenn sie vielleicht wegen ihrer Behinderung an Gott gezweifelt haben? Oder kommen sie dann in die Hölle? Auf ewig?

Ist das wirklich weniger grausam, als wenn sie, wie der östliche Reinkarnationsglaube lehrt, immer wieder eine Chance bekommen, ein neues Leben anzufangen, unbeeinflußt von den negativen Gedanken aus dem vorigen Leben immer wieder Gelegenheiten bekommen zu lernen? Das von den christlichen Kirchen nicht geteilte Konzept der Reinkarnation würde in vielen der oben beschriebenen Problemen eine bessere Antwort aufweisen. Sollte ein Glaube nicht wenigstens irgendwie ein bißchen einleuchten?

Gerade wurde das Gebot „Du sollst nicht töten" durch den Papst umbenannt in „Du sollst nicht morden". Da Mord ja ein vorsätzliches Töten ist, macht es den Weg frei für Töten aus Versehen. Oder man kann Tiere töten, um ihr Fleisch zu essen. Die beste aller vorstellbaren Religionen? Wie wäre ein Gesetz: „Du sollst das Leben in all seinen Aspekten achten und respektieren"?

Immer mehr Menschen treten aus den Kirchen aus. Nicht unbedingt, weil sie nicht mehr an einen Gott glauben, vielleicht ist ihnen einfach das Bodenpersonal suspekt. Die Kirchenaustritte zeigen, daß die Menschen mit dem Gottbegriff der Kirchenleute nicht mehr viel anfangen können, daß sie vieleicht Wärme und Liebe vermissen. Diejenigen, die verzweifelt nach Höherem suchen, geraten nur allzuleicht in die Fänge machthungriger Sekten. Die Scientology-Gruppe macht mit ihren Dianetik-Werbern in den Fußgängerzonen immer noch reiche Beute unter den Suchenden. Es ist aber selbst für Leichtgläubige unschwer festzustellen, daß es hier in erster Linie um die Anhäufung von Geld geht. Jedoch sollten wir uns mal fragen, was anders ist, wenn das Geld für eine Religion ungefragt vom Staat eingezogen wird. Nein, ich rede nicht von irgendeinem afrikanischen Ex-Kolonialbesitz, sondern von Deutschland. Seit dem Konkordat mit Hitler wird bei uns die Kirchensteuer vom Finanzamt eingetrieben. Was geschieht mit diesem Geld? Nun, von den Kirchensteuern werden nicht mal 10 Prozent für soziale oder karitative Zwecke verwendet. Statt dessen mehren die Kirchen ihre Besitztümer. In Deutschland ist die Kirche die größte Immobilienbesitzerin. Kindergärten unter kirchlicher Führung werden in Wahrheit zum größten Teil aus staatlichen Geldern finanziert.

Die Geldgier des Vatikan war dem frisch gewählten Papst Johannes Paul I. dermaßen suspekt, daß er sich entschied, mit der Vatikanbank und ihren Verbindungen zu Mafia und Freimaurerei aufzuräumen, was er jedoch nicht mehr in die Tat umsetzen konnte, da er 33 Tage nach seiner Wahl verschied - oder verschieden wurde...

Untersuchen wir aber weitere Kriterien für eine „gute" Religion. Eine Sekte, die ihren Mitgliedern verschreibt, wen sie lieben dürfen und wen nicht, könnte nicht als sehr hochstehend angesehen werden. Das kann man bei einigen sonst recht netten Sekten beobachten. Aber auch die christlichen Sekten spielen sich zum Schiedsrichter in Liebesfragen auf. Und das, obwohl die Kirchenoberen aufgrund des Zölibats auf eigene Erfahrungen auf dem Gebiet - zumindest offiziell - verzichten müssen.

Eine Religion, deren Gesetze die Todesstrafe, das Abhacken von Händen oder das Führen von „heiligen Kriegen" predigt, müßte einem Sucher nach der Wahrheit ebenfalls sehr suspekt erscheinen.

Alle Menschen wissen tief in sich genau, was gut und was böse ist. Selbst der Mörder weiß, daß es nicht gut ist, was er tut, nur glaubt er nicht daran, daß es höhere Richter geben wird, die ihn für seine Taten zur Rechenschaft ziehen.

Das heutige christliche Weltbild ist für jemanden, der wirklich auf der Suche nach einem Glauben ist, der ihm einleuchten kann, nicht befriedigend. Da ist von allerlei mythischen Dingen die Rede, von Himmel und Hölle, von unbefleckter Empfängnis, von Himmelfahrt, von Erbsünde usw.

Wenn es aber einen Schöpfer gibt und es einen Sinn dafür gibt, daß wir leben, dann müßte der Sinn doch auch für alle erkennbar und nachvollziehbar sein und nicht nur für einige wenige Priester, die ihr Leben Gott geweiht haben. Es wäre ja ein ziemlich drolliger Gott, der uns ein Leben schenkte, dieses aber mit allerlei Fallstricken versähe und uns keinerlei Möglichkeit gäbe zu erkennen, was die Gesetzmäßigkeiten sind und wie wir aus allem das Beste machen können.

Haben sich die Menschen, die diese Gesetzmäßigkeiten erkannt haben, nun in den großen, christlichen Kirchen zusammengefunden und finden wir in ihren Gotteshäusern Liebe, Licht und Erkenntnis? Oder ist man nicht eher abgestoßen von der düsteren Stimmung in den Kirchen, den verhärmten Gesichtern der Priester, von ihren salbungsvollen Predigten, von dem dumpfen Gefühl, daß alles, was Spaß macht, irgendwie mit Schuld belastet ist? Würde Gott sich dort wohl fühlen? Würde Jesus sich über das freuen, was in seinem Namen entstanden ist? Fühlen wir uns von den Menschen angezogen, die mit dem „Wachturm" an den Straßenecken stehen oder an unseren Türen klingeln? Nun, ihr Gott Jehova ist bei unserer Gottessuche ja bereits wegen Massenmord disqualifiziert worden.

Ist es der Sinn unseres Lebens, der uns von Gott vorgegeben wurde, daß wir unsere Lust unterdrücken, daß wir ständig mit einer Kopfbedeckung rumrennen wie die orthodoxen Juden oder mit dem „Wachturm" an der Ecke stehen, um auch die anderen „Ungläubigen" auf den Karren zu ziehen, wo man als einzige Gruppe eine Chance zum Überleben der Apokalypse hat?

Ist die Vorstellung, daß nur die Menschen in den Himmel kommen, die einem bestimmten Glauben angehören und die anderen in der Hölle schmoren müssen, wirklich ein einsichtiges Konzept, das unser Schöpfer für unser Leben im Diesseits gewollt hat? Oder erkennt man in solchen Religionen nicht eher menschliche Mißgunst, die trennt, anstatt zu vereinen?

Wie also müssen wir uns Gott vorstellen, wenn nicht als einen „Mann mit Rauschebart", der sich in Gotteshäusern wohl fühlt und Ungläubige in die Hölle schleudert? Können wir „ihm" überhaupt mit der Vorstellung einer Person, eines Vater Gottes, gerecht werden?

Wenn, müßte er nicht zumindest „Vater-Mutter Gott", sowohl männlich als auch weiblich sein?

Es ist wirklich schwer: die Wissenschaften erklären uns die Welt ohne einen Schöpfer, obwohl die Zufallstheorie schon alleine sehr viel Glauben und Zuversicht erfordert, und die Kirchen bieten uns einen Gott an, der völlig widersprüchlich ist und nicht so, wie wir ihn uns wünschen würden.

Wir haben nun einerseits gelernt, daß es einen Schöpfer geben muß, da die Entstehung einer höheren Ordnung aus dem Nichts unwahrscheinlich bzw. unmöglich ist, daß aber andererseits das Gottesbild, das uns die christlichen Kirchen anbieten, keineswegs das große Gefühl der Erfüllung bieten. Oder noch nicht überzeugt? Noch ein paar Bibelstellen, bevor wir weitermachen?

(5.Moses 20,16) *Aber in den Städten, die dir Jahwe, dein Gott, zum Erbe geben wird, sollst du nichts leben lassen, das Odem hat.*

(1. Samuel 15,3) *...verschone sie nicht, sondern töte Mann und Frau, Kinder und Säuglinge...*

(1. Moses 6,7) *Ich will die Menschen, die ich geschaffen habe, vertilgen von der Erde, denn es reut mich, daß ich sie gemacht habe.*

(5. Moses 32,22) *Denn ein Feuer ist entbrannt durch meinen Zorn...*

(Jesaia 34,2) *Denn Jahwe ist zornig über alle Heiden (Nichtjuden)... Er wird an ihnen den Bann vollstrecken und sie zur Schlachtung dahingeben.*

(5. Moses 10,17) *Denn Jahwe, euer Gott, ist der Gott aller Götter.*

(2. Moses 34,7) *... sucht die Missetat der Väter heim an Kindern und Kindeskindern bis ins dritte und vierte Glied.*

(1. Moses 17,14) *Wenn aber ein Männlicher nicht beschnitten wird an seiner Vorhaut, wird er ausgerottet werden aus seinem Volk, weil er meinen Bund gebrochen hat.*

(Jeremia 48,10) *Verflucht sei, wer sein Schwert aufhält, daß es nicht Blut vergieße.*

(Richter 10,7) *Da entbrannte der Zorn Jahwes über Israel und er verkaufte sie unter die Hand der Philister und Ammoniter.*

(5. Moses 31,3) *Jahwe, dein Gott, wird selber vor dir hergehen. Er selber wird diese Völker vor dir her vertilgen, damit du ihr Land einnehmen kannst.*

(2. Könige 10, 17 und 30) *Und als er (Jehu) nach Samaria kam, erschlug er alles, was übrig war von (der Sippe) Ahab... Und Jahwe sprach zu Jehu: Weil Du willig gewesen bist, zu tun, was mir gefallen hat, und am Hause Ahab alles getan hast, was in meinem Herzen war, sollen dir auf dem Thron Israels sitzen deine Söhne bis ins vierte Glied.*

Schmeißen wir den „Herrn Jahwe" also erst mal auf den Müll und den Urknall gleich hinterher. Wir wollen etwas, das Sinn macht, das liebevoll ist, lustvoll und gerecht.

Die Schwingungen von Geist und Materie

Egal, ob wir nun auf der Suche nach Gott sind oder an die Kraft von Gedanken glauben; immer steht uns dabei die Wissenschaftlichkeit im Weg. Denn weder Gott noch Gedanken kann man meßtechnisch dingfest machen. Sie sind und bleiben unsichtbar. Und da wir ja von klein auf so erzogen worden sind, alles vernünftig, rational und logisch anzugehen, sind solche Dinge natürlich äußerst suspekt. Wir haben gelernt, nur das anzuerkennen, was wissenschaftlich gesichert ist, was sich im Experiment reproduzieren läßt, was sich nach den Gesetzen der Logik erklären läßt.

Übrigens, wenn Sie sich über manch flapsige Bemerkung in diesem Buch ärgern; sie sind dazu da, Ihr anerzogenes rationales, lineares Denken zu brechen. Wenn eine völlig unerwartete Formulierung auf Ihre Netzhaut fällt, wird Ihr Kopf für intuitive, spontane Gedanken geöffnet.

Tatsächlich liegt die Skepsis gegenüber „metaphysischen" Phänomenen in der Lehre vom Aufbau der Materie begründet; in den Schulen lernen wir heute das Atommodell kennen, das uns ermöglichen soll, den Aufbau der Welt zu verstehen. Mit diesem „Grundwissen" bleibt uns jedoch die Welt des Unsichtbaren völlig verschlossen, da die kleinsten Teilchen der Atome ja ständig mit anderen zusammenstoßen würden, wenn es Zusammenhänge unsichtbarer Art gäbe. Und auch Gott, wenn er aus kleinsten Teilchen bestehen würde, müßte böse aufpassen, daß er nicht beim Überqueren der Straße von einem hirnlosen Raser über den Haufen gefahren wird.

Um Gott verstehen zu können, müssen wir also erst einmal untersuchen, aus was unsere Welt eigentlich zusammengesetzt ist. Aus Atomen? Noch vor wenigen Jahrzehnten war eine alternative Theorie des Aufbaus der Materie, die sogenannte Wirbeltheorie, sehr populär, wurde dann aber vollständig durch die Atomtheorie verdrängt. Sie basiert nicht auf der Annahme kleinster Teilchen, sondern geht davon aus, daß alles, was ist, aus Energie besteht, die mit hoher Geschwindigkeit wirbelt, so daß auf den Betrachter der Eindruck eines festen Teilchens entsteht.

Heutige Wissenschaftler suchen verzweifelt mit milliardenteuren Teilchenbeschleunigern nach den Bauteilen der Atome, und je weiter sie vordringen, um so mehr müssen sie zu der Erkenntnis kommen, daß es nichts gibt. Wenn man sich einen Atomkern auf die Größe einer Traube vergrößert vorstellt, dann befände sich die Bahn der Elektronen um sie in etwa einem halben Kilometer Entfernung. Ziemlich viel Nichts dazwischen, was? Auch die Bestandteile der „kleinsten" Teilchen entpuppen sich immer wieder hauptsächlich als nichts. Wenn die Energie sich wie der Faden in einem Wollknäuel bewegte, wie es in dieser Wirbeltheorie angesagt ist, ergibt sich tatsächlich ein scheinbar rundes Teilchen, das man dann als Proton, Neutron oder Elektron ansehen könnte. Die Energie in diesem Wirbel bewegt sich mit Lichtgeschwindigkeit. So gilt für diese „Materie" tatsächlich auch die Lichtgeschwindigkeit als oberste Grenze. Was aber, wenn es auch Energiewirbel gibt, die mit doppelter oder dreifacher Lichtgeschwindigkeit wirbeln? Da es keine Teilchen wären, würden sie mit der „Materie" unserer Schwingungsoktave nicht zusammenstoßen. Sie wäre für uns nicht sichtbar.

So könnte man sich den Aufbau der Welt und auch deren Schaffung durch einen intelligenten Geist viel besser vorstellen als mit dem Atommodell. Vielleicht besteht Gott selber aus dieser Energie, und er kann sie in diese Wirbelzustände versetzen und aus diesen „kleinsten Teilchen" eine Welt aufbauen, die ausbaubar ist und wo am siebten Tag Ruhetag ist.

In einer höheren Schwingungsebene wären die tieferen mit eingeschlossen. Genauso, wie man mit einem Lautsprecher nicht die wesentlich höheren Radiofrequenzen erzeugen kann, aber die hohen Radiofrequenzen durchaus in der Lage sind, niedrigere Frequenzen, wie z.B. Schallereignisse, zu übertragen. Daher könnten übersinnliche Phänomene auch auftauchen, wenn etwas oder jemand aus der höheren Schwingungsebene „herab"-kommt.

Tatsächlich ermöglicht uns eine moderne Technologie ein besseres Verständnis der geistigen Dinge: Die Computertechnologie. Die Speichermedien sind dabei nur Träger von flüchtigen Informationen. Keineswegs sind die Chips oder Disketten identisch mit den Informationen. Schaltet man den Computer aus, fehlt also plötzlich die Energie, so sind alle Informationen weg. Informationen können aber überallhin transportiert werden, über Kabel, Speichermedien oder sogar drahtlos. Dennoch nützen auch gigantische Computeranlagen mit traumhaften Speicherkapazitäten nicht das geringste: von selber können sie keine Informationen erzeugen. Erst durch die intelligenten Programmierer können die Chips mit Daten und Software gefüllt werden. Vielleicht sind wir die Hardware und unser Geist die Software des Lebens?

Die meisten Menschen anerkennen, daß es neben dem Körper nichtphysische Bestandteile gibt, die man als Geist oder als Seele bezeich-

32

net. Tatsächlich findet Denken nicht in den Gehirnzellen statt, sondern auf diesen höheren Ebenen. Die Wissenschaftler sind uns allen aber weit voraus und analysieren, wie man das Gehirn am besten „verschlimmbessern" kann, wenn jemand nicht so tickt, wie die Gesellschaft das erwartet.

Wenn wir uns also auf die Suche nach Gott begeben - wobei wir den personifizierten „Gott" namens Jahwe bereits ad acta gelegt haben - müssen wir uns fragen, wie wir uns Gott sonst vorstellen können. Wo befindet er sich? Was wäre ein geeigneter Ort für den Schöpfer des Universums? Die Sonne, die Milchstraße, das Zentrum des Universums oder wo? Vielleicht überall? Das kommt der Vorstellung, daß Gott uns nahe ist, doch sehr nahe. Also, wie wäre es mit dem Gedanken: Alle Substanz, aus der das Universum besteht, und zwar sowohl auf der physischen, als auch auf den höheren Schwingungsebenen, ist bewußte Energie. Es ist die gleiche Energie, aus der auch Gott besteht. Energie ist ja nicht etwas, das erst erzeugt worden sein muß. Sie kann ja einfach sein. Und vielleicht ist sie sich sogar bewußt, daß sie ist. Für Wissenschaftler ist das sicher Unsinn, aber können sie das Gegenteil beweisen? Sie wissen ja nicht mal, wo die Energie herkommt, mit der sie sich so verbissen auf allerlei fehlgeleitete Theorien stürzen.

Nach unserem interessanten Denkmodell beruht also alles, was ist, auf Schwingungen unterschiedlicher Frequenz. Geist und Materie beruhen darauf, sowie sämtliche Kräfte, die Bewegung oder Veränderung in der Welt verursachen. Das Prinzip ist genial einfach, oder einfach genial. Wir müssen dabei ein wenig in die Musik eintauchen, da dort ja mit Schwingungen Töne erzeugt werden (und zudem die GEMA ihren Teil abbekommt).

Eine Schwingung haben wir, wenn wir zum Beispiel eine Gitarrensaite anzupfen. Nehmen wir nun mal eine Saite der Länge 1, so hat diese die Schwingungszahl von eins. (Diese Werte sind frei, d.h. weder 1 Zentimeter noch 1 Meter, weder Herz noch sonst etwas.) Teilen wir die Länge durch zwei, d.h. unterteilen die Saite in der Mitte, so ist die Frequenz doppelt so hoch. D.h. der Ton klingt höher, und zwar eine Oktave höher. Ist der Ton bei der Saitenlänge eins z.B. C, so ist der Ton bei der halben Saitenlänge auch C, aber eine Oktave höher. Auf dieser Basis funktioniert jedes Saiteninstrument, und man kann beliebige Töne durch Abdrücken der Saitenlänge auf dem Steg erzeugen, und, wenn man Glück hat, eine Zeitlang in den MTV-Charts landen. Um wieder einen Ton eine Oktave höher zu erzeugen, muß die halbe Saite erneut halbiert werden, sie ist also nur noch ein Viertel der Saitenlänge 1. Hingegen wird der Ton tiefer, wenn wir die Saite auf 2 Einheiten verlängern.

Wir können die Saite beliebig verlängern und erhalten schließlich Schwingungen, die wir nicht mehr hören können. Dennoch wird die Schwingung nie Null, selbst wenn die Saite unendlich lang wird. Sie nähert sich zwar Null an, erreicht sie jedoch nie. Genauso können wir die Saite immer mehr verkürzen, wobei sie niemals Null erreicht, sonst wäre es ja keine Saite mehr und könnte daher auch nicht schwingen. Je kürzer jedoch die Saite wird, desto höher der Ton. Irgendwann wird er so hoch, daß wir ihn nicht mehr hören können. Praktisch kann man die Saite auch nicht so kurz machen, daß man durch Anzupfen dann noch Lichtschwingungen oder Radiosignale erzeugen könnte. Aber im Prinzip ergeben immer kürzere Wellenlängen immer höhere Frequenzen. Dabei sind Wellenlängen von 2^4 bis 2^{16} im hörbaren Bereich. (2 hoch vier ergibt 16 Herz, was wir als sehr tiefen Ton gerade noch wahrnehmen können. 2 hoch 16 sind 16384 Herz, was etwa der Obergrenze des menschlichen Gehörs entspricht. Hunde können z.B. noch weitaus höhere Töne hören und sind darüber hinaus die treuesten Gefährten des Musikers.)

In dem Bereich von 2^{48} bis 2^{51} befindet sich das sichtbare Licht. Von Rot mit der längsten Wellenlänge bis zu Violett. Die einzelnen 7 Grundfarben entsprechen dabei den 7 Grundtönen der Tonleiter. Danach beginnt eine neue Oktave. Der Ultraviolettbereich ist keineswegs eine Farbe, die etwa dem Rot oder Blau entspricht, sondern deckt ein ganzes Spektrum ab, das so groß ist wie das Spektrum des sichtbaren Lichtes.

Zeichnet man die Verhältnisse von Wellenlänge zu Frequenz in ein Koordinatensystem, so ergibt sich eine hyperbolische Kurve. Sie geht durch 1 zu 1 und nähert sich auf beiden Seiten gegen Null zu Unendlich, ohne jedoch jemals absolut Null zu erreichen.

Wir nehmen nur winzige Ausschnitte des gesamten Frequenzbereiches von fast Null bis Unendlich auf. Unsere Wissenschaftler haben nur Meßgeräte für sehr kleine Ausschnitte der Schwingungsarten. Sie nehmen an, daß Materie mit diesen Schwingungen nichts zu tun hat. Wenn wir uns aber die Wirbeltheorie vornehmen, befindet sich Materie tatsächlich auch auf irgendeinem Bereich dieser Schwingungskurve. Wir wissen ja, daß bestimmte Elemente unseres Periodensystems strahlen, und zwar radioaktiv. Diese Schwingungen sind noch höher als das sichtbare Licht und die der Radiowellen.

Die Möglichkeiten der Schwingungsoktaven, die wir nicht sehen oder messen können, gehen dabei gegen unendlich, denn, wie gesagt, können die Saitenlängen immer kürzer werden, ohne jedoch Null zu erreichen, und dabei die Frequenzen gegen Unendlich gehen.

In diesem System befänden sich nun alle Phänomene, die nicht sichtbar sind; Gedanken und Emotionen können sich dann auf bestimmten Frequenzen abspielen, aber auch Gott, oder Götter, die auf bestimmten Frequenzbereichen leben, haben hier unendlich viel Platz.

Dabei steigt die Komplexität mit der Schwingung. D.h. tiefe Töne können nur wenig Informationen enthalten. Höhere Töne können jedoch auch tiefere Töne, also auch mehr Informationen, enthalten. Mit einem Radio kann man Musik, Sprache und Datensignale übertragen, mit Lichtleitern kann man viele Fernsehkanäle gleichzeitig übertragen. Wieviel mehr Informationen könnten sich dann auf Schwingungsebenen abspielen, die noch viel höher sind? Wird dann Gott vorstellbar, bzw. wird dann klar, daß wir ihn uns gar nicht vorstellen können, da wir mit unseren Schwingungsebenen die Komplexität dieser Möglichkeiten gar nicht erfassen können? Andererseits stellt sich dann die Frage nach der Definition von Gott. Ist Gott die Quelle oder Ursache dieses Schwingungssystems, oder könnte man nicht auch Wesenheiten, die „ganz weit oben" auf der Skala sind, ebenfalls als Götter bezeichnen?

Was wäre dann der Antichrist oder Satan? Befänden sie sich oben auf der Skala, oder hätten sie sich von der Skala entfernt? Könnte man nicht sogar alles, was sich von der delikaten Ausgewogenheit auf dieser hyperbolischen Kurve entfernt hat, als „böse" bezeichnen?

Bei der Musik bilden sich Resonanzen. D.h. wenn wir das tiefe C zupfen, schwingt das hohe c leise mit. Daß dieses nicht nur in der Musik gilt, sondern auf allen Schwingungsoktaven, leuchtet ein. Dann können wir uns auch vorstellen, daß das, was wir denken oder fühlen, irgendwo anders eine Resonanz finden kann.

Bei diesem System ist nun nicht alles verworren und unterschiedlich, sondern alles höchst geordnet. Die Gesetze, die für höhere

Schwingungsebenen gelten, gelten auch für die niedrigeren, und umgekehrt.

Wenn wir glauben, hörbare Töne unterschieden sich von sichtbarem Licht, und die Gesetze der Materie unterschieden sich von den Gesetzen der Gedanken, dann irren wir; auf dieser hyperbolischen Funktion ist nichts zufällig, nichts ungeordnet.

Wenn wir uns nun die linke Seite der Kurve, bei der die Saitenlänge unendlich lang und die Frequenz fast Null ist, als Pluspol vorstellen und die obere Seite mit unendlich hoher Frequenz und einer Wellenlänge von fast Null als Minuspol, dann haben wir auch eine Vorstellung davon, warum es Bewegung auf der Welt geben kann. Gäbe es eine Schwingung Null, so gäbe es keine Bewegung. Da es jedoch niemals Null gibt, gibt es immer ein Potential auf dieser Kurve. Da die Polaritäten niemals ausgeglichen sein können, gibt es immer das Bestreben, daß sich die Polaritäten angleichen. Sie können sich jedoch niemals ausgleichen, da sie sonst Null wären, was nicht möglich ist. Es kann zwar alles gegen Null tendieren, dieses jedoch niemals erreichen, was auch recht gut ist, weil es sonst sofort tot, ohne jede Bewegung wäre und kein Mensch ihm irgend etwas abgewinnen könnte. Andererseits ist klar, daß in diesem System absolut nichts tot sein kann. Alles hat ein bestimmtes Potential, das sich irgend etwas von einem anderem Ausschnitt unserer Kurve suchen wird, das sein Potential ausgleichen kann, wobei es jedoch nie den absoluten Ausgleich geben kann, und so die Suche nach Ausgleich endlos ist und somit immer Bewegung „im Spiel" ist.

In bestimmten Kulturen wird Gott als Alpha und Omega bezeichnet, als Anfang und Ende. Wenn wir Plus mit Alpha ersetzen und Minus durch Omega, haben wir Anfang und Ende der Kurve, haben wir Männlich und Weiblich, haben wir einen Vater/Mutter Gott, zwischen dessen beiden Polen sich alles abspielt, was ist. Es gibt nichts außerhalb dieser Pole. Und wenn Goethe im Faust 2 schrieb: „Das ewig Weibliche zieht uns hinan", dann kann er die Frau gemeint haben, aber auch den Minuspol dieser Kurve, wobei dieses Ende die höchste Schwingung mit der komplexesten Information hat und letztlich Ziel ist. Das Männliche hätte somit die höchste Wellenlänge und die niedrigste Frequenz. Negativ bedeutet hier jedoch nicht schlecht oder böse, sondern einfach nur eine dem Plus entgegengesetzte Polarität. Und niedrig bedeutet ebenfalls nicht schlecht. Erst durch diesen Unterschied ist Bewegung möglich. Jedoch ist auf der Minusseite eine ungleich höhere Informationsdichte möglich als auf der Plusseite. Eine

Entwicklung würde also darin bestehen, zu höheren Schwingungsebenen zu gelangen, wo komplexere Erfahrungen möglich sind.

Wir stellen uns das Universum also nicht als eine Anhäufung toter Materie vor, die sich manchmal zu chemischen Prozessen herabläßt und dann durch zufällige Aminosäureanordnungen biologische Verbindungen schafft, die anfangen, zu leben und zu denken, sondern als System unterschiedlicher Schwingungen, wobei es unendlich viele unterschiedliche Schwingungen geben kann. Kann man mehr Möglichkeiten verlangen als unendlich viele?

Dennoch ist dieses System hoch geordnet. Denn es liegt genauen Gesetzmäßigkeiten zugrunde. Da die Menschen ständig gegen diese Gesetzmäßigkeiten verstoßen, müssen sie immer wieder mehr oder weniger sanft auf den Weg der Hyperbel zurückgebracht werden.

Woher die Energie für Plus und Minus kommt, das liegt sicherlich völlig außerhalb unseres Erfassungsbereichs. Aber es ist eine Vorstellung von Gott, die sich völlig von dem Rachegott aus dem Alten Testament unterscheidet, andererseits aber wissenschaftlich und mathematisch einleuchtend ist, ohne daß man ein Mystiker sein muß.

Man kann sich nun vorstellen, daß die Gesamtheit der Energie des Universums sich seiner selbst bewußt ist und nichts, das aus dieser Substanz besteht, unbewußt sein kann. Nach östlichen Lehren sind es sieben verschiedene Ebenen, wovon nur die unterste Schwingungsebene sichtbar ist. Unser Körper besteht zusätzlich aus einem Ätherkörper, einem Mentalkörper und einem Emotionalkörper. Emotionen, Erinnerungen und Gedanken finden also nicht im physischen Bereich statt, sind daher also auch verdammt schwer im Hirn lokalisierbar, sondern auf den entsprechend höheren Ebenen. Darüber kommen dann vielleicht noch höhere Schwingungsebenen auf denen wir direkt mit der kosmischen Gesamtheit verbunden sind.

Diese sind nicht von uns getrennt, sondern mit einem Teil unseres Selbst sind wir Teil von Gott. Christus ist nicht eine Person oder der Sohn Gottes. Christus ist auch nicht Jesus. Christus ist eine besondere Form des Bewußtseins - nämlich Eins mit Gott - und Jesus hatte dieses Bewußtsein erreicht. Und er wollte den Menschen zeigen, daß sie das auch erreichen könnten.

Da wir jedoch nur unsere physische Existenz sehen können, und uns nicht bewußt sind, daß wir auf anderen Ebenen mit allem verbunden sind, fühlen wir uns getrennt von Gott und suchen ihn irgendwo „da oben". Mit den unteren Schwingungsebenen, dem Mentalkörper etc., hat sich der Mensch ein Bewußtsein aufgebaut, das sich nicht mehr seiner Herkunft bewußt ist und sich daher als beschränkt erlebt und allerlei Leiden erfahren muß, die er sich jedoch eigentlich nur selber verursacht, wenn er gegen die zugrunde liegenden Gesetzmäßigkeiten verstößt.

Es ist nur eine andere Wahrnehmung der Wirklichkeit, wenn man leidet. Denn man ist Teil von Gott und muß es sich nur bewußt machen. Da ist es doch gut, wenn man einfach sagt „ICH BIN Christus", d.h. ich verbinde mich wieder bewußt mit dem, von dem ich mich als getrennt betrachtet habe.

Aber auch der Gedanke, daß das Universum geschaffen wurde, ist irreführend. Vielleicht *ist* Gott das Universum. Alles, was ist, ist Teil von Gott. Nichts existiert außerhalb von Gott. Gott ist die Summe von allem.

Wissenschaftler wollen die Existenz Gottes abstreiten, indem sie die Fangfrage stellen: „Wer hat dann Gott geschaffen?" Die Antwort ist einfach: Gott ist nicht entstanden, er *ist* einfach. Die Zeit, also etwas, wo etwas einen Anfang und ein Ende haben kann, existiert nur innerhalb unseres Universums, wurde als Möglichkeit für uns geschaffen, Erfahrungen zu sammeln. Etwas, das keine Zeit hat, kann keine Erfahrungen sammeln. Es muß alles beinhalten, alle Antworten auf alle Fragen des Universums. Da Gott einfach nur ist, ohne Zeit, braucht er auch nicht entstanden sein. Er ist die Gesamtheit von allem, was ist.

Gott ist Energie oder auch Licht. Die Substanz, aus der alles besteht, ist Licht. Und das, was das Licht in die Formen preßt, das die Planeten in ihrer Umlaufbahn hält und die Elektronen um den Atomkern wirbeln läßt, ist Liebe. Ist diese Vorstellung nicht wesentlich angenehmer, als Physik, Chemie, Biologie, Musik und Religion getrennt zu büffeln?

Wer sich den Satan als etwas von außerhalb von Gott vorstellt, der irrt demnach. Es gibt nichts außerhalb von Gott. Lediglich der Satan kann sich als außerhalb von Gott, als getrennt von ihm empfinden, kann Gott ableugnen, seine Schöpferkraft mißbrauchen. Das ist vielleicht die treffendste Definition des „Bösen". Aber dennoch ist auch er Teil von Gott. Ursprünglich als Lichtwesen geschaffen, um selber schöpferisch tätig zu sein.

Alles, was ist, ist aus dieser Substanz, aus Licht. Daher ist es nur eine falsche Wahrnehmung, daß wir uns als „hier unten" empfinden und Gott als „da oben". Da alles aus der Substanz Gottes besteht, aus Licht, und zusammengehalten von Liebe, gibt es auch keine tote Materie. Lebendig ist nicht nur das, was sich bewegt. Alles was ist, ist lebendig.

Es ist alles in Gott. Jede Pflanze, jeder Stein, jedes Elektron hat die lebendige Substanz Gottes in sich und ist bewußtes Leben.

Was wir als Materie empfinden, ist diese Lichtenergie, die Substanz Gottes, die in einer bestimmten Frequenz schwingt. Das, was wir als unsichtbar, als Geist empfinden, ist dieselbe Lichtenergie, nur auf einer anderen Schwingungsebene.

Die Astralebene ist unsere nächsthöhere Schwingungsebene, und manche Menschen können mit ihr Verbindung aufnehmen, hören die Stimmen von Verstorbenen. UFOs bräuchten dann nicht zwangsläufig von Lichtjahre entfernten Sternensystemen kommen, sondern könnten auch aus einer anderen Dimension zu uns kommen und somit plötzlich erscheinen oder verschwinden, wie das oft beobachtet wird.

In den phantastischen Filmen der Science-Fiction scheinen die Gesetze der Physik oftmals aufgehoben zu sein, scheint Materie nicht so „dingfest" zu sein, wie wir sie erleben. Dinge oder Personen tauchen aus dem Nichts auf und verschwinden wieder, werden von einem Ort an den anderen „gebeamt", können unsichtbar gemacht werden oder die Grenzen der Schwerkraft überwinden. Auch in Märchen und in der Bibel wird von allerlei Wunderdingen berichtet. Doch sind dieses dann eigentlich keine Wunder, sondern Anwendungen der Kenntnisse der verschiedenen Schwingungsebenen.

Sogar wissenschaftlich kann man nachweisen, daß Licht in den Zellen ist. Sehr schwaches Licht zwar, das aber mit Lichtverstärkern sichtbar gemacht werden kann. Und zwischen den Zellen findet offenbar ein reger Austausch an Licht statt. Und wieviel Informationen man mit Licht übertragen kann, wissen wir aus der Technik; ein einziges Glasfaserkabel kann hunderte von Telefongesprächen und sogar Fernsehkanälen übertragen, unvorstellbar viel mehr als ein elektrisch leitendes Kupferkabel.

In den Versuchen mit dem Licht in den Zellen haben Wissenschaftler sogar festgestellt, daß Krankheiten möglicherweise gar nicht durch Bakterien und Viren ausgetauscht werden, sondern durch Licht. Wenn sie in zwei getrennten Quarzglasbehältern Zellkulturen hatten und die eine mit einem Virus infizierten, so war dieses Virus nach einiger Zeit auch in der anderen Zellkultur vorhanden, obwohl es keine Verbindung zwischen den Gläsern gab. In Gläsern, die UV-Licht absorbieren, wurde der Effekt nicht beobachtet.

Viele Wissenschaftler haben also möglicherweise falsche Vorstellungen von den Abläufen des Lebens, da sie nicht auf der Basis der Energiewirbel forschen, sondern auf der Basis der kleinsten Teilchen, die ihnen natürlich bei der Erforschung geistiger Phänomene ständig im Weg stehen, da sie ja ständig miteinander kollidieren müßten.

Das Papier, auf dem diese Zeilen stehen, ist keineswegs so fest, wie wir annehmen. Würde man die Struktur der Energiewirbel aufheben, so müßte sich das Blatt buchstäblich in Nichts - oder besser in Energie - umwandeln. Und in der Tat ist das nicht schwer: Wir brauchen nur ein brennendes Streichholz dranzuhalten, um die Umwandlung der „festen" Materie in Energie zu erleben. Wir sollten vor diesem Experiment aber doch noch die auf dem Papier enthaltenen Informationen lesen, um ein besseres Verständnis für die Welt der unsichtbaren Ordnung zu bekommen.

Zumindest wird jetzt besser verständlich, wie es möglich sein soll, daß wir eins mit allem sind, da wir nicht aus unabhängigen Atomteilchen bestehen, die getrennt sind von den Atomteilchen, aus denen z.B. Bo Derek besteht, sondern aus Energie oder Licht, die aus derselben Substanz besteht, aus der auch alles andere besteht: Aus Licht.

Es ist natürlich nicht einfach, sich als Eins mit allem wirklich zu erleben, da der eine oder andere uns eine runterhauen würde, wenn wir allzusehr eins mit ihm sein wollten. Aber die Misere unserer Welt besteht grundsätzlich darin, daß wir uns als getrennt von anderen betrachten und die Tendenz haben, Dinge außerhalb von uns beurteilen. Diese Trennung wurde für uns geschaffen, um Erfahrungen als individuelle Lebensströme zu sammeln.

Wie kann man denn nun Eins mit allem werden? Oder können wir diesem Zustand zumindest nahe kommen? Er müßte demnach ja sehr angenehm sein.

Nun, stellen wir uns einen schönen Park vor, in dem die Sonne angenehm warm scheint und die Vögel zwitschern. Es stehen Bänke in diesem Park. Auf einer sitzt ein Mann, der sich völlig entspannt niedergelassen hat, sich keine Sorgen um das macht, was ihm die Zukunft bringt oder was er in der Vergangenheit erlebt hat. Er genießt einfach nur das Licht der Sonne, die Unbeschwertheit, den Frieden.

Auf einer anderen Bank sitzt ein Bankier - kein Wortspiel beabsichtigt - der gerade Mittagspause hat. Er hat sich von einem Hot-Dog-Stand eine kleine Mahlzeit und ein kühles Getränk geholt und hofft, daß das Handy nicht piept, während er den Mund voll hat und der Ketchup die Finger verschmiert. In seinem Kopf jagen sich die Zahlen der aktuellen Aktienkurse. Er hofft sehr, daß sein letzter großer Deal aufgeht. Sonst hätte er Millionen in den Sand gesetzt. Und das könnte für ihn das Aus bedeuten. Da er aber sehr vertrauliche Informationen aus sicherer Quelle bekommen hat, kann eigentlich gar nichts schief gehen, und dann kann er sich bald das Haus am Strand von Malibu kaufen, von dem er immer geträumt hat. Natürlich ist das Ausnutzen der Insiderinformationen illegal, aber wer soll es ihm nachweisen? Und wenn aber doch jemand... Lieber nicht dran denken. Eine dicke Frau läuft mit einem kleinen Pinscher an der Leine vorbei. Der Banker denkt sich, wie häßlich sie doch ist und wie sie schwitzt.

Vielleicht können wir uns mit diesem Bild vorstellen, daß es graduelle Unterschiede geben kann, wie sehr man Eins mit allem sein kann, oder wie sehr getrennt von allem. Tatsächlich scheint der Mann, der eins mit allem ist, sich sehr viel wohler zu fühlen, ja vielleicht ist er sogar glücklich, während wir bei dem Banker vermuten dürfen, daß er noch nicht einmal dann glücklich ist, wenn er das Haus in Malibu hat.

Natürlich ist es in unserer Leistungsgesellschaft schwer, die Vorstellung von der Einheit mit allem umzusetzen. Denn dann müssen wir uns fragen, woher hat der Mann, der entspannt im Park sitzt und sich keine Sorgen macht, das Geld zum Leben? Muß er nicht auch arbeiten, und ist er auch dann noch eins mit allem?

Nun, wenn es sicher nicht einfach ist, diesen Zustand dauernd aufrechtzuerhalten, so ist es doch möglich. Denn wenn wir eins sind mit allem, dann arbeitet die Welt nicht mehr gegen uns, sondern mit uns. Der Mann kann diesen Zustand auch bei der Arbeit aufrechterhalten, da er wenig Negatives aussendet und daher auch wenig Negatives zu ihm zurückkommt. In der Tat ist es kein Zufall, was ihm zustößt. Er hat keine Ursache für eine negative Wirkung für ihn gesetzt, da er die kosmischen Gesetze kennt und ausprobiert hat, daß sein Leben tatsächlich angenehmer geworden ist, seitdem er aufgehört hat, sich zu ärgern, zu hassen oder andere zu beurteilen. Er weiß, daß alle anderen ebenso Teil des Ganzen sind und ihre eigenen Lektionen lernen müssen. Daher hat er kein Recht, sie zu beurteilen. Auch nicht, als die dicke Frau mit dem Pinscher vorbeitrabt. Was stört sie ihn? Überhaupt nichts. Er weiß, daß seine Wirklichkeit ihm nur das widerspiegelt, was er in seinen Gedanken manifestiert hat.

Von diesem Mann könnten wir lernen, wie wir uns einem Zustand nähern können, den wir als zufrieden bezeichnen könnten. Er würde uns sagen: Genauso, wie es unsinnig ist, vor dem Spiegel zu stehen und darauf zu warten, daß einem das Spiegelbild zulächelt, ist es auch unsinnig, darauf zu warten, daß die Menschen freundlicher zu einem werden. Wir müssen damit anfangen, das in die Welt zu setzen, was wir uns in dieser Welt wünschen.

Wenn wir annehmen, daß wir nicht aus festen Teilchen bestehen, die sich aus dem Urknall und durch einen langen Entwicklungsprozeß zu uns entwickelt haben, sondern aus Energie, dann müssen wir auch von einer Quelle dieser Energie oder des Lichtes ausgehen. Ob wir diese nun als Gott, Allah oder Großen Geist bezeichnen, ist dabei unerheblich, solange wir erst einmal anerkennen, daß es ohne Quelle kein Licht geben kann.

Also hat diese Quelle Energie ausgesandt, um uns zu schaffen und mit uns viele andere Wesen, aus denen unsere Welt besteht. Tatsächlich finden wir sogar im physischen Bereich einen Hinweis, daß wir mit einer Quelle des Lichtes verbunden sind. Denn wir haben einen eigenen Funken in uns, den die Wissenschaft nicht versteht und also auch nicht gerne darüber berichtet. In unserem Herzen gibt es eine kleine Stelle, eine luftleere Kammer, in der ein tatsächlicher, physischer Funke brennt. Diese Stelle ist 100 Grad Celsius heiß. Die Wissenschaftler nennen ihn daher „Hot Spot". Daß wir in den Schulen nichts darüber hören, zeigt, daß die Wissenschaftler nicht die geringste Erklärung für diesen Teil des Herzens haben. Ob aus Ehrfurcht oder Ignoranz lassen sie ihn lieber unangetastet, denn irgendwie spüren sie, daß der Hot Spot doch etwas sehr Wichtiges ist.

Wir wurden also von der Quelle des Lichtes in einen Körper verpflanzt, dessen Energieteilchen eine solche Schwingung haben, daß wir sie als feste Materie empfinden. Und so sehen wir uns nicht mehr als Lichtwesen und auch nicht mehr unsere Verbindung zur Quelle dieser Energie. Wir empfinden uns in unserem festen, physischen Körper als getrennt von allem. Obwohl es in uns eigentlich einen Lichtfunken gibt, der unser eigentliches Selbst ist. Man könnte es als kristallenes Selbst oder auch als Christ-Selbst bezeichnen. Es ist der Lebensstrom, der unsere Bewußtheit von Sein bestimmt. Wir kamen als Lebensströme auf diesen Planeten, um in einer Welt der Trennung - in dem wir unser Einssein erst mal nicht direkt empfinden - zu lernen, Erfahrungen zu sammeln. Erfahrungen, die aber letztlich zu der Erkenntnis unserer Einheit zurückführen müssen, auch wenn dieses viele tausend Jahre dauern sollte. Denn auf diese Weise entwickelt sich das Leben weiter, indem es Erfahrungen sammelt.

Auf der Erde wird uns dieses Lernen besonders schwer gemacht, da es Wesen gibt, die uns von sich abhängig machen. Daher erzählen uns weder die Massenmedien, noch die Wissenschaftler, noch die Politiker oder Kirchenleute etwas davon, daß wir selber in der Hand haben, was auf uns zukommt. Sie stecken alle unter einer Decke und werden sich hüten, uns zu erzählen, daß unser Glück gar nicht von ihnen abhängt, sondern daß wir selber bestimmen können, was uns zustößt.

Genauso, wie diese Seite Papier keineswegs aus festen Teilchen besteht, aber dennoch Informationen enthält, genauso senden wir auch Informationen in die Welt, mit allem, was wir tun, sagen oder auch nur denken. Die Gedanken entstehen keineswegs in der grauen Gehirnmasse, sondern sie stammen aus der Quelle des Lichtes und werden von uns qualifiziert. Wenn wir uns als aus unabhängigen, kleinsten Teilchen bestehend betrachten, ist es ja egal, was wir denken - die Gedanken sind frei. Niemandem tut es weh, wenn wir ihn heimlich hassen. Wenn wir uns aber bewußt sind, daß alles miteinander verbunden ist und unsere Gedanken eine bestimmte Signatur haben, ebenso wie der Gedanke an eine bestimmte Person dessen spezifische Signatur enthält, dann ist es keineswegs gleichgültig, wenn wir jemanden hassen. Die Schwingung gelangt zu ihm und wirkt sich aus. Gleichzeitig kommt sie zu uns zurück.

Nun ist es ja noch möglich, sich vorzustellen, daß unsere Gedanken über uns hinausgehen, aber daß sie noch so komplexe Informationen enthalten sollen, ist kaum noch vorstellbar. Aber in der modernen Computertechnik ist so etwas durchaus möglich. In Computernetzwerken sind Informationen überall vorhanden, aber nur diejenigen, die eine bestimmte Speicheradresse tragen, werden auch von dem zugehörigen Benutzer anwendbar. Ebenso ist unser Telefon mit allen anderen Telefonen in der Welt verbunden. Aber nur, wenn unsere Nummer gewählt wird, klingelt es bei uns. Klingelt´s?

Die Schwingungen der unsichtbaren Reiche, in denen sich unsere Gedanken auswirken, sind viel höher als die Schwingungen unserer materiellen Welt. Sie können daher auch viel komplexere Daten übermitteln. Genauso, wie man mit höheren Rundfunkfrequenzen auch mehr Informationen senden kann. Mit den niedrigen Schwingungen der Langwellensender können wir gerade Tonsignale mittelmäßiger Qualität übertragen. Für die bessere Stereoqualität braucht man schon die schnelleren UKW-Wellen. Und um gleichzeitig noch Fernsehbilder zu übertragen, muß die Schwingung der Trägerfrequenz noch höher sein.

Genauso, wie viele Fernsehprogramme gleichzeitig im Äther hängen, wir aber nur dasjenige empfangen, auf dessen Frequenz wir geschaltet haben, so sind auch unsere Gedanken mit gleichen Schwingungsmustern verbunden. Es ist daher wirklich ratsam, mehr Gedanken der Liebe auszusenden als welche des Hasses. Denn sie ziehen andere an und kommen zu uns zurück. Wir können das wirklich ausprobieren und in wenigen Monaten erstaunliche Veränderungen in unserem Leben bewirken.

Daß Gedanken sich auch auf etwas außerhalb von uns auswirken, hat die Wissenschaft längst mit Experimenten bewiesen; Pflanzen, denen man Gefühle von Liebe und Anerkennung vermittelt, wachsen eindeutig besser als lieblos aufwachsende Pflanzenwaisen.

Leider werden die wenigsten Nahrungsmittel, die wir heute zu uns nehmen, noch mit Liebe herangezogen. Die Wissenschaftler machen uns weis, es komme darauf an, wieviel Kalorien unser Essen enthalte, wieviel Kohlenhydrate, wieviel Cholesterin oder wieviele Vitamine und Spurenelemente. Dafür haben sie Meßgeräte. Aber die Qualität der Nahrung können sie damit nicht messen. Dabei ist nicht die Quantität der Zusätze wichtig, sondern ihre Qualität. Tatsächlich spüren Menschen, die nicht schon gänzlich unsensibel gegenüber solchen Vorgängen sind, sehr wohl einen Unterschied, ob sie aufgetaute Broccoli aus dem Supermarkt essen oder welche, die in natürlicher Umgebung, mit Sonne und Liebe gewachsen sind. Vieles von dem, was wir heute als Nahrungsmittel zu uns nehmen, ist bereits ansatzweise giftig, selbst wenn die Werte der enthaltenen Vitamine etc. okay sind.

Besonders, wenn wir Fleisch essen, nehmen wir die Schwingung der schrecklichen Todesangst, die die Tiere vor dem Schlachtvorgang erleben müssen, in uns auf. Würden wir uns bei den Tieren bedanken und sie liebevoll bis zum Tod begleiten, wie das in einigen „primitiven" Kulturen üblich war und ist, dann wäre der Genuß von Fleisch viel weniger bedenklich, obwohl man sich auch dann Gedanken über die Wirkung machen sollte.

Schweinepest und Rinderwahnsinn sind eine deutliche Warnung der Natur. Keineswegs sind Viren schuld an der Krankheit, sondern der mangelnde Respekt der Menschen vor den Tieren. Ist es nicht geradezu ein Verbrechen, daß Vegetarier, wie Rinder das nun einmal sind, gezwungen werden, sich von Tierkadavermehl zu ernähren?

Tatsächlich sind Viren niemals die Ursachen von Krankheiten. Viren aller Art sind immer in uns vorhanden. Auch in diesem Augenblick tummeln sich reichlich Grippe-, Hepatitis- und sonstige Viren in unserem Körper. Dennoch schaden sie uns nicht. Erst, wenn wir die Selbstheilungskräfte unseres Körpers geschwächt haben und dieser uns mit einer Krankheit einen Hinweis auf die Schwächung geben will, kann die Krankheit zum Ausbruch kommen. In unseren Gedanken manifestieren wir dann diese Wirklichkeit und sagen: „Ich bin krank. Ich habe die Grippe." Womit wir gleichzeitig dem nächsten, der Angst vor einer

Ansteckung hat, die Möglichkeit geben, dieselbe Krankheit in sich zu manifestieren.

Eine Grippeepedemie wird nicht durch eine plötzliche Verbreitung von Grippeviren verursacht, sondern durch das Gedankenmuster, daß so etwas passieren kann. Durch die Angst, daß wir uns anstecken können. Dann behandeln wir die Symptome mit meistens pharmazeutischen Produkten, (worüber sich eine gigantische Industrie riesig freut).

Daß unsere Gedanken die Wirklichkeit erzeugen, wird in der Medizin viel zu wenig berücksichtigt. Die Diagnose eines Arztes, der der Ansicht ist, es nunmehr mit einer unheilbaren und tödlichen Krankheit zu tun zu haben, wirkt sich oft tatsächlich so aus. Wenn er den Patienten und die Angehörigen ebenfalls mit der Nachricht des unabwendbaren Endes konfrontiert, ist eine Heilung schon durch die manifestierten Gedanken vieler beteiligter Personen fast unmöglich.

Auch die Patienten, die jahrelang in psychiatrischer Behandlung sind, sind sich nicht bewußt, daß sie eine Lösung selber verhindern. Da sich ihre gedankliche Aufmerksamkeit in den „therapeutischen" Sitzungen ständig auf die vermeintlichen Probleme richten, manifestieren sich diese Gedanken so sehr, daß es kein Wunder ist, daß sie nicht verschwinden. Besser sind da neue Therapieformen, bei denen die Gedanken auf eine mögliche Lösung gerichtet sind. Tatsächlich weiß etwas in einem, wie die Lösung aussehen könnte, und ein guter Therapeut würde mit seiner Intuition diese Lösung hervorholen, ohne sich ewig mit den Details des Problems zu befassen.

Unsere Gedanken erschaffen auf anderen Schwingungsebenen tatsächlich eine nicht sichtbare, aber ebenso reale Wirklichkeit. Die vielen Schriftsteller, die sich möglichst grausame Horrorstories ausdenken, da sie meinen, daß so etwas heute gerne gelesen wird, und deren Bücher oder Filme millionenfach verbreitet werden, sind sich vermutlich gar nicht bewußt, wie sehr sie der gesamten Menschheit durch die Erschaffung ihrer Horrorgestalten und blutigen Szenen schaden.

Das Leben ist kein zufälliger Chaostrip zwischen Geburt und Tod. Es gibt eine höhere Intelligenz, die wir Gott, Allah, Großer Geist, Hugo oder sonstwie nennen können, die sich etwas dabei gedacht hat, die die Gestirne nicht zufällig herumeiern und den Menschen ihrem chaotischen Schicksal und „dem Tragen von Digitalarmbanduhren" überläßt.

Wenn es eine solche ordnende Kraft gibt, wie würde dann ihr Ziel aussehen? Was wäre der Sinn unseres Hierseins in jenem Plan?

Sinn unseres Lebens ist, die göttlichen Gesetze durch eigene Erfahrungen auf der physischen Ebene zu lernen. Die Erde ist eine Art kosmischer Schulungsraum.

Warum gibt es dann so viel Leid auf der Welt? Nun, weil sich die „Schüler" gänzlich vom großen Geist entfernt haben. Anstatt die Gesetze zu lernen, nutzen sie ihre Leben, um ihre eigene Macht- und Besitzgier zu befriedigen. Aber warum läßt die höhere Intelligenz zu, daß es so aus der Bahn gerät? Nun, sie hat uns völlige Freiheit gegeben. Wenn uns diese höhere Intelligenz das Gute aufzwingen würde, uns also befehlen würde, „gut" zu sein, so würden die Menschen das zwar gezwungenermaßen tun, aber sich vielleicht innerlich dagegen auflehnen. Sie wären also am Ende der Schule nicht von sich aus „gut", sondern, weil es ihnen verboten wurde, „böse" zu sein. Wenn sie dann aus der Schule entlassen würden, würde das unterdrückte Böse wieder hervorkommen. Das Bildungsziel wäre also nicht erreicht. Erst wenn die Schüler durch eigene Erfahrung zu der Erkenntnis gelangt wären, daß es mehr Sinn macht, aufzubauen, anstatt zu zerstören, zu lieben, anstatt zu hassen, erst dann könnten die Schüler entlassen werden.

In seiner überschäumenden Liebe schuf Gott Lichtwesen, denen er die Möglichkeit gab, selber schöpferisch tätig zu werden und neue Erfahrungen zu sammeln. Irgendwann schuf er auch den Menschen - keineswegs vor ein paar tausend Jahren, nachdem er die Affen und alles andere geschaffen hatte, wie die Wissenschaftler es behaupten. Das Konzept des Menschen ist universell. Er gab diesem Menschen die Freiheit, alles mögliche auszuprobieren. Gott ist nicht allmächtig; er hat die Allmacht über uns zugunsten unserer völligen Freiheit aufgegeben. Es ist nicht so, daß er im Hintergrund noch die Notbremse ziehen kann, wenn die größte seiner Schöpfungen aus der Bahn läuft. Es muß ein unglaublicher Akt der Liebe gewesen sein - mit unvorstellbarem Schmerz verbunden - etwas zu schaffen, das sich völlig von ihm lösen kann und sich möglicherweise völlig von seiner Quelle entfernt.

Er hat natürlich auch keine Hölle geschaffen. Das wäre in seiner unendlichen Liebe für uns völlig undenkbar. Wenn es eine Hölle gibt, dann haben diese gottfreien Menschen sie geschaffen, schaffen sie täglich neu. Wenn man sich die unendlichen Qualen einer Folter, die ständig irgendwo auf diesem Planeten stattfindet, vorstellt oder den unendlichen Horror, den Versuchstiere millionenfach in Versuchslabors erleben müssen, bei vollem Bewußtsein bewegungsunfähig fixiert, aufgeschnitten, geblendet und sonstwie gequält zu werden - die katholische Kirche sanktioniert Tierversuche in ihrer Enzyklika noch - Krokodilen bei lebendigem Leib die Haut abgezogen wird usw. usw. - es treibt mir die Tränen in die Augen und schnürt mir die Kehle zu, nur an solche Dinge zu denken, die täglich in den Schlachthäusern, Tierlabors und sonstwo geschehen - dann kann es kaum Schlimmeres geben. Menschen tun dies. Menschen, die die Quelle ihres Seins vergessen haben, erzeugen für andere Wesen täglich millionenfach die Hölle auf Erden.

Wenn man sich dann fragt, wieso es soviel Leid auf der Welt gibt, dann muß man sich immer vergegenwärtigen, daß Menschen in ihrer Freiheit dieses Leid erzeugen. Und wenn Menschen scheinbar unschuldig leiden, dann muß man sich fragen, ob sie nicht früher selber unvorstellbare Qualen erzeugt haben und nun lernen müssen, wie das wirkt.

Die Erde ist also ein Schulungsraum, damit wir lernen, die Konsequenzen unserer eigenen Schöpfungen zu erfahren. Die Hoffnung der westlichen Kirchen auf einen Erlöser würde in diesem einleuchtenden „Schulbild" keinen Sinn machen, denn ein Mörder, der plötzlich erlöst würde, wäre noch lange nicht gut. Er könnte sich nur selber erlösen, indem er selber erkennen würde, daß seine Handlung falsch war.

Unser Leben ist also die Verdichtung eines Strahls aus der Quelle allen Lichtes zu einem physischen Körper. Die Erde ist ein Schulungsraum, in den Lebensströme geschickt werden, um zu lernen, verantwortungsbewußt mit dieser Energie umzugehen, selbst dann, wenn wir bei der Geburt alles vergessen haben, was wir über die höheren Reiche wissen. Dabei gilt auf der Erde ein besonderes Gesetz, das keineswegs überall im Universum gültig ist: das Gesetz des freien Willens. D.h. alles ist möglich. Wir können alles ausprobieren, losgelöst von jeglicher Einschränkung, und es kann Hunderttausende von Jahren dauern, bis wir so viele Erfahrungen gesammelt haben, daß wir einsehen, daß das Leben es wert ist, geachtet und geliebt zu werden - jedes Leben. Daß man es nicht beliebig zerstören und mißachten darf.

Daß die Kirchen uns verbreiten, daß wir nur dieses eine Leben haben, um uns ihrer Glaubensvorstellung anzunähern, ist eine der großen Unterlassungssünden der christlichen Kirchen. Schon wenige hundert Jahre nach dem Tod des Jeshua Ben Josef bzw. Jesus begannen die Correctores der katholischen Kirche, jeden Hinweis auf Reinkarnation aus der Heiligen Schrift herauszunehmen, und nahmen uns so eines der elementaren Bestandteile der Wahrheit, um die Welt und den Sinn unseres Lebens zu verstehen.

Nun, die Kirchenfürsten haben schon damals eng mit den weltlichen Mächten zusammengearbeitet, da ihnen klar war, daß sie die gleichen Interessen hatten: Die Menschen zu kontrollieren und abhängig zu machen. Welcher arme Sünder hätte sich schon von den Sünden per Kirchenspenden losgekauft, wenn er keine Angst gehabt hätte, nach seinem Tode in die Hölle zu kommen? Wer wäre freudig in den Krieg gezogen ohne das Versprechen, daß Gott ihn für seinen Heldentod in den Himmel lassen würde, da der Krieg ja in Gottes Namen geführt wurde?

Nein, erst durch die Wiedergeburt ist es möglich, daß ein Lebensstrom in einem Leben die Erfahrung machen kann, als Sklaventreiber ein sorgloses, aber gegen bestimmte Wesen rücksichtsloses Dasein zu führen und im nächsten als Sklave für seine Rechte als Mensch kämpfen zu müssen. Wenn er diese - sicherlich meist nicht sehr witzige - Erfahrung gemacht hat, wird er irgendwann einsehen, daß es nicht gut sein kann, daß Menschen so gequält werden. Vielleicht wird er sich dann im nächsten Leben auch als Weißer für die Befreiung der schwarzen Sklaven einsetzen. So hat dieser Lebensstrom in zwei Leben Lektionen bekommen, die er sich durch die erste Inkarnation nötig gemacht hat.

Die Vorstellung des Karma ist dabei irreführend: es gibt keine „Rache" für Missetaten aus früheren Leben. Nein, man selber wählt sich - nach seinem „Tod" - aus, daß man noch diesen oder jenen Aspekt des Lebens am eigenen Leibe erfahren muß, um eine Lektion zu lernen.

Niemals wird man dabei als eine niedere Lebensform verkörpert. Jede Verkörperung ist ein Fortschritt gegenüber der vorherigen. Die buddhistische Vorstellung, daß man im nächsten Leben als Fuchs zur Welt kommen werde, weil man in diesem eine boshafte Bemerkung gemacht hat, ist ziemlich abwegig und falsch.

So sollten wir all die „schweren" Päcklein, die wir zu tragen haben, nicht als Strafe oder als Prüfungen Gottes ansehen, sondern als Gelegenheiten, etwas zu lernen. Man kann es ausprobieren, da es ein Gesetz ist, so gewiß, wie das Gesetz der Fliehkraft. Wenn wir immer wieder in Schlägereien verwickelt werden, obwohl wir es eigentlich gar nicht wollen, sollten wir vielleicht mal versuchen, in der nächsten Situation weniger aggressiv zu reagieren. Der Vorschlag des Jeshua Ben Josef, die andere Wange auch noch hinzuhalten, wenn wir geschlagen werden, ist keineswegs die Idee eines feigen Softies, sondern die einzige Möglichkeit, aus unserer Erfahrung von Gewaltsituationen auszubrechen. Wir können ewig darauf warten, daß die Schlägertypen in der Kneipe aufhören, sich immer geradewegs uns herauszupicken, wenn es dicke Luft gibt. Die Kinderausrede „der hat angefangen" nützt im

Schulungsraum Erde überhaupt nichts. Erst, wenn man zum Lehrer gehen kann und sagen: „Ich habe aufgehört", hat man die Lektion gelernt und kann in Zukunft unbehelligt über den Schulhof gehen. Die Schlägertypen werden genug andere finden, die noch ihre Lektionen lernen müssen.

Es ist weniger so, daß „da oben" welche sitzen und sich Situationen für uns ausdenken, die wir noch brauchen, und solche verhindern, die wir nicht mehr brauchen. Es ist ein einfaches, kosmisches Gesetz, daß gleiche Schwingungen sich anziehen. Wenn wir Angst haben, auf dem Schulhof verprügelt zu werden, enthält unsere Aura dieselbe Schwingung, wie die derjenigen, die sich welche zum Prügeln suchen, da sie ebenfalls Angst vor Prügel haben, aber meinen, Angriff sei die beste Verteidigung. Wenn wir diese Schwingung der Angst nicht mehr haben, werden wir von ihnen gar nicht wahrgenommen.

Unsere Angst in einer Welt voller Haß und Gewalt können wir also ganz leicht ablegen, indem wir die Mechanismen erkennen, die zu Gewalt führen. Und da dieses keine von Menschen erdachte Gesetzmäßigkeit ist, können wir es einfach drauf ankommen lassen und ausprobieren. Mehr verlieren als immer wiederkehrende Abläufe in unserem Leben können wir nicht. Wir können nicht mal das Leben verlieren, da kein Wesen auf oder außerhalb der Erde die Möglichkeit hat, unser wahres Ich zu verletzen oder zu zerstören.

Tatsächlich macht das Warten auf den Erlöser, der bei den christlichen Kirchen Programm ist, wenig Sinn. Keineswegs soll das Wirken und die wichtige Mission des Jeshua Ben Josef als Lehrer der Menschheit in Frage gestellt werden. Aber ist es einleuchtend, daß zu einem Zeitpunkt einer kommt, der alle Menschen gleichermaßen erlöst, seien sie nun Massenmörder oder Kirchengründer? Nein, jeder muß sich selber erlösen, kann erst vom Rad der Wiedergeburt erlöst werden und in höhere Reiche mit weniger Leidensmöglichkeiten aufsteigen, wenn er gelernt hat, alles Leben zu achten und respektieren. Ein paar Massenmörder, die plötzlich und unerwartet vom Messias erlöst worden wären, würde den „Himmel" ziemlich schnell zu einem unangenehmen Ort machen.

Die Lehre von der Wiedergeburt ist doch einleuchtender als der Glaube, man hätte nur ein Leben und käme danach in den Himmel oder eben in die Hölle. Denn dann kann jemand in jedem Leben etwas anderes lernen, wozu der Fünfjährige, der vom Bus überfahren wurde, keine Chance hatte.

Ist nicht die Lehre vom Karma viel einleuchtender als Regeln, wie

„Du sollst nicht töten" oder „Du sollst dieses oder jenes nicht tun"? Wenn man weiß, daß es ein Gesetz ist, daß alles, was man tut, in irgendeiner Form zu einem zurückkommt, dann ist es einleuchtend, daß man eher Liebe und Gutes verbreiten sollte, wenn man Haß und Gewalt aus seinem Leben verbannen will.

Dann kann man auch verstehen, warum unsere Welt so ist, mit all ihrem Leiden. „Wer Sturm sät, der wird Sturm ernten", sagt nichts anderes als das Gesetz des Karma aus, oder das von Ursache und Wirkung. Es wird aber von den Christen keineswegs so verständlich interpretiert.

Jesus hatte eine besondere Mission, als er auf die Erde kam. Aber würde es Sinn machen, wenn Gott, um den Menschen zu zeigen, wie sie bessere Menschen werden könnten, eine Art „Supermann", ausgestattet mit Heilkräften und anderen wunderbaren Fähigkeiten, auf die Erde schickte, anstatt jemanden, der genauso ist wie alle anderen und ihnen vorlebt, wie auch sie „all dieses tun könnten und noch viel größere Dinge"?

Das Christentum gab es schon vor Jesus. Es wurde schon von den Essenern gelehrt, und Jesus war lange bei ihnen in der Lehre. Die Kirchen unterdrücken heute immer noch die Veröffentlichung der Schriftrollen, die am Toten Meer gefunden wurden. Wenn eine Kirche irgend etwas verheimlicht, dann bedeutet dies, daß sie etwas zu verbergen hat. Ich denke, wer wirklich positiv ist, der braucht nichts zu verstecken. Wenn die christliche Kirche die Wahrheit zurückhält, dann kann sie nicht die Basis für den Glauben sein.

Wenn ein Glaube wirklich gut sein soll, dann muß man ihn doch irgendwie nachvollziehen können, oder nicht? Wer ist der bessere Lehrer? Der, der sagt: „Das ist so, weil ich es sage und weil es geschrieben steht!" oder der, der erklärt, warum das so ist?

Aus der Substanz Gottes besteht alles, was ist. Daher sind wir mit allem verbunden und niemals getrennt. Dann können wir auch nicht sterben, sondern nur wieder in die Ursubstanz zurückkehren, wieder bewußt Eins mit Allem werden, vielleicht wieder inkarnieren, um in dieser physischen Verkörperung Erfahrungen zu sammeln, die wir als Lichtfunken nicht machen können.

Wir haben als Neulinge in einer Verkörperung oft noch einen viel besseren „Draht" zu den höheren Schwingungsebenen als Erwachsene. Kinder nehmen oft Dinge wahr, die wir als Einbildung abtun, ohne die Realität ihrer Wahrnehmung anzuerkennen, wenn sie mit einem Engel reden, mit einem Naturgeist spielen oder einen Kobold gesehen haben.

Wir erklären ihnen dann großherzig, daß es keine Geister gibt und alles nur Einbildung sei. So verdrängen die Kinder die unerwünschten Wahrnehmungen, da sie von den scheinbar vernünftigeren Erwachsenen nicht anerkannt werden. Später wünscht sich manch Lernender, er könne die Dinge wieder sehen wie als Kind. Aber man hat längst ein vom höheren Ich getrenntes Ego entwickelt, das auf der Basis der vernunftmäßigen und allgemein anerkannten Erklärungen der sichtbaren Welt denkt. Und wenn dieses Ego merkt, daß man sich spirituell bemüht und versucht, wieder den Zugang zur intuitiven Wahrnehmung zu finden, wird es mit allen möglichen Methoden versuchen, uns von dieser Entwicklung abzuhalten, da es spürt, daß es als menschlich geschaffenes Selbst letztlich sterben muß, um den Weg für das wahre Ich frei zu machen. Es kann unsere Wahrnehmung auf höheren Ebenen blockieren, damit wir frustriert aufgeben und meinen, Geistheilung und Telepathie sei nur etwas für speziell Begabte. Oder es wird sie ermöglichen, aber dann gleich wieder stolz darauf sein - und damit getrennt.

Nun gibt es verschiedene Hilfen, die man auf seinem Weg in Anspruch nehmen kann. Nicht die Telefonseelsorge oder die Anonymen Weltschmerzler, sondern die Anwendung geistiger Gesetzmäßigkeiten.

In dieser geistigen Welt spielen sich viel mehr Dinge unseres Lebens ab als wir glauben. So gibt es auch geistige Einflüsse. Oftmals haben wir selber geistige Wesenheiten geschaffen, z.B. indem wir das Rauchen anfangen. Diese Entitäten leben davon, daß wir sie mit unseren Gedanken ernähren, und es ist schwer, sie loszuwerden.

Aber wir können etwas dagegen tun. Wir wissen nur meistens nicht, daß wir mit unseren Gedanken und Gefühlen etwas erschaffen können. Wir stehen in der geistigen Hierarchie über negativen Wesenheiten, die uns beeinflussen. Wenn wir also meinen, daß es negative Einflüsse in unserem Leben gibt, können wir uns schützen, indem wir uns einen geistigen Schutz um uns herum vorstellen. Das kann ein Schutzschild oder ein Lichtschutzmantel sein, und man kann ihn sich visualisieren, wie man Lust hat. Denn wir erzeugen mit unseren Gedanken Wirklichkeit. Wir können aber auch um Hilfe positiver Wesen bitten, die nur allzu bereitwillig helfen. Jeder hat zumindest einen Schutzengel, wenn er ihn nicht schon vertrieben hat, weil kein Zeichen für Fortschritt mehr erkennbar war. Aber dann kann man um Engel bitten, und wenn man den Kontakt regelmäßig „pflegt", bleiben sie auch gerne da.

Die Hausordnung

Die Menschen haben sich Gesetze geschaffen, um das Leben miteinander möglich zu machen, auch wenn einige Glieder der Gesellschaft meinen, sie bräuchten sich nur um ihre eigenen Belange zu kümmern. Jemand kann hundert Mal in betrunkenem Zustand Auto fahren, obwohl er weiß, daß in diesem Zustand viele schlimme Unfälle passieren. Auch, wenn er glaubt, ihm könne nichts passieren, da er ja noch nie erwischt worden ist, verstößt er doch wissentlich gegen ein Gesetz. Er kann es ableugnen, macht damit aber das Gesetz nicht ungültig.

Daß es kosmische Gesetzmäßigkeiten geben soll, ist von einem materialistischen Weltbild aus kaum vorstellbar. Wenn wir jedoch ein ordnendes Prinzip in der Schöpfung erkannt haben, dann müßte es doch auch möglich sein, die Gesetzmäßigkeiten zu erkennen, die dahinter stehen. Denn auch sie müßten dann einen Sinn machen.

Warum fällt es uns in der Schule manchmal so schwer, bestimmte Dinge zu lernen? Vieles müssen wir auswendig lernen, da es sich offenbar nicht von selber erschließt. Wer Jura studiert, muß jahrelang Paragraphen auswendig lernen. Mit einem gesunden Menschenverstand kann man aber sehr oft sogar besser als ein Jurist erkennen, was richtig oder falsch ist. Ja, bestimmte Gerichtsentscheidungen widersprechen ganz offenbar dem, was uns einleuchten würde. Auch physikalische Gesetze müssen wir büffeln. Würden sich Dinge, die einen Sinn machen, nicht von selber erschließen?

Könnten wir uns das Leben dann nicht sehr viel einfacher machen, wenn wir mit, statt gegen die Gesetze lebten? Von Gottvater Jahwe haben die Menschen offenbar zehn Gesetze bekommen. Gesetze, wie „Du sollst nicht töten" oder „Du sollst Vater und Mutter ehren". Das erste Beispiel leuchtet sicherlich ein, das zweite... Könnten nicht manchmal die Eltern etwas von den Kindern lernen?

Sind diese Gesetze also so sinnvoll, daß man sie nicht diskutieren muß, oder müssen wir die Gesetze dieses Gottes, der so viel Blut vergossen hat, generell erst mal in Frage stellen und sehen, ob wir andere Gesetze erkennen können, die einleuchtend sind, wenn wir von einem höheren Geist ausgehen, der nicht einfach nur rumexperimentiert hat, als er die Erde und die Menschen schuf.

Bleiben wir auf der Ebene von Schwingungen, können wir sehen, ob wir die Gesetze aus dem Bereich der Gitarrensaitenschwingungen auf alles andere übertragen können. Da haben wir also zunächst das

Gesetz der Resonanz. Saiten gleicher Länge schwingen mit, wenn wir eine Saite anzupfen. Hat man ein lockeres Blech an seinem Auto, das immer bei einer bestimmten Drehzahl zu vibrieren beginnt, hat man auch ein Beispiel für eine Resonanz.

Übertragen auf das Miteinander von Menschen fällt einem da der Sinnspruch ein „Gleiches zieht Gleiches an". Und in der Tat ist da etwas dran. Versteht man unsere Gefühle und Gedanken als Schwingungen auf nicht sichtbaren Ebenen, dann können wir uns vorstellen, daß es dort ebenfalls Resonanzen gibt. So hat Angst eine völlig andere Schwingung als Liebe.

Haben wir Angst, daß wir nachts im dunklen Park überfallen werden, ziehen wir die finsteren Gestalten an, deren Denken damit befaßt ist, im nächtlichen Park ein Opfer zu finden. Jemand, der in einer Schwingung innerer Ausgeglichenheit und Liebe durch denselben Park geht, wird nicht die geringsten Probleme mit diesen Gestalten haben.

Tatsächlich wird jemand, der sich in einer Schwingung von Liebe befindet, ganz andere Menschen anziehen. Jemand, dessen Leben sich durch Kenntnis der Gesetze grundlegend verwandelt, wird einigen Bekannten nicht mehr begegnen, dafür neue, positivere Freundschaften eingehen.

Können wir das Gesetz, daß das, was wir ausstrahlen, zu uns zurückkommt, ebenfalls erklären, oder müssen wir es einfach glauben? Nun, nichts in der Natur geht nur in eine Richtung. Das Einatmen kann nicht sein ohne das Ausatmen, die Flut nicht ohne Ebbe, der Sommer nicht ohne Winter, Tag nicht ohne Nacht, die Nahrungsaufnahme nicht ohne Ausscheidung. Wenn wir einen Kirschkern in ein Wasserglas werfen, gibt es nicht nur Wellen, die sich nach außen ausbreiten, sondern auch welche, die vom Rand des Glases zurückkommen.

Da alles, was wir tun, sagen oder denken, ebenfalls Schwingungen erzeugt, können wir nun auch begreifen, daß eine Schwingung, die hinausgeht, ebenso eine Schwingung bedingt, die hereinkommt.

Das läßt sich im alltäglichen Leben umsetzen. Wer sich ärgert, weil ihm ständig unangenehme Sachen begegnen, sollte sich ernsthaft überlegen, wieviele unangenehme Situationen er anderen bereitet. Der Taxifahrer, der ein paar Touren 'schwarz' macht, ohne sie mit seinem Chef abzurechnen, wird erleben, daß diese betrügerische Absicht irgendwann auch zu ihm zurückkommt. Sei es, daß irgend ein Fahrgast abhaut, ohne die Fahrt zu bezahlen, oder daß ihm sein Fahrrad gestohlen wird. Meistens wird er sich dann ärgern und wütend sein. Aber wenn z.B. die Kirchen solche Gesetzmäßigkeiten lehren würden, würde er sich fragen, welche Ursache er dafür gesetzt hat, daß ihm das Fahrrad geklaut wurde, und sich bemühen, in Zukunft solche Ursachen nicht mehr zu setzen.

Nicht immer sind Ursache und Wirkung solcher Zusammenhänge leicht zu erkennen, denn wenn einem das Fahrrad gestohlen wird, liegt da kein Zettel bei, für welche „Missetat" das war. Aber ist das nicht unerheblich, wenn man sich vornimmt, sein Leben zu ändern, unehrliche oder aggressive Dinge zu vermeiden? Wieviel mehr Schönes wird auf einen zukommen, wenn man Schönes in die Welt setzt?

Der Spruch „Geben ist seliger denn Nehmen" versucht zwar, Menschen zum Positiven zu bewegen, ist aber irreführend. Es müßte heißen: „Das Geben bestimmt das Nehmen." Das gilt natürlich in beide Richtungen; genauso, wie es Leute gibt, die immer nur haben wollen, gibt es welche, die sich nur für andere aufopfern, da sie meinen, dann wären sie besonders „gut". Und wenn sie dann etwas geschenkt bekommen, wollen sie es nicht annehmen. Auch sie müssen - genauso, wie der Dieb - lernen, daß das eine das andere bedingt.

Aus diesem allen ergibt sich ein völlig neuer Blickwinkel auf unser Leben; während wir uns bisher oftmals deprimiert und unzufrieden gefühlt haben, können wir nun erstmals erfassen, daß wir selber in der Hand haben, ob es uns schlecht oder gut geht. Haben wir bisher geglaubt, wir könnten nicht viel daran ändern, daß unsere Lebensumstände nun mal so oder so sind, daß uns dieses oder jenes zum Glücklichsein fehlt, müssen wir nun selber die Verantwortung für diesen Zustand erkennen. Auch wenn es lange braucht, bis man wirklich begreift, daß dies in aller Konsequenz für unser gesamtes Leben gilt, so kann man doch aufbauend auf diesen kosmischen Gesetzen seine Situation untersuchen.

Der eine oder andere mag anfangen, daß er ja nun nicht dafür verantwortlich ist, in welche Umstände er geboren ist, abgesehen davon, daß Geburten immer in anderen Umständen stattfinden - daß er also bessere Startbedingungen gehabt hätte, wenn seine Eltern reicher gewesen wären oder sonst etwas.

Aber letztlich haben wir uns als Lichtstrahl sogar vor unserer Geburt dafür entschieden, in dieser Familie, in diesem Land und unter diesen oder jenen Umständen zu inkarnieren. Der Lebensstrom, der sich entschieden hat, eine Verkörperung anzunehmen, wählt bewußt eine bestimmte Umgebung, um diese oder jene Göttliche Qualität, die ihm noch fehlt, zu erlernen. Selbst, wer als Krüppel zur Welt gekommen ist, braucht sich nicht bei jemand anderem zu beschweren; er hat sich vorgenommen, Demut zu lernen und einen gesunden, unversehrten Körper zu achten, weil diese Aspekte in seinem vorigen Leben vielleicht völlig an ihm vorbeigegangen sind.

Seinen gesunden Körper zu achten, damit haben schon etwa die Hälfte aller Menschen in unserer Welt Probleme. Und zwar die Raucher. Freilich, wir haben keineswegs das Recht, andere Menschen für ihr Verhalten zu verurteilen, doch würden sie die kosmischen Gesetze kennen, würden sie erkennen, daß sie selber für das verantwortlich sind, was ihnen geschieht. Aber sie meinen, sie hätten diese Verantwortung nicht; sie geben offen zu, daß es eine Sucht ist und sie daher eben nicht dafür verantwortlich sind, daß sie rauchen. Abgesehen davon, daß sie sich irgendwann doch mal entschieden haben müssen, ohne süchtig zu sein, mit dem Rauchen anzufangen - vielleicht weil es für Jugendliche besonders erwachsen scheint - so ist es doch ein Fehler, seine Verantwortung mit der Ausrede „Sucht" abzulehnen. Natürlich hat man auch als Süchtiger die Möglichkeit, sich gegen die Sucht zu entscheiden. Wenn man meint, die Sucht sei stärker als der eigene Wille, dann *will* man im Grunde nicht aufhören.

Nebenbei: viele Raucher verweisen darauf, daß Indianer das Rauchen zu besonderen Gelegenheiten und zu spirituellen Zwecken ebenso geübt haben. Diejenigen sollten sich ehrlich fragen, ob sie beim Rauchen spirituelle Erfahrungen machen.

Also, die Verantwortung bleibt. Auch, wenn es sicherlich schwerer ist, eine Sucht zu überwinden, als eine dumme Angewohnheit, da beim Rauchen Entitäten, also durch Gedanken erzeugte Geistwesen, geschaffen werden, die natürlich nicht das geringste Interesse daran haben, denjenigen zu verlieren, der ihnen Energie zum Leben gibt, so hat man doch die Möglichkeit, sich gegen sie zu entscheiden.

Besonders für den spirituellen Fortschritt ist das Rauchen hinderlich. Denn die Atemluft ist nicht nur ein Gemisch bestimmter Gase, sondern sie enthält die Lebensenergie, die gleichzeitig Träger Göttlichen Lichtes ist. Und durch unreine Medien kann keine reine Information übertragen werden. Aus einem verschmutzten Kanal kommt kein sauberes Wasser. Man hat es dann schwerer, Zugang zu den Wahrheiten zu bekommen, die überall sind, auf die wir zugreifen könnten, wenn wir es zulassen würden und nicht immer unsere menschliche Persönlichkeit und sogenannte Vernunft als Bringer der Wahrheit ansehen würden.

Wenn man nicht weiß, daß viele der Dinge, für die wir uns angeblich freien Willens entscheiden, uns bewußt von bestimmten Gruppen zugänglich gemacht werden, bleibt einem nichts anderes als Resignation ob der schlimmen Zustände. Sobald man jedoch erkannt hat, daß man mit seinem eigenen Verhalten die Erlaubnis gegeben hat, manipuliert zu werden, kann man vielleicht den Willen und die Kraft zurückgewinnen, dieses Verhalten zu ändern.

Aber auch, wenn jemand krank wird, ist er letztlich verantwortlich dafür und muß selber etwas ändern, um die Krankheit wieder loszuwerden. Jemand, der AIDS hat, geht nach der irreführenden Berichterstattung über dieses Phänomen davon aus, daß er sich irgendwo ein böses Virus eingefangen hat, und da hat man ja nun nicht selber Schuld dran, oder? Nun, Viren sind, wie wir schon gesehen haben, ständig in uns, ohne daß all die Krankheiten ausbrechen, deren Verursacher wir ständig im Blut haben. Erst, wenn wir unsere Selbstheilungskräfte enorm geschwächt haben, kann uns eine Krankheit anfallen. Und zusätzlich dann, wenn wir sie in Gedanken manifestieren. Dieser Gedanke über die Entstehung von Krankheiten mag zunächst völlig weltfremd erscheinen, ist es jedoch nicht. Tauchte nicht AIDS sehr plötzlich, beinahe über Nacht auf? Nämlich nicht, weil ein Virus auf einmal aus dem Nichts über die Menschheit hergefallen ist, sondern weil der Gedanke sich durch die öffentliche Aufmerksamkeit manifestierte.

Zurück aber zur Eigenverantwortung für AIDS. Zunächst liegt eine Schwächung des Immunsystems vor, im Gegensatz zu der These - und nichts anderes ist es - daß ein Virus das Immunsystem zusammenbrechen läßt. Daran nämlich kann die Pharmaindustrie verdienen. Es ist auch viel bequemer, die Schuld einem (mikroskopisch kleinen) Virus in die Schuhe zu schieben und damit die Eigenverantwortung abzulehnen. Erstaunlich ist aber, daß diejenigen, die AIDS überlebt haben, nicht diejenigen sind, die die beste pharmazeutische „Connection" hatten, sondern die einen Blick auf ihre Lebensumstände geworfen und ungesunde Verhaltensweisen aufgegeben haben.

Nach den geistigen Gesetzen sind wir verantwortlich für alle Lebensumstände. Ob wir wenig oder viel Geld haben, ob unser Chef uns ständig drangsaliert, unsere Wohnsituation schlecht ist oder wir den Job verlieren. Geld ist letztlich auch nur eine Form von Energie, die genauso den Gesetzen unterworfen ist wie alle andere Energie. Selbst, wenn man heute alles auf der Welt vorhandene Geld gleichmäßig an alle Menschen verteilte, würden in wenigen Jahren wieder dieselben Menschen arm sein, die es auch heute sind, und diejenigen, die heute reich sind, würden es wieder sein. Denn der Umgang mit diesen Energien bestimmt, wie sie fließen. Wer sein Geld krampfhaft festhält, weil er Angst hat, daß es ihm ausgehen würde, beleidigt damit im Grunde Gott. Denn er sagt damit, daß er glaubt, daß Gott ihn verhungern lassen würde, wenn er sein Geld nicht so sorgfältig festhalten bzw. sparen würde. Wo aber nichts ausfließt, kann auch nichts einfließen.

Natürlich sind die Superreichen nicht Meister im Fließen-lassen von Geld. Aber noch etwas anderes spielt eine Rolle. Wir haben es schon gesagt; unsere Gedanken erzeugen Wirklichkeit. Wenn wir den Gedanken haben, daß wir nicht viel Geld brauchen, so werden wir auch nicht viel haben. Vielleicht einfach genug, um zurecht zu kommen, was ja auch okay ist. Jemand, der viel Geld hat, für den ist es natürlich nicht schwer, den Gedanken aufrechtzuerhalten, daß er viel Geld hat. Und jemand, der wirklich arm ist, hält diesen Gedanken meistens auch aufrecht. Und natürlich ist es nicht einfach, wenn jemand wenig Geld hat, den Gedanken aufrechtzuerhalten, daß er mehr Geld bekommt.

Aber wenn man beginnt, sich als Eins mit Gott zu sehen, der sich also keine Sorgen darum zu machen braucht, ob er in Zukunft noch genug zum Leben haben wird - denn er wird so lange genug zum Leben haben, wie Gott in ihm dieses Leben aufrechterhält - dann kann er das Geld auch fließen lassen. Er wird jedem, der Geld von ihm haben möchte, freudig geben - das Geld ist ja nicht weg, nur jemand anderes hat es jetzt - aber die ausgegebene Energie kommt auch wieder zurück.

Viele, auch spirituell fortgeschrittene Menschen, hoffen auf den großen Lottogewinn, der ihren geistigen Fortschritt durch das Zufließen von Energien belohnt. Aber nach welchem kosmischen Gesetz soll das gehen? Haben wir nicht das Gesetz des Ausgleichs genannt? Wie ist ein Lottogewinn jemals durch etwas ausgeglichen? Nimmt es da wunder, daß selbst Gewinner von vielen Millionen nach wenigen Jahren wieder genauso dastehen wie vorher? Nein, wenn Geld eine Form von Energie ist, muß sie auch ausgeglichen sein. D.h. wenn wir Geld haben wollen, müssen wir schon etwas dafür geben. Und wenn wir etwas haben wollen, müssen wir auch bereit sein, dafür Energie in Form von Geld auszugeben.

Und dann wird es wichtig, daß wir auch den Wert eines Gegenstandes festlegen, wie wir ihn bezahlen. D.h. wenn uns der für 5000,- angebotenen Gebrauchtwagen zu teuer scheint und wir den Händler um 800,- runterhandeln, dann sagen wir, daß der Wagen keine 5000,- wert ist. Kann sein, daß er uns dann tatsächlich nicht so viel Freude macht oder wir durch eine Reparatur von 800,- den Wert wieder ausgleichen müssen. Egal, ob der Händler den Preis zu hoch angesetzt hat; wenn wir anfangen, den Preis runterzuhandeln, handeln wir auch den Wert runter. Tatsächlich sind die Länder, in denen das Feilschen zum üblichen Geschäftsgebaren gehört, oft auch die ärmsten. Das heißt nicht, daß wir nicht bei günstig angebotenen Schnäppchen zuschlagen können, denn dann ist es uns so angeboten worden. Aber wenn wir den Preis herunterhandeln, handeln wir auch den Wert runter.

Dies sind nur ein paar Beispiele, wie wir die kosmischen Gesetze in unserem Leben anwenden können. Sicherlich ist es schwer, alles umzusetzen. Aber das Leben kann sich enorm verändern, wenn man den Versuch macht, nicht gegen, sondern mit den Gesetzen zu leben.

Können wir nicht in der Natur ein Prinzip des Gebens erkennen, das uns alle erblassen läßt? Kein Verpackungskünstler hat je eine Verpackung geschaffen, die weniger Material verwendet als die Natur in einem Ei, einem Apfel, einer Zwiebel. Ist nicht alles im Überfluß vorhanden, wenn die Menschen es nicht durch ungeschicktes Wirtschaften aus der Balance bringen würden?

Die kosmischen Gesetze werden von den Menschen einfach ignoriert. Sie kommen vielleicht eine Zeitlang damit durch, gegen sie zu verstoßen, aber irgendwann werden sich die Verstöße auswirken. Sehen wir diese Auswirkungen heute nicht überall auf der Welt?

Doch stellt sich dann die Frage, warum wir über solche Gesetzmäßigkeiten, die uns einen spirituellen Fortschritt ermöglichen würden, nicht informiert werden. Weder in den Schulen, noch den Kirchen oder den Massenmedien.

Die Kirchen bieten uns einen Glauben an, bei dem sie das Monopol haben, und die Schulwissenschaftler bieten uns an, mit Hilfe ihrer Errungenschaften die Welt besser zu machen. Bei keiner der beiden Parteien sind wir frei; immer sind wir abhängig: Von dem Segen der Kirche oder von den materiellen Verbesserungen der Wissenschaftler. Und die Politiker verwalten das Ganze, bieten uns auch keine Unabhängigkeit an, sondern lassen sich noch dafür bezahlen, daß die Interessengemeinschaften bloß nicht auffliegen.

Versucht Gott uns zu kontrollieren, oder sind es menschliche Machenschaften, die uns kontrollierbar haben wollen? Ist Gott so widerspruchsvoll, wie in der Bibel dargestellt, oder hat er damit gar nichts zu tun? Und, wenn sich Millionen Kirchenleute täglich Gedanken über Gott machen, warum gelingt es ihnen dann nicht, die Widersprüche aufzuklären, das rauszuschmeißen, was keinen Sinn macht? Oder wollen sie es gar nicht? Und die Politiker wollen es scheinbar auch nicht, die Wissenschaftler ebensowenig. Macht einen doch stutzig. Es scheint bald so, als *wollten* sie alle, daß wir Gott nicht finden.

Doch wenn es so eine Verschwörung gibt, die uns vom wahren Glauben absichtlich abhält, was sind das dann für Leute, die da mitmachen? Was unterscheidet sie von positiven, spirituell fortgeschrittenen Menschen? Nun, für die einen ist das Ziel, eine positive Ausrichtung für *alles* Leben zu bewirken. Die anderen haben solche hohen Ziele nicht. Alles, was sie haben, ist eine unersättliche Gier. Sie glauben nicht, daß man etwas Positives bewirken könnte oder daß es für etwas gut wäre, und daher sind sie auf der Suche nach Macht und Besitz. Das ist etwas Positives für sie, und was die anderen machen, ist ihnen egal. Der Gott, an den sie glauben, ist so widersprüchlich, daß er eigentlich keine wirkliche Bedeutung für ihr Handeln hat.

Oberflächlich sieht es so aus, als müßten wir uns entscheiden zwischen dem materialistischen Weltbild der Wissenschaftler, die den Urknall als Ursache des Lebens ansehen und Gott ablehnen, und dem christlichen Glauben. Doch ist im Grunde beides genauso widersprüchlich, genauso falsch. Sobald man sich auf eine Seite geschlagen hat, ist man schon auf dem Holzweg, aber zumindest in guter Gesellschaft. Und so kann man erschreckt feststellen, daß, obwohl das eine eigentlich der Feind des anderen ist, daß doch beide das gleiche Resultat haben: die Entfernung von Gott.

Für die Wissenschaftsfans ist eh alles klar, und die, die an etwas glauben wollen, werden durch die unverständlichen Kirchenlehren eigentlich davon abgehalten, an ein schöpferisches Universum, beseelt von einem Geist der Liebe, zu glauben.

Ich will damit nicht alle Kirchenleute verdammen. Viele sind wirklich auf der Suche nach Gott, meinen, sie würden etwas Gutes tun. Tatsächlich wird ihnen ja auch kein besseres System angeboten, kein sinnvollerer Glaube. Aber wer wirklich das Positive sucht, der kann sich in den finsteren Gewölben der Kirchen kaum wohl fühlen.

Die Indianer hatten einen Glauben, der viel schöner war; dort war alles heilig, alles beseelt vom Großen Geist. Und es war klar, daß der große Geist einen aufnehmen würde, wenn man den physischen Körper ablegen würde. Würden die Kirchen die spirituellen Gesetze lehren, würde unsere Welt mit Sicherheit anders aussehen.

Nach all diesen Gedanken können wir eigentlich nur noch zu einem Schluß kommen, daß es eine Verschwörung gibt, die verhindert, daß die Menschen von Suchenden zu Findenden werden. Denn weder die Kirchenoberen, noch die Politiker, noch die Wissenschaftler und auch nicht die Medienmenschen bieten uns ein positives Glaubenssystem an. Sie alle mauern, wenn es darum geht, innere Freiheit und spirituellen Fortschritt zu erreichen. Aber das ist doch gar nicht möglich. So was müßte doch weltumspannend sein und die gesamte Geschichte umfassen. Schließlich gibt es unsere Kirchen seit bald zweitausend Jahren. Politik ebenso lange, Massenmedien noch nicht ganz so lange, aber Informationen wurden schon immer irgendwie verbreitet. Nun, im Mittelalter war es verboten, die Bibel zu lesen. Aber da steckt doch noch mehr dahinter, oder?

Die Erkenntnis „Wissen ist Macht" leuchtet ein. Daß jemand, der Macht über uns erlangen will, kontrollieren muß, was wir wissen, ist die logische Schlußfolgerung. Der Umkehrschluß „Nichts wissen macht auch nichts" ist leider ziemlich falsch. Denn wenn wir die Wahrheit nicht wissen, können wir von jenen manipuliert werden, die uns nur die Informationen zukommen lassen, die sie uns geben wollen, damit wir weiter gut funktionieren, ohne ihnen auf die Schliche zu kommen. Doch wer sind „die" eigentlich?

Von Logen und Brüdern

Für die folgenden Kapitel sollten wir uns festes Schuhwerk anziehen, denn wir steigen hinab in die Abgründe unserer Welt, in Intrigen und Verschwörungen, über die wir in den Massenmedien nichts oder nur wenig erfahren.

Wir haben uns die Frage gestellt, ob das Leben nur ein planloses Intermezzo biologischer Abläufe ist, oder ob es eben einen Plan gibt, warum wir hier leben, und ob wir das Leben nicht leichter gestalten könnten, wenn wir mit, statt gegen diesen Plan lebten. Daß es zumindest interessante Gedanken gibt, die nachvollziehbare Einblicke in einen solchen Plan anbieten, haben wir gesehen, und so müssen wir uns fragen, warum diese Gedanken nicht allgemein bekannt sind, an den Schulen und Universitäten gelehrt oder im Fernsehen „betalkt" werden. Denn sie würden doch mit aller Wahrscheinlichkeit viele der Probleme, mit denen sich Politiker usw. ständig abmühen, lösen oder zumindest abmildern.

Daß es Korruption in vielen Bereichen der Politik gibt, fällt den meisten Menschen sicherlich kaum schwer zu glauben. Daß es jedoch eine übergeordnete Verschwörung gibt, die so „wasserdicht" ist, daß Informationen, die die ganze Menschheit betreffen, komplett unterdrückt werden können, ist schwer anzunehmen, ohne daß man einen umfassenden Überblick über die geschichtliche Entstehung solcher Verschwörungen bekommt. Und da ist das Problem, daß man nicht alles gleichzeitig erfahren kann, da die Vorgänge natürlich sehr komplex sind und die gesamte Geschichte von Jesus über Napoleon, die Kreuzzüge und den amerikanischen Bürgerkrieg bis heute betreffen.

Trotz unserer freiheitlich-demokratischen Grundordnung haben wir kaum wirklich die Möglichkeit, uns gegen die Mächte zu wehren, die uns beeinflussen wollen. Es sind immer die Skrupellosen, die uns anbieten, daß sie die Welt für uns besser machen wollen. Dabei verfolgen sie meistens ihre eigenen Ziele. Und da man, wenn man ganz nach oben will, immer Leute brauchen kann, die einen unterstützen, kommen sie mit ihresgleichen zusammen, um sich gegenseitig Vorteile zu verschaffen.

Tatsächlich gibt es heute kaum jemanden, der einigen Einfluß auf die Gesellschaft hat, der nicht in irgendeiner Geheimloge ist. Politiker im Kleinen wie im Großen, Kirchenleute, Wissenschaftler und Leute des kulturellen Lebens. Es ist kein Zufall, daß manche urplötzlich die gesamte Aufmerksamkeit der Öffentlichkeit erfahren und andere plötzlich für irgend etwas bloßgestellt werden. Fälle, bei denen jemand über irgendeine „Beziehungskiste" stolpert, sind oftmals Zeichen dafür, daß jemand gegen die Interessen einer mächtigen Loge verstoßen hat. Daß natürlich auch manche Todesfälle nicht zufällig geschehen, darf einen nicht verwundern.

Dennoch ist es nicht *eine* Macht, die uns manipuliert, sonst wären wir heute schon vollständig unterjocht und hätten auch nicht mehr den Anschein der freien Wahl. Viele, teilweise uralte Geheimbünde verfolgen ihre eigennützigen Zwecke. Und wenn etwas geheim ist, kann man immer davon ausgehen, daß es nicht zum Wohle der Öffentlichkeit geschieht, sonst könnte es ja auch öffentlich geschehen. Jedoch sind auch ursprünglich positive Geheimbünde später unterwandert worden und haben heute ganz andere Ziele.

Freimaurer sind sicherlich noch die bekanntesten unter den Geheimlogen. Es gibt sie schon seit Urzeiten. Ursprünglich wirklich eine Maurervereinigung, die jedoch mehr Wissen hatte als heutige Mauerleute. Sie kannten die magischen Kräfte, die in den Dingen wohnten. Sie konnten die Polarität der Steine erfühlen und daher beim Bauen mächtige Kraftfelder erzeugen. Sie konnten ihre Position ausnutzen, da die Könige und Fürsten beim Bau von Kathedralen und anderen Orten auf ihr Wissen angewiesen waren. Das brachte die Freimaurer in die glückliche Lage, daß sie Einschränkungen, die für das „normale Volk" galten, nicht hinnehmen mußten. Sie nutzten ihre besondere Position aus, um Freiheiten zu erlangen, die besonders in den finstersten Zeiten der Unterdrückung ein Segen waren.

Sie sind nach dem Prinzip der Pyramide - eines ihrer Symbole - hierarchisch aufgebaut. Die unteren Ränge finden sich überall, in Vereinen und in der Politik der kleinen Gemeinden. Ebenso die untergeordneten Lions- und Rotary-Clubs. Die Mitglieder, die sich zweifellos für ehrenwerte Leute halten, wissen oft nichts oder nur wenig über die Ziele der oberen Grade. Meistens ist es nur der Wunsch nach Verbindungen, die sich geschäftlich oder politisch ausnutzen lassen. Ein Logenbruder wird einem anderen sicherlich eher irgendwelche Vergünstigungen zukommen lassen als einem Außenstehenden. Manchmal geht es nur um kleine, gegenseitige Gefälligkeiten, von denen es aber nur ein kleiner Schritt zu regelrechter Korruption ist. Und wer erst mal damit angefangen hat, ist schon erpreßbar und kann nicht mehr so leicht aussteigen, geschweige denn etwas verraten. Denn mit Verrätern gehen diese Herren nicht gerade zimperlich um. Meistens zeigt schon die Art, wie jemand umgekommen ist, welchen „Fehler" er begangen hat. Interessante Informationen und sogar Interviews mit ehemaligen Freimaurern finden Sie übrigens in Heft 12 der Schweizer Zeiten-Schrift.

Durch die Einflußmöglichkeiten wurden die Logenbrüder verführt, nach immer mehr Einfluß zu lechzen. Es wurden immer höhere Grade eingeführt, die immer geheimere Einweihungen erforderten. Tatsächlich beobachten die oberen Grade die einfachen Mitglieder ganz genau, um zu sehen, wer am besten geeignet ist, um weiterzukommen. Niemand kann sich für den höheren Grad einfach bewerben, vorausgesetzt, daß er überhaupt von ihm weiß. Niemand kommt automatisch nach 5 Jahren eine Stufe höher. Nein, eine Einweihung erfolgt nur, wenn die „Wissenden" meinen, daß dieser oder jener dafür geeignet ist.

Jan van Helsing beschreibt in seinem Buch „Geheimgesellschaften 2" eine Methode, um herauszufinden, ob einer die richtige Einstellung hat, und zwar indem er aufgefordert wird, auf ein Kreuz zu spucken (das allerdings ein unchristliches Kreuz mit versetztem Querbalken ist). Empört dieser sich über das gotteslästerliche Verhalten, wird er gelobt, daß er genau richtig gehandelt hat - und wird sich nicht einmal wundern, daß er von da an keine Stufe der Pyramide mehr höher kommt.

Denn in der Tat geht es letztlich darum, daß diese Brüder (Geheimbünde sind fast immer rein männlich und schon von daher einseitig) nicht an einen positiven Gott glauben. Der Name Jesus Christus darf in den Logen nicht genannt werden. Und den Namen des Gottes, an den die Freimaurer glauben - des Großen Baumeisters des Weltalls - der eine Zusammensetzung aus verschiedenen Gottesnamen, vom assyrischen Baal, über Osiris bis zum Hebräischen JHWH ist, wird Neueingeweihten im Laufe eines Gottesdienstes enthüllt. Über den Freimaurern stehen jedoch noch andere Gruppen, die sich der Maurer für ihre Zwecke bedienen.

Ursprünglich gehen einige der alten Geheimbünde darauf zurück, daß sie den Gott des Alten Testaments, diesen Jahwe, an den Pranger stellen wollten, daß sie das Christentum wieder wirklich auf Christus zurückführen wollten, jenen Christus, der diesen Gott der Juden als den Teufel bezeichnet hat. Jener Christus, der wirkliche Liebe nicht nur gepredigt, sondern vorgelebt hat, der niemals die Hand gegen irgend jemanden erhoben hat. Die Tempelritter waren z.B. auf alte Schriftrollen gestoßen, die den Gott „Jahwe" als gefallenen Engel entlarvten, und sahen es nun als ihre Pflicht an, das Christentum vor dem Antichristen, der sich ja in der Geschichte der christlichen Kirchen nur allzu deutlich in Folter und millionenfachem Mord offenbarte, zu warnen und zu befreien. Es ist ihnen leider nicht gelungen. Statt dessen wurden auch sie von jenen unterwandert, die wahre Liebe nicht in ihrem Programm hatten, sondern eigene, menschliche Interessen verfolgten. So ist es heute schwer, sich im Gewirr der Geheimlogen noch auszukennen, zwischen Gut und Böse zu unterscheiden. Letztlich kann man sie nur „an ihren Früchten erkennen".

Leider haben solche Geheimgesellschaften bestens erkannt, daß in vielen Menschen ein Hang zu guten Taten vorhanden ist, und sie nutzen auch dieses Potential aus. So gehen viele karitative und wohltätige Vereine auf freimaurerische Gründungsväter zurück. Das heißt nicht, daß alle Menschen, die sich in diesen Organisationen einsetzen, „böse" sind. Man sollte nur mal eine Gedenkminute darüber einlegen, wem man spendet und wo die Gelder hin fließen.

Ihr Schwur der Loyalität gegenüber ihren Brüdern schließt immer ein, daß er andere Schwüre ungültig macht; auch, wenn sie sich als Präsidenten eines Landes vereidigen lassen, sind sie doch in erster Linie den Zielen ihrer Loge verpflichtet.

Wenn wir also glauben, wir hätten heute die Wahl zwischen SPD, CDU, FDP und Grünen, zwischen den Republikanern und den Demokraten in den USA, zwischen der katholischen und der evangelischen Kirche oder den Zeugen Jehovahs, so täuscht das darüber, daß an der Spitze all diese Organisationen von übergeordneten Interessengemeinschaften bestimmt werden, die sich das Prinzip „Teile und herrsche" zunutze machen. Dieses machiavellische Prinzip funktioniert so, daß man als jemand, der Macht haben will, am besten als übergeordnete Instanz fungieren kann, wenn sich zwei Gruppen gegenseitig bekämpfen. Will man sich zum Herrscher über ein Land machen, was diese Leute jedoch nicht wollen, muß man sie erst entzweien, damit sie sich gegenseitig bekämpfen. Jeder der Gruppe sagt man dann, daß man sie gegen die andere Gruppe unterstützen würde, so daß beide meinen, der Herrscher sei heimlich auf ihrer Seite. Man gibt beiden Seiten Geld, damit sie sich Waffen kaufen können, und beweist somit seine Unterstützung. Natürlich darf nie jemand erfahren, daß das auch für die andere Seite gilt.

Sobald man eine Feindschaft aufgebaut hat, kann man bequem regieren, ohne selber in die Schußlinie zu geraten. Wenn also die Linken sich gegen die Rechten ereifern und diese natürlich die Linken als ihre Erzfeinde ansehen, kann man davon ausgehen, daß es Leute gibt, die sich darüber ins Fäustchen lachen, denn solange sich die beiden mit ihren unterschiedlichen Ideologien die Köpfe heißreden, kommt niemand darauf, daß die Wahrheit ganz woanders liegen könnte. Dritte Gruppen wie Grüne oder Liberale kann man locker in dieses System integrieren, solange man darauf achtet, daß eine Gruppe, die die Wahrheit herausbringen will, mit allen Mitteln unschädlich gemacht wird. Entweder man diffamiert sie als etwas, das von allen verachtet wird, z.B. als Kommunisten oder Antisemiten, man läßt sie über gedungene Mörder oder sogar Einrichtungen der staatlichen Gewalt beseitigen, oder man unterwandert sie soweit, daß in ihre führenden Positionen schließlich nur noch Logenbrüder kommen.

Die ganze Welt ist so aufgeteilt, um sie für die Weltverschwörer beherrschbar zu machen. Der Kommunismus wurde in Rußland von Logenbrüdern eingeführt und aufgebaut, mit viel Geld internationaler Bankiers unterstützt, so daß sich Ost und West gegenseitig bekämpften, woran man prächtig verdienen kann und beide Seiten ideal kontrollierbar sind, da sie nicht erkennen, wer hinter den Differenzen steht.

In diesen übergeordneten Logen gibt es aber auch unterschiedliche Strömungen, und manchmal kommt eine „Schweinerei" hoch, weil sich unterschiedliche Interessen bekämpfen. Aber wenn es darum geht, die Menschen zu manipulieren, dann ziehen doch alle an einem Strang. Dann interessiert es nicht mehr, ob orthodoxe Juden den Sohn Gottes als Hurensohn bezeichnen oder Ronald Reagan die Sowjetunion als das Reich des Bösen. Wenn die Interessen, nämlich die Eine-Welt-Regierung zu schaffen, gleich sind, kommen letztlich auch die ursprünglich unvereinbaren Gegner zusammen. Für die Öffentlichkeit werden nur Scheingefechte geliefert, die kaum noch jemand verstehen - und somit auch die Hintergründe nicht mehr durchschauen kann.

Es gibt Gruppierungen, allen voran Banker wie die Rothschilds, die soviel Kapital haben, daß ihnen die Geldsysteme ganzer Staaten gehören, die die Massenmedien völlig in ihrer Hand haben und damit fast vollständig kontrollieren können, was wir über die Welt erfahren. Aufdeckungsjournalismus kann man in den großen Medien heute kaum noch finden, bzw. es kann nur noch aufgedeckt werden, was die Besitzer dieser Medien wollen, daß es aufgedeckt wird. Kritische Zeitschriften oder Sender, die eine gewisse Größe erreichen, werden entweder mundtot gemacht oder finanziell unterstützt, woraufhin man dann Einfluß auf das zu veröffentlichende Material hat.

Manchmal gibt es Dinge, die wir erfahren, weil eine Gruppe etwas über eine andere Gruppe veröffentlicht, um dieser zu schaden und eigene Vorteile daraus zu ziehen. Gemeinsam ist diesen unterschiedlichen Bestrebungen nur, daß sie die Menschen davon abhalten wollen, *in sich selber* nach Gott zu suchen, denn dann könnten sie nicht mehr ihre Profite daraus ziehen. Deshalb lenken sie die Menschen mit allen möglichen Dingen ab. Das ist ja das Typische für unsere Welt, daß wir unser „Glück" immer außerhalb von uns suchen - und daß uns eine Befriedigung all dieser Wünsche angeboten wird. Für die einen ist es Geld, Haus und Mercedes, für andere sind es Kirchen, Fernsehen und Filme, Gurus, Macht, Titel, Zigaretten, Tabletten oder Versicherungen. Jeder sucht seine Wahrheit woanders, die wenigsten suchen sie jedoch in sich und machen sich daher abhängig von denen, die diese Dinge anbieten.

Neben den Freimaurern kann man nennen: Illuminati, Bilderberger, Vatikan, Zionisten, CIA, Rothschilds, CFR, NSA, Trilaterale Kommission, JASON Society, Skull & Bones etc. All diese Geheimbünde sind natürlich nicht so einfach zu erklären, aber es gibt im Literaturverzeichnis allerlei Bücher, die sich intensiver mit den einzelnen Verschwörungstheorien befassen. Besonders die beiden Bücher „Geheimgesellschaften" 1+2 von Jan van Helsing (Pseudonym) können jedem nur wärmstens ans Herz gelegt werden. Allerdings sind sie bei uns inzwischen schwer zu bekommen, da die Staatsanwaltschaft wegen antisemitischer Äußerungen ermittelt. Natürlich kann man jemanden, der die Machenschaften der Logenbrüder detailliert aufdeckt, nicht einfach so weitermachen lassen. In der Auseinandersetzung erkennt man auch, wer sich für die Aufdeckung der Verschwörungen einsetzt und wer sie lieber vertuscht haben möchte. Erstaunlicherweise erschienen sogar in der „Esotera" (naja, Bauer-Verlag) und den esoterischen „KGS"-Heftchen mehrere Artikel, in denen van Helsing als Lügner und Hetzer bezeichnet wird. Dabei wird selber gegen ihn gehetzt, ohne daß es gelingt, ihn nur einer einzigen Lüge zu überführen. Es wird nur behauptet, daß seine Quellen in die rechte Ecke gehören, um ihn unglaubwürdig zu machen - und damit bewiesen, daß die Mechanismen, wie „Feinde" der Logenbrüder mundtot gemacht werden können, bestens funktionieren. Jedoch haben die esoterischen Blätter, die damit ihr mangelndes Interesse am Aufdecken der Wahrheit bewiesen haben, keine der von van Helsing gemachten Behauptungen widerlegen können. Die ZeitenSchrift schrieb nicht *über* Helsing, sondern machte ein Interview mit ihm (Heft 12), das zeigt, daß die gegen ihn erhobenen Vorwürfe kaum haltbar sind, und wir u.a. ihm zu verdanken haben, daß die Geheimhaltung, unter der die sinistren Machenschaften nur gedeihen können, bröckelt und über sie geredet wird.

Es ist übrigens besorgniserregend festzustellen, daß in unserem angeblich freiheitlich-demokratischen Land immer mehr Bücher verboten und beschlagnahmt werden. Im Februar 1996 wurden sämtliche Räumlichkeiten des Verlegers Dr. Sudholt (VGB) durchsucht. Beim „Buchdienst Tirol" in Nürnberg das gleiche. Der Inhaber des Grabert Verlags wurde zu DM 30.000 Geldstrafe verurteilt. Autor Woltersdorf zu DM 24.000. Im März ´96 wurden Durchsuchungs- und Beschlagnahmebeschlüsse gegen Privatpersonen erlassen, die das Buch „In Sachen Deutschland" bestellt hatten. Die freiheitlich-demokratische Grundordnung ist in Gefahr, wenn wir uns gefallen lassen, daß Bücher verboten und Verleger, Buchhändler und Leser (!) bestraft werden.

Wenn man den Verdacht hat, ob sein Vereinsvorsitzender ein Freimaurer ist, solle man versuchen, ihn am 24. Juni zu erreichen. Denn dieser Tag ist der höchste Tag der Freimaurer, an dem jeder Logenbruder in seiner Loge sein muß. Dieser schöne Hinweis stammt aus Norbert Homuths Buch „Dokumente der Unterwanderung". Er empfiehlt: *„Ruft mal am 24. Juni euren Pfarrer an. Vielleicht sagt seine Frau: 'Mein Mann ist heute nicht zu sprechen. Er hat eine gesellschaftliche Verpflichtung!'"*

Er schreibt auch, daß seit dem 2. Vatikanischen Konzil die katholische Kirche von diesem Geist unterwandert ist und alle Päpste ab Johannes XXIII Freimaurer seien. Der neugekürte Papst Johannes Paul 1. war im Begriff, die Präsenz der Freimaurer im Vatikan zu beschneiden, und starb 33 Tage nach seiner Wahl eines bis heute nicht ganz geklärten Todes - mitten im sicheren Schoß der Kirche, im Vatikan.

Auch die evangelische Kirche kommt nicht ungeschoren davon. Denn Martin Luther sei zwar nicht in die höheren Orden eingeweiht gewesen, jedoch habe er die Lehren des Freimaurers Phillippus Melanchton nachgeredet und damit das Ziel der Freimaurer, die Kirche zu spalten, erreicht. Es müsse geradezu verdächtig anmuten, wenn Luther gleichermaßen von Protestanten, Katholiken, Freimaurern, Humanisten, Kommunisten und Nazis anerkannt wird, schreibt Homuth.

Jener Luther, den wir heute als den Freigeist ansehen, der sich gegen die Greueltaten der Katholiken auflehnte, hetzte selber in schlimmster Form und verursachte den Tod von Zigtausenden.

Über das Bekreuzigen berichtet Jan van Helsing, daß es das Zeichen des Antichristen sei, denn die Katholiken bekreuzigen sich, indem sie die Hand von der Stirn zum Brustbein führen und dann von der einen zur anderen Schulter. Dabei ist der „Querbalken" des gedachten Kreuzes eindeutig im unteren Teil des senkrechten Balkens, mithin ist es ein umgedrehtes Kreuz, das Symbol des Teufels! Womit nicht behauptet wird, daß alle sich bekreuzigenden Katholiken den Satan anrufen würden. Aber man sollte bedenken, daß sich immerhin etliche Menschen ständig mit den Symbolen und Insignien der Kirche befassen und irgend jemand auch das Bekreuzigen „erfunden" haben muß. Es wäre ja auch kein Problem, die senkrechte gedachte Linie von der Stirn bis zum Bauchnabel oder noch tiefer zu führen, um ein aufrechtes Kreuz zu machen. Da wird in der katholischen Kirche ständig über die kleinsten Äußerlichkeiten diskutiert - welche Farbe die richtige ist für die Papstgewänder, in welcher Form und wer den Ring seiner Heiligkeit küssen darf - aber dieses doch immerhin elementare Symbol bleibt undiskutiert bestehen, obwohl es eindeutig ein auf dem Kopf stehendes Kreuz ist. Steht nicht in der Johannesoffenbarung, daß in der Endzeit der Papststuhl der Sitz des Antichristen sein wird?

Gruppen, in denen Geheimhaltung nach außen unabdingbar ist, sind durch dieses Prinzip natürlich auch anfällig dafür, unterwandert zu werden. Solange in der Gruppe alle das gleiche Wissen haben, das sie nach außen hin geheimhalten müssen, um sich vor negativen Kräften zu schützen, wie das z.B. bei den Rittern, die sich um König Arthur scharten, geschehen ist, kann dieses noch sinnvoll und sogar nötig sein. Sobald diese Gruppe aber anfängt, unter sich Geheimnisse zu haben und es „Einweihungsriten" gibt, um in höhere Stufen der Loge zu gelangen, von denen die unteren Mitglieder nichts wissen, ist natürlich bereits im Prinzip „der Wurm drin".

Licht entspricht Information. Wenn es hell ist, braucht man keine Angst zu haben, da man sehen kann, was einen umgibt. Befindet man sich jedoch im dunklen Keller, weiß man nicht mehr, ob in der Dunkelheit etwas auf einen lauert, und man bekommt Angst. Diese Dunkelheit, d.h. die fehlende Information über die wahren Zusammenhänge, finden wir heute in den meisten Geheimlogen, spüren aber sogar in den Kirchen das mangelnde Licht.

Über die Ziele der Geheimloge der bayerischen Illuminaten erfuhren Außenstehende nur durch Zufall etwas, als einer ihrer Kuriere 1875 auf seinem Ritt von Frankfurt nach Paris vom Blitz getroffen wurde und so erstaunliche Dokumente an die Öffentlichkeit kamen. Aus diesen Dokumenten geht hervor, daß sie die Menschen lenken, indem sie die öffentliche Meinung beherrschen, indem solange widersprüchliche Informationen verbreitet werden, bis sich keiner mehr darin zurecht findet und Lust hat, sich mit den wichtigen Dingen auseinanderzusetzen. Ein geistloses, schmutziges Schrifttum müsse geschaffen werden und die Leidenschaften entflammt. Die Schwächen der Menschen müßten gefördert werden, bis sie sich untereinander nicht mehr verstünden. Alle Völker sollen durch Hunger, Krieg, Entbehrungen, Haß, Neid und Seuchen zermürbt werden, so daß sie irgendwann eine Lösung der Probleme durch die Illuminaten regelrecht herbei betteln würden. Die Menschen sollen daran gewöhnt werden, sich mit Äußerlichkeiten zu begnügen. Der Glaube an einen Gott soll ihnen durch Entsittlichung genommen werden. Durch Redner der Illuminaten in allen Parteien sollen alle Dinge in der Politik so zerredet werden, daß sich kein Mensch mehr für wirklich wichtige Dinge engagiert. Alle Bereiche des öffentlichen Lebens müssen von den Illuminaten gesteuert werden, also Rechtsprechung, Wahlordnung, Presse, Erziehung und Bildung. Als Präsidenten der Staaten sollen nur Personen gewählt werden, die erpreßbar sind und so den Illuminaten gehorchen müssen. Durch Kredite, die in Not geratenen Staaten erst großzügig gegeben, dann aber zurückgefordert werden, können sie die finanzielle Macht über einen Staat erlangen. Die Jugend soll durch eine Erziehung nach falschen Grundsätzen verdummt, verführt und verdorben werden. So soll erreicht werden, daß die verzweifelten Staaten mit Freuden eine gemeinsame Regierung für die gesamte Welt annehmen werden, ohne zu wissen, daß damit die Illuminati die Weltherrschaft bekommen. Wenn sich ein Staat widersetzt, müssen die Nachbarstaaten zum Krieg gegen ihn angestachelt werden. Sollten sich mehrere Staaten gegen die Macht der Illuminaten verbünden, müsse man einen Weltkrieg entfesseln.

Die Zeitschrift „Der Insider" beschreibt anhand des Balkankonfliktes sehr einleuchtend das Rezept der Illuminaten, wie Länder auf die „Eine-Welt-Regierung" vorbereitet werden: *„Man bewaffnet zuerst sich feindlich gesinnte Völker oder ethnische Volksgruppen und hetzt sie gegeneinander auf. Durch Terroranschläge wird das Volk eingeschüchtert, die Menschen fliehen in die Städte, Elend und Hungersnot entstehen. Reporter bringen Bilder von hungernden Kindern und verstümmelten Menschen in alle Welt. In den wohlhabenden Ländern wird daraufhin Geld gesammelt, und man schickt Nahrungsmittel und Medikamente in die Krisengebiete. Die humanitären Organisationen werden von einer der gegnerischen Seiten angegriffen. Nun hat die UNO einen Vorwand, sich einzuschalten. Die „Friedenstruppen" kommen unter Beschuß von beiden Seiten und rufen nach Verstärkung. Der Krieg kann nun beliebig ausgedehnt werden. Man sieht so lange tatenlos zu, bis sich die Parteien erschöpft haben und das Land ruiniert ist. Dabei wird heimlich die Partei unterstützt, die später als Handlanger der UNO die Regierung übernehmen soll. Das Land wird unter UNO-Verwaltung genommen. Friedenstruppen werden so lange stationiert, bis sich die neue Regierung dem Diktat der neuen Weltordnung unterworfen hat. Zum Wiederaufbau des Landes muß sich die neue Regierung an die Weltbank und den IWF verschulden und ist* *dann gezwungen, seine Bodenschätze, Öl, Volkseinkommen etc. an die Hochfinanz zu verpfänden. Nebenprodukte: riesige Gewinne im Waffengeschäft und bei den Banken, Bevölkerungsreduzierung und Flüchtlinge, die in anderen Ländern der Destabilisierung dienen."*

Ganz ähnlich lesen sich übrigens die Protokolle der Weisen von Zion. Diese gehen angeblich auf ein Treffen von jüdischen Bankern im Hause der Rothschilds in Frankfurt 1773 zurück. Sie hatten schon damals einen Plan ausgearbeitet, wie sie mit denselben Methoden das gesamte Vermögen der Welt unter ihre Kontrolle bringen könnten. Und man sieht in diesen Dokumenten den Zustand der Welt, wie wir sie heute haben.

Eine brillante Analyse der Weltverschwörer liefert Hans Werner Woltersdorf in seinem Buch „Die Ideologie der neuen Weltordnung". Er schreibt über die Protokolle der Weisen von Zion, daß es unerheblich sei, ob sie auf ein geheimes Treffen von Zionisten zur Planung der Erringung der Weltherrschaft zurückgehen oder auf eine Streitschrift gegen Napoleon III. des französischen Journalisten Maurice Joly. In beiden Fällen seien es jüdische Gedanken, da auch Joly Jude und Hochgradfreimaurer war. In den Protokollen wird jedenfalls dargelegt, wie jede staatliche Ordnung durch die Schaffung liberaler Demokratien zerstört werden soll, um in diesen die Völker mit Hilfe des Kapitals und der Massenmedien in eine geistige Desorientierung, in die Unerträglichkeit eines geistigen Chaos zu versetzen, damit sie, wenn das Chaos groß genug ist, sich nach einer ordnenden Macht sehnen werden, die diese Planer dann übernehmen werden.

Ein paar Stellen aus dem Buch zeigen, wie erhellend es ist: *„Die politischen Zionisten erkannten sehr früh die Möglichkeit, die Organisation (der Freimaurer) für ihre Zwecke einzusetzen. Nicht zuletzt die strenge Verpflichtung zur Geheimhaltung gab ihnen die Möglichkeit, selbst im Hintergrund zu bleiben und das Organisationssystem für ihre Zwecke arbeiten zu lassen. (...) Das zaristische Rußland gehörte seinerzeit noch zu den kritischsten Beobachtern der Judenheit und hatte es bis dahin als einziges Land verstanden, den jüdischen Einfluß auf die Bevölkerung und die Regierung zu verhindern. (...) Die gesellschaftlichen Zustände in Rußland waren ähnlich denen in Frankreich vor der großen Revolution, darüber hinaus aber noch belastet mit den Überbleibseln der Leibeigenschaft. Die Parolen der Französischen Revolution von Freiheit, Gleichheit, Brüderlichkeit waren aber inzwischen durch den Marxismus und Lenins extrem materialistische Naturphilosophien zu einem komplexen, weltanschaulichen Konzept geworden, mit dem man das zaristische Feudalsystem noch wirkungsvoller (...) aus den Angeln heben konnte. Der kleine Mann des Volkes (...) begriff hieraus nur, daß er über Jahrzehnte versklavt und ausgebeutet worden sei...*

Woltersdorf berichtet dann über Dokumente, die während des 2. Weltkriegs zufällig von einem spanischen Soldaten bei der Leiche eines russischen Arztes gefunden wurden. Es handelte sich um Vernehmungsprotokolle des Sowjetbotschafters in Paris und London, Kristjan Jerjewitsch Rakowsky durch den GPU-Beamten Kuzmin. In dieser Vernehmung wird klar, daß Rakowsky großes Wissen über die Hintergründe der russischen Revolution besaß, da er offenbar nicht nur ein Freund Trotzkis, sondern auch Hochgradfreimaurer war. Rakowsky spricht zwar nur von „Jenen", deren Namen er nicht nennt, aber seine Darlegung der Zusammenhänge entspricht fast hundertprozentig den „Protokollen der Weisen von Zion".

„Was er gegenüber Kuzmin verschwieg, war, daß der Kapitalismus und der Kommunismus, die beide aus derselben Quelle stammten, nur Ideologien waren, um die bestehenden Ordnungssysteme zu zerstören und aus dem Chaos die Notwendigkeit einer Weltherrschaft erwachsen zu lassen; nicht jedoch die der kommunistischen Internationale, wie Kuzmin glaubte, sondern die Weltherrschaft des auserwählten Volkes."

(...)"daß Rothschild als Vertreter des Kapitalismus und Marx als Begründer des Kommunismus gleichen Ursprungs sind, gleichartige Interessen vertreten und derselben Sache dienen, während sie sich nur scheinbar gegenseitig bekämpfen. (...) Was Rakowsky seinem Vernehmer so nebenbei erklärte, war nichts anderes als der Ursprung des Pentagramms, des fünfzackigen Sterns, der ebenso symbolhaft das bolschewistische Rußland wie das kapitalistische Amerika ziert, die fünf Brüder Rothschild markiert, die jeweils in Frankfurt, London, Paris, Wien und Neapel das Kapital schlechthin vertraten; ebenso ist dieses Pentagramm aber auch zugleich die Symbolik der Freimaurerei. (...) Die rote Fahne, die rote Armee, der rote Platz in Moskau, niemand vermag genau zu erklären, wer wann und warum dieses Rot als Symbol der kommunistischen Weltrevolution beschlossen hat. Das rote Schild über dem 'Comptoir' der Geldwechselstube in der Judengasse von Frankfurt zieht sich hingegen wie ein roter Faden vom kommunistischen Gedankengut Adam Weishaupts bis hin zum unvorstellbaren Terror Stalins.

Als Kuzmin betroffen fragte, ob die Freimaurer dazu bestimmt seien, durch die Hände der Revolution zu sterben, die sie selbst herbeigeführt habe, sagte Rakowsky: 'Ganz richtig. Sie haben eine tief geheim gehaltene Wahrheit formuliert. Ich bin Freimaurer... Ich werde Ihnen also das große Geheimnis sagen, das man immer dem Freimaurer zu enthüllen verspricht - aber das man ihm weder im 25., noch im 33., noch im 93., noch im höchsten Grad enthüllt. Ich kenne dieses Geheimnis nicht, weil ich Freimaurer bin, sondern weil ich zu 'Jenen' gehöre.' (...) Schon die französische Revolution sollte ja, wie Adam Weishaupt gehofft hatte, die Initialzündung für die Komintern, die kommunistische Internationale, gewesen sein. Doch es war Napoleon Bonaparte, der sie wieder in einen französischen Nationalismus zurückverwandelt hatte. (...) Eines Tages, so Rakowsky, habe sich der Jude Mardochai unter dem Namen Karl Marx um Aufnahme in den von Adam Weishaupt gegründeten Illuminaten-Orden beworben."

Über den Einfluß von „Jenen" auf die Errichtung des Dritten Reiches in Deutschland sagte Rakowsky: „ *'Im Jahre 1929, als die nationalsozialistische Partei an ihrer Wachstumskrise litt und ihr die Geldmittel ausgingen, sandten 'Jene' ihm (Hitler) einen Botschafter. Ich kenne sogar seinen Namen, es war ein Warburg.' (...) Er sagte, er sei von einer Finanzgruppe der Wallstreet abgesandt. (...) Rakowksy offenbart überhaupt, daß „Jene", welche seit der Französischen Revolution die Geschicke und Geschichte manipuliert, initiiert und gelenkt haben, in der Geschichtsliteratur gar nicht existieren. (...) Wo immer sich Amerika in den weit über 100 Kriegen und Revolutionen nach 1945 eingemischt hat, muß man sich jene im Hintergrund befindliche Schattenregierung vorstellen, die jede vernünftige Konfliktlösung durch scheinbare Kompromisse verhinderte und somit neue Konfliktstoffe hinterließ. (...) Schließlich sind die verhaßten Protokolle als Fälschungen erklärt und aus wohl allen Bibliotheken verschwunden, weil sie eine neue Weltordnung prophezeien, auf die sich die Geschichte und Politik zielstrebig hinentwickelt hat. "*

Die Rothschilds konnten so geschickt mit ihrem Geld umgehen, bzw. mit dem Geld, das ihren Banken anvertraut wurde, daß sie immer mehr Kapital anhäuften. Sie haben Banken in allen Teilen der Welt, die mit ihrem Kapital das Schicksal ganzer Staaten steuern können.

So gehört die „Bank of England", die das englische Pfund herausgibt, keineswegs der britischen Regierung, sondern privaten Bankiers, in denen die Rothschilds, die Warburgs usw. das Sagen haben. Sie wurde von einem Freimaurer des schottischen Ritus gegründet. So gibt es einen Bereich innerhalb Londons, die sogenannte City, der außerhalb der üblichen Rechtsprechung der britischen Regierung steht. Sie gehört komplett den Bankern, und sogar die Queen muß um Erlaubnis ersuchen, wenn sie die City besuchen will.

Noch mal: das britische Pfund gehört nicht den Briten, sondern privaten Bankiers. Das gleiche gilt für die Geldsysteme der meisten anderen Nationen; sie gehören nicht den Staaten, sondern den internationalen Geldverleihern. Und natürlich haben sie mit ihrem immensen Geld auch das aufgekauft, was ihnen gefährlich werden könnte: die öffentliche Meinung; sie besitzen heute alle großen Verlagshäuser, Rundfunk- und Fernsehsender.

Die Freiheit, uns für demokratische Volksvertreter zu entscheiden, ist nur Augenwischerei. Wir wählen die geheimen Brüder immer, egal bei welchen Namen wir unser Kreuz machen. Wir lesen ihre Nachrichten, egal, welche Zeitung wir beim Frühstück lesen. Wir sehen ihre Sendungen, egal, welchen Sender wir einschalten. Und wenn sie wollen, daß wir in den Krieg ziehen, dann können wir sicher sein, daß es schwierig sein wird, sich diesen Abläufen zu entziehen.

Amerikanische Verbindungen

Die Unabhängigkeit der amerikanischen Kolonien von den Briten bedeutete keineswegs die Unabhängigkeit von Geheimgesellschaften. Im Gegenteil; George Washington, Amerikas erster Präsident, war Freimaurer. Das gilt für die meisten anderen amerikanischen Präsidenten ebenfalls. Auch Senat und Repräsentantenhaus sind zum großen Teil mit Freimaurern „bestückt". Auf Bildern von Präsidenten und berühmten Persönlichkeiten findet man die Beweise: Ein Lendenschurz und eine Schärpe sind deutlich Zeichen, oft auch Maurersymbole wie Kelle, Winkeldreieck, sowie die Zahl 13, das „Allsehende Auge", der Phönix und die Pyramide.

Symbole der Freimaurer findet man überall in Amerika, sogar die Rückseite der Eindollar Note zeigt unverhohlen die dreistufige Pyramide (wo doch so viele ägyptische Artefakte in den USA zu finden sind) und das Allsehende Auge des Gottes Jahwe. Die Inschrift „Novus Ordo Seclorum" bedeutet die Neue-Weltordnung, womit nichts anderes als die Welt-Regierung durch die Illuminati gemeint ist.

Das Gebäude in Washington D.C., in dem sich das Verteidigungsministerium befindet, hat die Form eines Pentagons - das ist die Form, die sich beim Zeichnen eines Pentagramms innen ergibt.

Das Geld der USA gehört keineswegs der amerikanischen Regierung. Als Nordamerika noch Kolonie der Engländer war, bestimmten die Engländer auch das Geldwesen in den neuen Ländern. Sie verkauften Waren, die in England wegen Überproduktion billig zu haben waren, teuer nach Amerika und ließen sich nur in Gold und Silber bezahlen, gaben Kredite aber nur in Papiergeld. Natürlich mit heftigen Zinsen. Als die Amerikaner sich abnabeln wollten, gab es einen Krieg, der hauptsächlich deswegen so heftig geführt wurde, weil es darum ging, die Kontrolle über das Geld eines riesigen Kontinents zu erlangen, der wachsen und wachsen würde. Natürlich waren die englischen Interessen hauptsächlich die Interessen der „Bank of England".

Abraham Lincoln hatte die Zusammenhänge durchschaut und weigerte sich, die immensen Zinsen an die Rothschilds zu bezahlen. Er gab den „Green Back" Dollar heraus, um die Unionstruppen zu bezahlen. Daß er nicht von einem Verrückten ermordet wurde, sondern der Mörder, der Schauspieler John Wilkes Booth, geheime Verbindungen zu internationalen Bankiers hatte, ist nur ein kleiner Teil dieser Vorgänge. Nach Lincolns Tod wurde der Green Back wieder aus dem Verkehr gezogen. Der Attentäter wurde aus dem Gefängnis befreit und soll später in England ein angenehmes Leben geführt haben.

Die Amis gewannen ihre scheinbare Unabhängigkeit und hätten fortan die Möglichkeit gehabt, ein eigenes staatliches Geldsystem aufzubauen. Da jedoch die Regierung der USA zum großen Teil aus Logenbrüdern bestand (und besteht), stimmte sie irgendwann doch dem Vorschlag zu, eine Zentralbank zu gründen, die Federal Reserve Bank, die den Dollar herausgibt. Sie wird von internationalen Bankiers wie Rothschild, Rockefeller und Morgan bestimmt. D.h. das amerikanische Geldsystem gehört ebenfalls nicht dem Staat, sondern privaten Bankiers. Denen schuldet der amerikanische Staat heute so viel Geld, daß die Zinsen auf die Staatsschulden jährlich etwa 50 000 000 000 US-Dollar ausmachen! Und wer glaubt, daß bei solchen Summen keine politischen Einflußnahmen möglich sind, ist ziemlich naiv.

In Washington D.C. findet sich eine Statue des Ku Klux Clan Führers und Freimaurers Albert Pike, die auch nicht auf Proteste aus der Bevölkerung entfernt wurde. Auf einer Straßenkarte von Washington D.C. kann man Freimaurersymbole in der Aufteilung des Regierungsviertels finden. So findet man den Freimaurer Zirkel in der Gestaltung der Straßen um Capitol und Lincoln Memorial. Das Washington Monument, ein Obelisk, der in der US-Hauptstadt Washington steht, entstammt einem alten heidnischen Baal-Kult. Er gleicht übrigens einem, der auf dem Petersplatz in Rom steht. Papst Sixtus V. ließ diesen Obelisken 1586 unter gigantischem Aufwand aufstellen und drohte die Todesstrafe für alle Arbeiter oder Zuschauer an, die die Aufstellung störten. Dies zeigt, welchen Stellenwert diesem heidnischen Symbol beigemessen wurde. Viele amerikanische Kirchen haben Türmchen, deren Spitzen dem pyramidenartigen Oberteil des Obelisks gleichen und damit zeigen, daß diese Kirche von den Freimaurern infiltriert ist. Viele religiöse Sekten gehen auf Gründer mit Freimaurer-Vergangenheit zurück.

Die Freimaurer, die ursprünglich wohl eine Maurerinnung waren, sind inzwischen mächtige Manipulatoren. In den unteren Rängen wird noch der Anschein des Guten bewahrt und spirituelles Wissen gelehrt.

Je höher man jedoch aufsteigt, desto geheimer und sinistrer wird die Intention. Die Einweihung zum 33. Grad erfordert diverse okkulte und satanische Rituale, die von einigen ausgestiegenen Freimaurern beschrieben wurden - was oft dazu führte, daß diese beseitigt wurden.

Die Freimaurer benutzen bestimmte Zahlen, die Insider wissen lassen, daß eine Aktion mit ihnen zu tun hat, wie die 13 und die 33. So wurde Kennedy auf dem 33. Breitengrad ermordet und, da es weder einen 33. Tag, noch einen 33. Monat gibt, braucht man nur die Zahlen des Datums des Attentats zusammenrechnen - 22.11. - um auf 33 zu kommen. Papst Johannes Paul der Erste wurde nach genau 33 Tagen vergiftet - wobei übrigens schon eine Zeitung die Todesanzeige in Druck gegeben hatte, noch bevor sein Tod bekannt war. Genauso erschien in einer Neuseeländischen Zeitung schon ein kompletter Bericht über den Kennedy-Attentäter Lee Harvey Oswald viele Stunden, bevor er in Amerika des Verbrechens angeklagt wurde.

Die Politische Hintergrund-Information PHI, in Basel am 25.2.89 veröffentlicht, schreibt sehr erhellend: *„Der Leitspruch der Freimaurer 'Ordo ab Chao' (Ordnung aus dem Chaos) kann auch so verstanden werden, daß die Freimaurer der Ansicht sind, erst ein Chaos schaffen zu müssen, um eine neue Ordnung einführen zu können. (...) Die von den Freimaurern verkündete Idee, alle Menschen seien gleich, wird von den Freimaurern in den höheren Rängen selbst nicht geglaubt, sondern dient nur zur Vorbereitung der Welteinheitsregierung. (...) Da sich nicht alle Menschen auf das gleiche Bildungsniveau anheben lassen, wird das Bildungsniveau auf ein Mittelmaß zurückgeschraubt. (...) Ein weiteres Hindernis zur Errichtung der Weltregierung sind die großen Religionen. Aus diesem Grund fördern die Freimaurer einerseits alle Bemühungen zur Schaffung einer Welteinheitsreligion (Weltkirchenrat) und andererseits alle Bestrebungen zur Sektenbildung, Zersplitterung und Verweltlichung. (...) Unter den 56 Unterzeichnern der amerikanischen Unabhängigkeitserklärung von 1776 waren 50 Freimaurer. Von den 29 Generälen Washingtons waren 20 Freimaurer. Von den 55 Mitgliedern der Konstituierenden Nationalversammlung waren 50 Freimaurer. Alle 13 Gouverneure waren Freimaurer. Alle Präsidenten haben seitdem ihren Amtseid auf die Bibel der St.Johns-Loge Nr. 1, New York, geleistet."*

Dennoch sollten wir nicht alle Mitglieder von Geheimlogen in einen Topf werfen. Viele haben sich für durchaus edle und menschenfreundliche Ziele eingesetzt und versucht, aus der gegebenen geschichtlichen Situation das Beste zu machen. So setzten sich Freimaurer vehement für die Abschaffung der Sklaverei und anderer Unmenschlichkeiten ein. Sehen wir also in Toleranz, Liberalisierung und Demokratie das Positive, obwohl sie von den Illuminaten offenbar nur als Übergangslösungen zur Zerstörung der Ordnung angesehen werden.

Die Freimaurerei ist auch eine Geheimgesellschaft, in der spirituelles Wissen gelehrt wird. Nur wird sie von den Illuminaten auch für ihre Ziele benutzt, und viele Mitglieder sind nur wegen ihres eigenen Vorteils in der Loge. Alles Gute kehrt sich um, wenn es zu selbstsüchtigen Zielen verwendet wird. Dies ist eine gefährliche Gradwanderung. Zu den Unterschieden zwischen Weißer und Schwarzer Magie findet sich viel Lesenswertes in der ZeitenSchrift Nr. 12.

Die Geschichte ist voll von Manipulationen der Superreichen. Die amerikanische Prohibition wurde nur scheinbar von ehrwürdigen Puritanern ins Leben gerufen - in Wahrheit wurden sie angeleitet von reichen Geldgebern, die ihre eigenen Ziele verfolgten. Es ist interessant zu wissen, daß z.B. das gesamte Familienvermögen der Bronfmans aus der Alkoholschmuggelei während der Prohibition stammt. Auch die weltbekannte Chase Manhatten Bank wurde in dieser Zeit mit Geldern aus illegalem Alkoholschmuggel, Prostitution etc. gegründet. Das organisierte Verbrechen konnte sich während der Prohibition festigen und seine Macht und politischen Einfluß auf die Regierung durch Erpressung und Korruption aufbauen. Die heutige „Prohibition" von Drogen ermöglicht immer noch weltweite Geschäfte, deren Gesamtvolumen über dem der Ölgeschäfte liegt. Und immer hatten die Geheimdienste der großen Regierungen ihre Finger im Spiel.

Ehemalige CIA-Mitarbeiter berichten, daß Drogenschmuggel des CIA keine Einzelfälle sind, sondern zu einer der Haupttätigkeiten des Geheimdienstes zählt. Es gibt sogar Zeugenaussagen, wonach Drogen, die von der Polizei beschlagnahmt werden, „hintenrum" wieder verkauft werden, um Geld für geheime Projekte zu bekommen.

Die Weltverschwörung ist ziemlich komplex und widersprüchlich. Teilweise ist es den Tempelrittern verboten, Freimaurer zu sein, woanders arbeiten sie wieder in den Freimaurer-Logen. Es gibt eine schottische Freimaurerloge, die von den anderen angeblich nicht anerkannt wird, sich selber aber als Mutterloge bezeichnet. Freimaurer sind ursprünglich anti-katholisch, die meisten Kardinäle und Päpste sind aber in der Loge. Juden durften ursprünglich auch keine Freimaurer sein, inzwischen sitzen sie aber in den vordersten Reihen. Die Gegensätze von Christentum und Judentum sind in Wirklichkeit kaum noch vorhanden. Es geht um die gleichen Ziele.

Keine Sorge; auch bei ausführlicher Belegung all dieser Details wäre man nicht weniger verwirrt, denn man muß sie sich in diversen Büchern zusammenlesen, in denen die verschiedensten, widersprüchlichen Angaben über die Geheimgesellschaften zu finden sind. Und die Zusammenhänge werden immer komplexer, je mehr man in die Tiefe geht, und so muß ich auf weiterführende Literatur verweisen, wenn jemand genauere Hintergründe erfahren will.

Die britische Regierung ist mit der amerikanischen seit der Unabhängigkeit der Amerikaner verfeindet. Es gibt allerdings auch erheblichen jüdischen und britischen Einfluß auf die amerikanische Verfassung. Aber es gibt auch Widerstand in den einzelnen US-Bundesstaaten gegen Versuche, die Grundsätze der amerikanischen Verfassung zu verraten. So haben schon mehrere amerikanische Bundesstaaten Klage gegen das Federal Reserve Banksystem eingereicht, da sie die amerikanische Wirtschaft ausbluten läßt. Denn Zinsen haben die Eigenschaft, daß sie sich ins Unermeßliche vergrößern, je länger die Schulden bestehen. Und so gibt es Anzeichen für Gruppierungen innerhalb der USA, die bereit sind, im Notfall gegen die Bundesregierung zu kämpfen. Es gibt Milizen, denen Sheriffs und Polizisten aus allen Teilen des Landes angehören, die bereit sind, für ihre Unabhängigkeit zu kämpfen.

Im April 1993 fand eine schreckliche Tragödie im texanischen Waco statt, über die wir aus den Massenmedien erfahren haben, daß sich eine Sekte, die im Besitz von Waffen war, in einem Dorf verbarrikadiert hatte und von Bundesbeamten schließlich „ausgehoben" wurde. Tatsächlich ergaben die späteren Untersuchungen, daß es nicht den geringsten Grund für ein solches Vorgehen gegen die Sekte gab. Bei der Belagerung durch verschiedene US-Bundesbehörden kamen 96 Männer, Frauen und Kinder um. Der Journalist Gary Null fand heraus, daß nichts an den offiziellen Beschuldigungen gegen die Sekte stimmte. Man hatte ihnen Kindesmißbrauch vorgeworfen und Waffenbesitz. Dabei gab es für den Kindesmißbrauch nicht den geringsten Beweis, und außerdem besaßen diese Menschen weniger Waffen als der Bevölkerungsdurchschnitt von Texas. Als die Waffen in den Medien gezeigt wurden, hätten Bundesbeamte ihre Waffen dazu gelegt, daß es wenigstens nach etwas aussah.

Die Davidianer-Sekte hatte seit 1930 friedlich in Waco gelebt, ohne daß es je irgendwelche Probleme gab. Die Dorfbewohner bezeichneten die Davidianer als nette, friedliche Leute. Sie arbeiteten als Lehrer, Programmierer, Universitätsprofessoren und als Priester. Nie war in den mehr als 50 Jahren irgend etwas Verdächtiges aufgefallen. Die Behauptung, daß David Koresh sich als Gott bezeichnet hatte, war aus einem Interview eines australischen Teams zusammengeschnitten worden. Er hatte einen Scherz gemacht, den die Geheimdienste offenbar auszuschlachten wußten.

Man muß bedenken, daß in Amerika Glaubensfreiheit herrscht, also jeder Amerikaner das verbriefte Recht hat zu glauben, was er will. Jedenfalls belagerten Bundesbeamte des A.T.F. (Bureau of Alcohol, Tobacco and Firearms) und des FBI 51 Tage lang die Davidianer-Siedlung, in denen die eingesperrten Familien rund um die Uhr mit höllischer Lautsprecherberieselung bombardiert wurden. Für die Öffentlichkeit sah es so aus, daß die Davidianer sich verbarrikadiert hatten. Dabei war das Gegenteil der Fall; als David Koresh wegen der Frauen und Kinder verhandeln wollte, wurde sofort das Feuer auf ihn eröffnet. Der örtliche Sheriff, der die Leute kannte, wurde von den Bundesbehörden nie zu Rate gezogen. Die A.T.F. Beamten gaben später zu, zuerst geschossen zu haben und sich nicht als Bundesbeamte zu erkennen gegeben zu haben. Obwohl es keinerlei Aggression der belagerten Davidianer gab. Wie auch immer. Für ein solches Vorgehen von Regierungsbeamten gegen friedliche Bürger gibt es nicht den geringsten Anlaß. Der Grund für diese Aktion ist unklar. Kann sein, daß die Davidianer zu viel geheimes Wissen hatten.

Die Illuminaten, die sich als „Erleuchtete" bezeichnen, da die anderen Menschen so dumm sind, daß sie so einfach zu beschummeln sind, setzen sich aus Freimaurern, Zionisten, Katholiken, Bankiers und anderen Geheimgesellschaften zusammen. Sie sitzen in den wichtigsten Machtpositionen der Welt. Ihnen gehören Banken, Fernsehsender, Zeitungen, Ölgesellschaften, eigentlich alles, was Menschen brauchen. Das Council of Foreign Relations (CFR) besteht aus den einflußreichsten Rechtsanwälten, Politikern, Bankiers, Militärs, Journalisten und Professoren. Über 50 Jahre seiner Existenz war nicht mehr über den CFR bekannt als der Name. Gab es da keinen Aufdeckungsjournalismus, der etwas über die geheime Macht des CFR herausfand? Kaum. Denn die Chefs der einflußreichsten Zeitungen und Sender gehören ihm an. Mitglieder sind die Direktoren der „New York Times", der „Los Angeles Times", des „Life" Magazins, „Time"-Magazins und „Fortune", der „Washington Post" und der „Business Week" sowie die Senderketten „NBC" und „CBS", um nur die wichtigsten zu nennen. Wer die Massenmedien besitzt, hat natürlich die besten Möglichkeiten, die öffentliche Meinung zu manipulieren.

Haben Sie nicht schon manchmal, wenn Sie Nachrichten über einen Krieg oder irgendwelche Gewalttaten von Terroristen oder ähnlichem gesehen haben, den Wunsch gehabt, Sie könnten im Fernsehen den Menschen Vernunft einreden, ihnen deutlich machen, wie dumm ihre Kämpfe sind? Haben Sie sich jemals gefragt, warum das Fernsehen kaum ein deutliches Wort sagt, das die Menschen zu einer besseren Einsicht bringen könnte? Nein, das ist nicht die Absicht der Leute, die die Massenmedien besitzen. Sie wollen, daß die Menschen in Angst und Verwirrung leben. Denn glückliche Menschen sind schlechter zu kontrollieren als ängstliche Menschen in chaotischen Verhältnissen.

Das Fernsehen erfüllt noch einen anderen Zweck; da man keine Möglichkeit hat, in das vorgesetzte Geschehen einzugreifen, macht sich leicht die Einstellung breit, man könne am Zustand der Welt ja doch nichts ändern. Während die Menschen früher in ihrem Bereich noch die Möglichkeit hatten, etwas zu verändern, ist die Erlebniswelt der Menschen durch das Fernsehen heute so erweitert, daß sie ihrem Einfluß längst entwachsen ist. Egal, ob man einen Mord oder einen Krieg auf dem Bildschirm sieht - man kann nicht eingreifen - oder ob man sich in einen Leinwandstar verliebt - man hat kaum eine reele Chance, daß diese Liebe erwidert wird. Die Einstellung, daß man „ja doch nichts machen kann", ist den Leuten, die die Dinge für uns machen wollen, natürlich nur recht.

Durch die Hollywoodisierung der Welt wird auch die Vorstellung des Menschen als Einzelkämpfer gegen eine feindliche Umwelt propagiert. Nicht eine Gemeinschaft von Menschen, die füreinander da sind, sondern eine Gesellschaft, vor der man Angst haben muß, in der der Gerissenste überlebt.

Langsam wird vielleicht deutlich, daß Geheimlogen die Geschicke ganzer Nationen bestimmen und daß oftmals Interessen verfolgt werden, die mit den direkten, nationalen Interessen nichts gemeinsam haben. Durch die Jahrhunderte scheint es das Bestreben solcher geheimen Bruderschaften gewesen zu sein, Zwistigkeiten zwischen Ländern oder Gruppierungen auszulösen, aus denen sie profitierten.

So ist auch die Russische Revolution keineswegs ein Zufallsereignis, das sich aus politischen Gegebenheiten zwangsläufig ereignen mußte. Van Helsing schreibt, daß Lenin in einem plombierten Zug von der Schweiz nach Rußland „importiert" wurde. Die bolschewistische Revolution wurde massiv von westlichen Bankiers unterstützt. Viel Geld stellte das deutsche Schatzamt zur Verfügung. Max Warburg und Jakob Schiff gehörten zu den Sponsoren. Die Namen klingen harmlos. Wir haben es jedoch mit zionistischen Bankleuten zu tun, die ihre Kredite nicht nach dem Gießkannenprinzip verteilen.

Für viele ist der Kommunismus immer noch eine annehmbare Alternative zum Kapitalismus. Im Grunde ist es aber Kapitalismus in Reinkultur, da die Möglichkeit zum Geldverdienen hier nur dem Staat zugestanden wird. Der Staat hatte aber, wie im Westen, eine Zentralbank eingerichtet, die Gosbank, die an der Ausbeutung der Arbeiter kräftig verdiente. Stalin ließ später Millionen Russen unter vorgeschobenen Gründen verhaften und in Konzentrationslager stecken, in denen sie bis zum Umfallen arbeiten mußten. Mehr Geld kann man gar nicht verdienen als durch kostenlose Arbeiter, die keine Möglichkeit haben, Urlaub zu nehmen oder blau zu machen. Viele Millionen Russen wurden nur deshalb umgebracht, weil sie im Besitz von Land waren. Und so entpuppt sich die ehemalige UdSSR als moderner Selbstbedienungsladen der Regierung, in dem die Menschen bis zum Umfallen arbeiten mußten, und viele unter den Härten starben, aber kaum von ihrer harten Arbeit profitierten.

Durch dieses neu geschaffene Reich kam es zu einer Situation, die mit „kaltem Krieg" treffend umschrieben ist und zu den größten Militärausgaben in der Geschichte der Welt geführt hat. Ein System, an dem sich prächtig verdienen läßt, besonders, wenn man beide Seiten mit Waffen beliefert.

Dieses System, das der freien Marktwirtschaft des Westens diametral gegenüberstand, wurde von den gleichen Leuten finanziell ermöglicht, die auch die Geldsysteme aufgebaut hatten. Und wenn sich einige bettelarme Entwicklungsländer Kriege liefern, dann fragt man sich, woher beide Seiten das Geld für die Ausstattung ihrer Armeen haben, wo sie doch sonst nur gerade genug zum Überleben haben. Antwort: beide Seiten bekommen großzügige Kredite für ihre Waffenkäufe. Man kann daran verdienen und hat später, wenn die Länder ihre Kredite nicht zurückzahlen können, quasi das ganze Land in der Tasche.

Daß die Hochfinanz auch Einfluß auf die Bildung hat, wird wieder am Beispiel der USA am besten deutlich. Während noch bis Anfang dieses Jahrhunderts das Bildungssystem in Amerika sehr erfolgreich war und intelligente, gebildete Menschen hervorbrachte, werden heute immer mehr Analphabeten aus den Schulen entlassen.

Als die Rockefellers in die Schußlinie gerieten, da sie so immens viel Geld verdienten, begannen sie, Geld zu wohltätigen Zwecken zu stiften, um im Licht der Öffentlichkeit besser dazustehen. Sie begannen damit, das Schulsystem im Süden der Staaten, das noch nicht so entwickelt war wie im Norden, zu finanzieren. Dabei führten sie ein von deutschen Psychologen erdachtes Erziehungssystem ein, das nicht von individuell erlernbaren Fähigkeiten der Menschen ausging, sondern davon, daß Menschen von niederen Instinkten geleitete Wesen seien, die wie Tiere auf Umwelteinflüsse reagierten.

Daß Rockefeller und andere Finanziers ganze Universitäten aufbauten, ist mit Ursache für das, was Wissenschaftler heute glauben. Da ein glückliches Leben im Einklang mit Gottes schöner Natur den Machtinteressen entgegenstehen würde, wurde Gott kurzerhand aus den Wissenschaften herausgenommen. So sucht man heute mit milliardenteuren Teilchenbeschleunigern nach Quarks und anderen kleinsten Teilchen der Materie, und verliert dabei die Sicht des Gesamten. Immer mehr Spezialisten wissen von immer weniger immer mehr, bis sie alles von gar nichts wissen. Daß sie dabei viele drängende Fragen unserer heutigen Welt nicht mehr beantworten können, ist für sie nur Anlaß, noch mehr Forschungsgelder zu verlangen. Denn obwohl die Forschung ständig neue Medikamente erdenkt, sind die Menschen heute keineswegs gesünder als vor 50 oder 100 Jahren. Im Gegenteil; Unsere moderne Welt bringt immer neue Krankheiten hervor, die die mit modernsten Mitteln ausgestatteten Ärzte nicht beseitigen können.

Eines der beunruhigsten Themen ist dabei, daß diese Leute glauben, daß das größte Problem der Erde die Überbevölkerung ist. Egal, welche Ziele sie mit einer Menschheit unter ihrer geplanten Eine-Welt-Regierung haben - und das sind sicherlich keine fröhlichen - sie sind überzeugt, daß es viel zu viele Menschen gibt. Und so ist ihnen jedes Mittel recht, das die Bevölkerung reduziert. Da geschehen dann so merkwürdige Dinge wie die ungefragte Zwangssterilisierung von Zigtausenden von Frauen in Südamerika, das Abschlachten von Millionen Chinesen von beauftragten CIA- und KGB-Agenten usw. Kriege, bei denen viele Menschen sterben, sind ihnen ebenso willkommen wie tödliche Krankheiten. Prinz Philip, Herzog von Edinburgh, sagte einmal in einem Interview, wenn er noch mal inkarnieren solle, so wünsche er sich, als tödliches Virus wiedergeboren zu werden.

Dabei ist die Zahl der Menschen überhaupt kein Problem. Es ist genug Platz für alle da, nur die Güter müßten gerechter verteilt werden. In den wohlhabenden westlichen Ländern werden ganze Ernten vernichtet, um die Preise zu halten, und woanders sterben Millionen an Hunger. Die kontrollierenden Kräfte wollen natürlich nicht ausgleichend eingreifen, weil sie meinen, es sei gut, wenn Menschen stürben.

Endlos ist das Wachstum der Menschheit keineswegs. Nach den Aussagen spiritueller Meister sind für die Erde maximal 10 Milliarden Lebensströme vorgesehen. Doch die Logenbrüder meinen, sie müßten alles Nötige tun, damit die Bevölkerung nicht überhand nimmt.

Wie auch immer; es wird wohl deutlich, daß einige Menschen versuchen, sich die Erde, oder zumindest große Teile davon, unter den

Nagel zu reißen. Dazu finanzieren sie Kriege und säen Zwietracht, destabilisieren bestehende Ordnungssysteme und verwirren die Menschen.

Eine Gruppe dieser Weltverschwörer hat es jedoch geschickt geschafft, ein Tabu zu schaffen, das es ermöglicht, Aufdecker dieser Manipulationen mundtot zu machen. Schon, wenn ich diese Gruppe erwähne, wird bei Ihnen dieser Mechanismus funktionieren und die Alarmglocke klingeln. Denn gegen Juden darf man wirklich nichts sagen. Wir Deutschen schon gar nicht. Wir werden aber die Zusammenhänge der Weltverschwörungen nie begreifen können, wenn wir uns nicht vorurteilsfrei mit der Geschichte befassen dürfen. Ich möchte daher ganz deutlich sagen, daß diese Informationen nie für Haß und Gewalt verwendet werden sollen. Wer nun Antisemitismus wittert, sollte sich klar machen, daß es den in diesem Buch beschrieben kosmischen Gesetzen völlig widersprechen würde, irgendwelche Menschen oder Gruppen zu verurteilen. Es ist immer falsch, von „den Juden", „den Antisemiten", „den Negern" oder „den Deutschen" zu reden. All diese Gruppen bestehen aus Menschen, ja aus Göttlichen Wesen.

Das auserwählte Volk

Über den merkwürdigen Gott Jahwe, der den Juden versprach, sie ins gelobte Land zu führen, haben wir schon gesprochen; ganze 70 Völker rottete er - nachzulesen im Alten Testament - aus, ohne jedoch zu bewirken, daß sein Lieblingsvolk, die Hebräer, die eroberten Territorien zu ihrer Heimat machten. Erst in jüngster Geschichte bekamen sie ein eigenes Land. Am 2. November 1917 gab die britische Regierung eine Sympathieerklärung zugunsten der jüdisch-zionistischen Bestrebungen in Palästina ab. Doch erst nach dem 2. Weltkrieg wurde 1948 der Staat Israel ausgerufen.

Die meisten der heutigen Juden sind jedoch gar keine Semiten, so daß Antisemitismus nur ein Schlagwort ist, das von Fakten ablenkt; Laut Encyclopedia Judaica gab es 1960 nur 500.000 sephardische Juden, also mit hebräischer Abstammung, hingegen 11 Millionen chasarische Juden, die mit den Hebräern nicht das geringste zu tun haben.

Jack Bernstein hat in seinem Buch „Das Leben eines amerikanischen Juden im rassistischen, marxistischen Israel" beschrieben, daß die aschkenasischen Juden auf das chasarische Volk zurückgehen, das sich vor ca. 1200 Jahren *entschied*, die jüdische Religion anzunehmen, obwohl sie weder abstammungsmäßig, noch von der religiösen Tradition her, irgend etwas mit dem Judentum zu tun hatten. Sie breiteten sich hauptsächlich in Polen und Rußland aus, wo sie später, besonders durch die russische Revolution, sehr viel Einfluß auf die Umgestaltung des Landes bekamen. Von dort aus wanderten viele dieser aschkenasischen Juden nach Amerika aus, wo sie - teilweise durch ihre Kapitalmacht - ebenfalls sehr einflußreich wurden. Als dann der Staat Israel gegründet wurde, nahmen die aschkenasischen Juden auch Einfluß auf die Gestaltung des Landes. Für die Weltöffentlichkeit wurde jedoch das Bild des religiösen „auserwählten" Volkes der Juden aufrecht erhalten. Dabei erlebten sephardische - also abstammungsmäßige - Juden fortan, daß sie von den Aschkenasen wie Menschen zweiter Klasse behandelt wurden. Autor Jack Bernstein erlebte selber extrem rassistische Situationen und zog sechs Jahre, nachdem er aus Amerika nach Israel ausgewandert war, frustriert wieder zurück in die USA.

Israel führte nach seiner Gründung erbitterte Kriege und Terorakte gegen die Araber, mit denen die sephardischen Juden vordem jahrhundertelang friedlich zusammengelebt hatten. Dabei waren sie sich der amerikanischen Unterstützung sicher, da die aschkenasischen Juden in den USA sehr viel Einfluß auf die Politik hatten, und es gab ebenso Verbindungen nach Moskau, da die aschkenasischen Juden ja aus dem Osten stammten. Der Welt wurde Israel immer als Bollwerk gegen die kommunistische Gefahr aus dem Osten dargestellt, dabei besteht die Regierung zum großen Teil aus Kommunisten und Sozialisten, und es gab eine eindeutige Zusammenarbeit mit der UdSSR.

Israels Exportschlager wurden in der Folgezeit Waffen, die an alle Welt geliefert wurden, egal ob faschistisch oder kommunistisch.

Aber nicht erst in der jüngeren Geschichte gab es kritische Stimmen zum Einfluß der Juden auf ihre Wirtsländer; die Engländer verwiesen 1290 alle Juden des Landes, 200.000 Juden mußten 1492 (Kolumbus entdeckt die Neue Welt) Spanien auf ein Dekret von Isabel und Fernando verlassen, die Ausweisung aus Frankreich hatte ihren Höhepunkt 1394, die Spanier sperrten sich auch im 16. Jahrhundert wieder gegen den zunehmenden Einfluß der Juden in ihrem Land. Leopold I. vertrieb sie 1670 aus Wien. Die Reihe ließe sich beliebig fortsetzen.

Benjamin Franklin sagte u.a.: *„In welchem Land sich die Juden auch immer niedergelassen haben, haben sie die vorhandene Moral gesenkt.... die christliche Religion, auf deren Bestimmungen unsere Nation aufgebaut ist, verspottet und versucht, diese zu unterwandern"* George Washington warnte die Amerikaner: *„Die Juden arbeiten effektiver gegen uns, als die Armeen des Feindes. Sie sind hundert mal gefährlicher für unsere Freiheit..."* Und auch Winston Churchill warnte: *„Von den Tagen des Spartakus*

Weishaupt zu denen des Karl Marx, bis zu einem Trotzki, Bela Kuhn, Rosa Luxemburg und Emma Goldmann an, wuchs diese weltweite Verschwörung zur Stürzung von Zivilisationen (...) sie spielte eine wichtige Rolle in der Tragödie der französischen Revolution... "

Martin Luther vollzog einen erstaunlichen Wandel in seiner Einstellung zum Judentum; zu Beginn seiner „Karriere" vertrat er vehement die Essenz jüdischen Glaubens, doch dann kam er ins Stutzen, als ihm die Greueltaten Jahwes und jüdische Intrigen bewußt wurden. Er veröffentlichte 1542 eine Schrift „Von den Jüden und ihren Lügen", gekennzeichnet von dem ihm neidlos zuerkannten Feingefühl:

„Sie sind die rechten Lügner und Bluthunde, die nicht allein die ganze Schrift mit ihren erlogenen Glossen von Anfang bis nach daher ohn Aufhören verkehret und verfälscht haben. (...) denn kein Volk unter der Sonnen geiziger, denn sie sind, gewest ist, noch sind und immerfort bleiben, wie man sieht an ihrem verfluchten Wucher. (...) Schreiben doch ihre Thalmud und Rabbinen, daß Töten sei nicht Sünde, so ein Jude einen Heiden tötet. (...) Denn ich sehe in Schriften, sie fluchen uns Goyim und wünschen uns in ihren Schulen und Gebeten alles Unglück. (...) und verkehren das Wort: Seid Gott willkommen! und sprechen: Sched wil kom, das ist: Teufel komm! oder: da kommt ein Teufel.(...) Wir heißen unsere Weiber nicht Huren, wie sie Maria, Jesu Mutter, tun.

Luther berief sich gerne auf Jesus, der den Juden vorwarf, den Teufel zum Vater zu haben. (Johannes 8,44) Sein Nachfolger, Melanchton (Schwarzerd), hatte alle Mühe, Luthers judenfeindliche Schriften wieder zu relativieren, so daß das Alte Testament, das Zeugnis über das auserwählte Volk Gottes ablegt, den Protestanten erhalten blieb.

Die heilige Schrift der Juden, der Talmud, läßt keine Zweifel an der Sonderstellung der Juden in der Welt aufkommen: III/1/61a *„Ihr Juden werdet Menschen genannt, die Völker der Welt aber werden nicht Menschen, sondern Vieh geheißen."* V/3/91b: *„Die Juden sind vor Gott angenehmer als Engel."* V/2/43b: *„Der Mensch (Jude) muß jeden Tag drei Segenssprüche sagen, nämlich, daß Jahwe ihn nicht zu einem Goi (Nichtjuden) zu einem Weibe und nicht zu einem Unwissenden gemacht hat."*

Es stehen natürlich auch viele wesentlich harmlosere Dinge im Talmud, der ein Sammelwerk von religiösen Aufsätzen aller Couleur ist. Die erwähnten Zitate sind ein paar der extremsten Stellen, die uns natürlich in der Goldmann-Ausgabe mit ausgewählten Talmud-Texten vorenthalten werden. Wir können aber auch in der Bibel nachlesen, daß den Hebräern von „Gott" Jahwe ähnliches gesagt wurde. *„Du wirst alle Völker vertilgen, die der Herr, dein Gott, dir preisgibt. Du sollst ihrer nicht schonen."* (5.Mose, 7,16)

Naja, wir nehmen unsere Heilige Schrift ja auch nicht so wörtlich. Wenn es jedoch Juden gibt, die die Verheißung „Gottes" als Genehmi-

gung nehmen, andere Völker zu bekämpfen, dann müssen wir die Geschichte sehr sorgsam auf mögliche Manipulationen überprüfen.

In 'Newsweek' vom 4. November 1988 sagte Yitzhak Shamir: *„Wir sagen zu ihnen von der Höhe des Berges herunter und aus der Perspektive von Tausenden von Jahren der Geschichte, daß sie wie Grashüpfer sind, verglichen mit uns..."* In der 'London Times' vom 28. Februar 1994 wird Rabbi Yaacov Perrin zitiert: *„Eine Millionen Araber sind nicht den Dreck unter dem Fingernagel eines Juden wert."* Wem ausländische Zeitungsarchive zu weit weg sind... die 'Frankfurter Allgemeine' (FAZ) druckte am 11.3.94 auf Seite 14 eine Aussage von Rabbi Schneur Salman: *„Die Seelen der Gojim sind von ganz anderer, minderer Art. Alle Juden sind von Natur gut, alle Gojim sind von Natur böse."* Im 'Spiegel' 10/94 finden wir auf Seite 143 eine ganze Reihe höchst erstaunlicher Dinge über Israel. *„Was den Besucher von Kirjat Arba* (israelische Siedlung) *vor allem schokkiert, das ist die routinierte Beiläufigkeit, mit der Bekenntnisse zu Rassenhaß und Massenmord abgegeben werden."*

In Israel werden noch immer Palästinenser und kritische Sepharden gefangengehalten und gefoltert. Israelische Kinder laufen mit echten Maschinengewehren herum. Ein bewaffneter Palästinenser würde sofort verhaftet, wenn nicht gleich erschossen. Aber selbst sephardische Juden werden von den überall vorherrschenden aschkenasischen Juden eindeutig benachteiligt, wie die jüdischen Autoren Jack Bernstein und Israel Shahak das am eigenen Leibe erleben konnten.

Die Nazis legten fest, daß die Juden, die sich auf fremdem, nämlich deutschem, Boden niedergelassen hatten, nicht die gleichen Rechte haben könnten wie Deutsche. Juden erwarten jedoch überall auf der Welt, daß man ihnen eine Vorrangstellung in der Geldwirtschaft, der Politik und den Kirchen einräumt. Nicht nur die Deutschen hatten damit ihre Probleme Dies alles soll weder die Greueltaten der Nazis verharmlosen noch Juden verunglimpfen. Denn nur wenige treiben ihre skrupellosen Machtspiele, was auch die Mehrheit der Juden kritisch sieht. Durch die Massenmedien in zionistischer Hand erfahren wir jedoch nichts davon. Wie viele schöne Musik und wundervolle Filme verdanken wir Juden. Wieviele wundervolle Komiker und Comedy-Produzenten gibt es unter ihnen.

Der jüdische Schriftsteller Ephraim Kishon, sonst von köstlichem Humor, sagte in einem Interview der österreichischen Tageszeitung „Kurier" am 25. Oktober 1976: *„Ich bin ein Jude, nationalistisch, extremistisch, chauvinistisch, militaristisch. Und wem das nicht gefällt, braucht meine Bücher nicht zu lesen."* Und im Talmud steht auch: *„Was bedeutet*

„Berg Sinai"? Das ist der Berg, auf den der Haß gegen die Völker der Welt herabgestiegen ist. " (Schabbat 89a/89b)

Als im November 1995 der israelische Ministerpräsidenten Yitzhak Rabin ermordet wurde, erfuhr man, daß der Attentäter stolz auf seine Tat ist und überzeugt, daß er diesen Auftrag von Gott bekommen hat. Bei einer Gottesvorstellung, die auf den mutmaßlichen Außerirdischen Jahwe zurückgeht, ist das nicht mal unverständlich. Aber bei der Vorstellung eines liebenden Schöpfers des Universums ist man sicherlich an der falschen Adresse, wenn man Mordaufträge sucht. Übrigens fand sich in der „Jerusalem Post" vom 7.11.95 eine Todesanzeige der israelischen Freimaurerloge für ihren Bruder Rabin.

Dieses Attentat wirkte wie ein Schock auf Israel. Auf einmal wurde vielen bewußt, wie weit die Vorstellung ihres Rachegottes von positiven und ethischen Vorstellungen - letztlich auch den zehn mosaischen Geboten - abweicht. Bei der jüngsten Wahl in Israel entschieden sich ungefähr die Hälfte der Wähler für einen Kandidaten, der es ablehnte, den Friedensprozeß mit den arabischen Nachbarländern fortzusetzen.

Da einige zionistische Juden auf der ganzen Welt ihren Einfluß geltend machen, sollten wir ihre Motivationen auch kritisch beleuchten dürfen. Es ist schon bedenklich, wenn in Deutschland Bücher verboten werden können, weil sie etwas Kritisches über Juden schreiben. Es ist wohl undenkbar, daß Deutsche in Israel Bücher verbieten lassen könnten, weil sie Kritisches über uns enthalten. Oder daß Ghananesen dafür sorgen können, daß Ghana-kritische Bücher bei uns von der Bildfläche verschwinden.

Gerade in Deutschland ist es sehr schwer, sich unbefangen mit den Einflüssen der aschkenasischen Juden auf die Entwicklung der Geschichte zu befassen. Da nützt es auch nichts, darauf hinzuweisen, daß Hitler durch Gelder von jüdischen Finanziers an die Macht kam. Wir Deutsche müssen eine ganze Generation nach Hitler noch „Trauerarbeit leisten", die Vergangenheit bearbeiten und dürfen die - immer wieder propagierte kollektive - Schuld nicht vergessen. Durch diese ständige Beschäftigung mit der Schuld eines Gewaltherrschaftssystems werden wir heute davon abgehalten, uns frei spirituell zu entwickeln. Frohe, liebende Menschen können sich in diesem kollektiven Schuldzustand kaum entwickeln. Vielleicht wollen bestimmte Mächte das so.

Die Millionen ermordeter Ureinwohner Amerikas können in Frieden ruhen, genauso wie die Zig-Millionen Opfer Stalins und die des Sklavenhandels. Die Toten des Vietnam-Krieges ebenso wie Zig Millionen Opfer der Kulturrevolution in China. Daß Israel auch durch das

Niedermetzeln der Bevölkerung ganzer palästinensischer Dörfer entstand, und sowohl Begin als auch Shamir die beteiligten Terrororganisationen („Irgun Zvai Leum" und die Stern Bande) anführten, nur am Rande.

Nicht nur die Finanzierung Hitlers weist auf zionistischen Einfluß hin, auch nach dem Krieg gab es Manipulationen: Kapitän a.D. Harm Menkens hat umfangreiches Material zusammengestellt (als Buch „Wer will den Dritten Weltkrieg" erschienen), das aufzeigen soll: *„durch wen und wodurch der Erste und der Zweite Weltkrieg verursacht wurden. Es sind dieselben Hintergrundmächte, die auch an der Auslösung eines dritten und atomaren Durchganges in Europa interessiert sind."*

Während der Nürnberger Kriegsverbrecherprozesse sollen viele Geständnisse aufgrund von Mißhandlungen und Falschaussagen von Zeugen zustande gekommen sein. Menkens zitiert z.B. den Dolmetscher Jost Werner Schneider über die Vernehmung von Zeugen: *„Da die Tätigkeit der Belastungszeugen sehr einträglich gewesen ist, hat sich einer Art von 'Berufszeugen' herausgebildet, von denen jeder in vielen Dutzenden von Fällen Aussagen gemacht hat. ... Es hat sich öfter als einmal herausgestellt, daß Personen, die den Aussagen von Belastungszeugen zufolge im KZ zugrunde gegangen sind, in Wirklichkeit noch lebten."*

Das „Tagebuch der Anne Frank" enthält übrigens Einträge mit Kugelschreiber - die es erst ab 1952 gab. Weiteres Material finden wir in dem Buch „Wer will den Dritten Weltkrieg" aus dem Lühe-Verlag.

Dieses alles soll keineswegs die deutsche Kriegsschuld verharmlosen oder mit jüdischen Taten aufwiegen, sondern ein paar Schlaglichter auf verschiedene Aspekte der Geschichte werfen, die Hinweise darauf geben, daß es Manipulationen bestimmter Gruppierungen gibt, und wir auch unsere deutsche Vergangenheit auf solche Einflüsse untersuchen müssen.

Der Hollywoodisierung der Welt haben wir den Typus des coolen Helden zu verdanken. Nicht liebevolle und sanftmütige Menschen werden dort propagiert, sondern gefühlskalte und zynische. Namen wie Goldwyn, Zukor, Loew, Selznick, Fox, Mayer usw. stammen aus der Gründerzeit der Traumfabrik. Wem diese Namen spanisch vorkommen, liegt völlig daneben. Heute ist Hollywood zwar nicht mehr fest in jüdischer Hand, aber der Prototyp des „coolen" Helden hat weltweit Furore gemacht. Kinder und Jugendliche lassen sich von solch kernigen Vorbildern leicht beeindrucken. Cool ist es, Hochprozentiges zu kippen, ohne mit der Wimper zu zucken. Cool ist es, eine Kanone zu haben. Cool ist es, seine Ziele gegen eine feindliche Umgebung notfalls mit Gewalt durchzusetzen. Cool ist es, keine Gefühle zu zeigen. Das ist männlich. Von den ekeligen Horrorfilmen, in denen möglichst viel lebendiges Gewebe unter möglichst großen Schmerzen möglichst detailliert zerlegt wird, wollen wir hier gar nicht reden. Daß kürzlich ein Junge nach dem Vorbild des „Jason" aus den „Freitag der 13."-Filmen mit der Axt auf seine Cousine losging und sie schwer verletzte, ist wohl nur das extremste Beispiel.

Da sich auf den höheren Schwingungsebenen die Gedanken, die viel und intensiv gedacht werden, manifestieren und sich wieder auf die Realität auswirken, ist der Einfluß von Hollywood auf unsere moderne Gesellschaft sicherlich kaum als geistig förderlich einzustufen. Aber natürlich ist die Schuld nicht alleine dort zu suchen, wo solche Filme gemacht werden. Denn wenn sie niemand ansehen würde, hätte sich das Thema längst erledigt.

Wer die Gefahr sieht, daß kritische Äußerungen über jüdische Mitmenschen auch zur Gewalt ausgenutzt werden können, sollte sich überlegen, ob man deswegen lieber den Mund halten sollte. Wenn z.B. jemand einen Anschlag auf ein Atomkraftwerk begige, sollten wir dann lieber aufhören, vor den Gefahren der Radioaktivität zu warnen, da es ja zur Gewalt benutzt werden kann? Aus jeder Überzeugung können fanatische Gewalttaten hervorgehen. Es wäre aber falsch, nicht mehr auf Gefahren und Manipulationen hinzuweisen, da irgend ein dummer Gewaltmensch die Verursacher möglicherweise bekämpfen könnte. Wenn das so wäre, müßten Gruppierungen, die nicht wollen, daß man ihre Machenschaften aufdeckt, nur einen Anschlag auf eine ihrer Einrichtungen fingieren, um zu verhindern, daß weiterhin versucht wird, diese Machenschaften aufzudecken.

Wenn es von Staats wegen verboten wäre, Kritik an Atomkraftwerken zu üben, müßten wir uns zu recht fragen, warum das so ist. Wenn etwas die Wahrheit ist, braucht es nicht vom Staat angeordnet zu werden. Die Wahrheit würde für sich selber stehen, und jeder, der sie anzweifelte, würde sich damit lächerlich machen. Bei uns ist es verboten zu bezweifeln, daß es den Holocaust in diesem Ausmaß gegeben hat. Das soll hier natürlich nicht geschehen, aber man muß sich fragen, warum Zweifel an etwas verboten sind, das jederzeit beweisbar wäre.

Solange Informationen über unsere Vergangenheit vorenthalten werden und nicht diskutiert werden dürfen, ist es unmöglich, die Wahrheit zu finden. Und die Informationen über die Vergangenheit unserer Väter sind voller Löcher. Die Suche nach der Wahrheit muß uns aber zugestanden werden. Sonst ist „die Gnade der späten Geburt" nicht mehr wert als das Recht der Indianer, in Reservaten steuerfreie Zigaretten zu verkaufen.

Die Beschäftigung mit den Geheimlogen, die unsere gesamte Welt manipulieren, kann einem schon Angst machen. Und viele Autoren, die sich damit befassen, hinterlassen uns mit einem tiefen Gefühl der Sorge und Angst vor der Zukunft.

Man muß dabei jedoch sehen, daß keineswegs alles so läuft, wie die Verschwörer es sich vorstellen. Es gibt genügend ebenso mächtige Gruppierungen, die wieder andere Bestrebungen haben. So scheinen bestimmte Kreise der Briten allerlei Versuche zu unternehmen, die Vereinigten Staaten von Amerika in kleinere Bereiche aufzuspalten, um sie zu schwächen. Und überall gibt es Streit und Zwist zwischen Nationen, so daß die Eine-Welt-Regierung nicht ganz so einfach zu schaffen ist, wie es sich einige wünschen.

Ein politischer Beobachter der - inzwischen aus dem Verkehr gezogenen - Zeitschrift Code vermutete, daß die Zündungen der beiden Atombomben auf Hiroshima und Nagasaki trotz der vorherigen Kapitulation Japans dem Zweck dienen sollte, daß die Menschen danach verlangen würden, daß eine solche schreckliche Waffe nur in die Hände einer übernationalen Organisation gelegt werden dürfe und nicht in die von einzelnen Staaten. Wie wir wissen, ist dieses Vorhaben nicht ganz geglückt, obwohl die UNO immer in den Startlöchern steckte, eine solche Rolle zu übernehmen.

Auch im Jugoslawienkrieg wurde versucht, die UN-Friedenstruppen als Konfliktlöser einzusetzen, so daß alle Welt schließlich nach dieser übergeordneten Weltpolizei rufen würde. Doch auch dort wirkten wieder unterschiedliche Interessengruppen gegeneinander. Unter anderem verfolgten auch die britischen Bemühungen wieder das Ziel, dem amerikanischen Ansehen zu schaden. Jedenfalls sind die UN-Friedenstruppen keineswegs so glorreich aus dem Jugoslawienkonflikt hervorgegangen, wie es die Illuminati gern gehabt hätten.

Insider wie Kpt. Harm Menkens, die behaupten, die beiden Weltkriege seien gezielt von den Illuminati angezettelt worden, um der Weltregierung näher zu kommen, meinen, daß der Dritte Weltkrieg längst geplant sei. Irgendein Konflikt, ob in Jugoslawien, im Irak oder zwischen Israel und den Arabern angezettelt, könne jederzeit zu einem neuen Weltkrieg führen. Und obwohl es nach dem Zweiten Weltkrieg in Deutschland hieß „Nie wieder Krieg", wird nun von Politikern in aller Welt wieder verlangt, daß auch Deutschland seinen Teil zu internationalen Eingreiftruppen beiträgt. Es ist möglich, daß die Illuminati vorhaben, Deutschland in den geplanten Weltkrieg mit hineinzuziehen. Wir können daher gar nicht vorsichtig genug sein, was Kampfeinsätze der Bundeswehr betrifft.

Die Illuminati haben vor, eine Währung für alle Menschen einzuführen, um dann totale Kontrolle über den Besitz der Menschen zu haben. Das mit Macht forcierte Euro-Geld ist nur ein Vorläufer. Sie wollen eine persönliche Identifikationsnummer einführen, ohne die kein Mensch mehr kaufen oder verkaufen kann. In allen modernen Strichcodes findet sich verschlüsselt die Nummer des Antichristen 666, genauso, wie es in der 'Offenbarung' des Johannes vorausgesagt ist. Wer sich mal die Mühe macht, die Telefonnummern der Postbank in verschiedenen Städten rauszufinden, wird allerorten auf die Endziffernfolge 666 stoßen. Berlin (25381666), Dortmund (9050666), ebenso in Essen, Frankfurt, Hamburg, Hannover, Kalrsruhe, Köln, Leipzig, Ludwigshafen, München, Nürnberg, Saarbrücken und Stuttgart. Es müßte doch mit dem Teufel zugehen, wenn das Zufall wäre...

Warum machen Menschen bei so einer Verschwörung mit? Müßten sie dann nicht überall sein, wenn tatsächlich die Wahrheit in unserem Informationszeitalter komplett unterdrückt werden sollte? Nun, man packt sie bei ihrer Gier, ihrem Wunsch nach mehr Besitz oder mehr Einfluß. An andere Ziele mit positiverem Inhalt glauben sie nicht.

Menschen, die wirklich etwas Gutes für alle wollen, kann man mit der Aussicht auf die Befriedigung ihrer Gier nicht so leicht locken. Dennoch geraten auch viele spirituell Suchende in die Fänge von Gemeinschaften, wo letztlich doch wieder eigene, menschliche Ziele verfolgt werden. Denn diejenigen, die uns manipulieren, haben längst erkannt, daß es Menschen gibt, die auf der Suche nach höheren Wahrheiten sind, und haben daher auch die meisten Glaubensgemeinschaften unterwandert. Und auch dort sind die Menschen nicht gefeit gegen die Gier nach mehr Einfluß, mehr Geld, mehr treuen Schäfchen.

Die weltweite Manipulation ist aber nur möglich durch die Massenmedien, mit denen sie uns alles schmackhaft machen können, was sie uns andrehen wollen. Die Presse ist nicht frei, es scheint nur so. Wer glaubt, er habe etwas Unglaubliches entdeckt, von dem die Öffentlichkeit unbedingt erfahren müsse - z.B. daß es Maschinen zur Energieerzeugung ohne Umweltprobleme gibt, die in den Tresoren der Mächtigen schlummern - wird bald feststellen, daß es gar nicht so leicht ist, an die Öffentlichkeit zu gehen, wenn die Medien, mit denen man viele Menschen erreichen könnte, fest in den Händen derjenigen sind, die nicht wollen, daß solche Dinge ans Licht kommen. Denn gäbe es z.B.

eine Maschine wie die oben erwähnte, könnte man nichts mehr durch den Verkauf von Öl oder Strom verdienen. Also gibt es sie nicht, jedenfalls nicht für uns.

Atomkraftwerke sind eine besonders geschickte Art, Geld zu verdienen; es bedarf eines gigantischen Aufwands, aus dieser Technologie Strom zu erzeugen, und bleibt somit auf Konzerne beschränkt, die die entsprechenden Mittel haben. Wenn dann zufällig eine Ölkrise gerade zu der Zeit kommt, wo kritische Stimmen die Notwendigkeit der Kernkraftwerke hinterfragen, paßt das natürlich ganz gut, da man den Politikern nun klar machen kann, daß ohne diese Dinger „die Lichter ausgehen". Die Politiker sind nun gefordert, Steuergelder bereitzustellen, damit die Lichter in der Zukunft eben nicht ausgehen. Und so scheffeln die Politiker den Bankiers, die die Atomkraftwerke betreiben und in derselben Geheimloge sitzen, immense Geldsummen zu. Summen, bei denen einem schwindelig wird. Einige Kritiker behaupten sogar, daß die Kernkrafttechnologie bisher nicht mehr Geld durch Strom erzeugt hat, als in die teure Technik und Infrastruktur für diesen gigantischen Wahnsinn hineingesteckt wurde. Dabei wird bei Kernkraftwerken nichts anderes gemacht als Wasser gekocht, mit dem Turbinengeneratoren angetrieben werden. Die Entsorgung der Abfälle dieser teuren Wasserkocher wird noch Generationen nach uns beschäftigen. Mit dem Geld, das die Politiker bisher in Atomkraft gesteckt haben, hätten sie längst locker jedes Haus und jede Industrieanlage mit so starken Solardächern bestücken können, daß alle Menschen ihren Strom umsonst - und ohne Umweltgefährdung - bekommen könnten. Aber das wollen sie natürlich nicht. Sie wollen, daß wir abhängig von ihnen sind.

Sie besitzen bereits das meiste, was dieser Planet zu bieten hat, die sogenannten grauen Männer, die geheimen Bankiers, über die wir nie etwas in den Nachrichten sehen werden. Sie drucken Papiergeld und verleihen es den Staaten. Präsidenten, die sich von diesem staatsfremden Geldsystem unabhängig machen wollten, wurden wie Abraham Lincoln ermordet oder wie Ronald Reagan als senil und meschugge dargestellt - schließlich sind sie im Besitz der Medien und können jeden so aussehen lassen, wie es ihnen gefällt. Als Reagan am Ende seiner Zeit merkte, wie wenig Macht er eigentlich hatte, und er versuchte, das amerikanische Volk aus dem Würgegriff der niemals mehr zurückzahlbaren Schuldenberge bei den Illuminati zu befreien, zeigten sie ihre Macht, und es kam im Oktober 1987 zum Börsencrash. (ZeitenSchrift Nr. 6) Ihnen macht das nichts aus, denn sie können sich jederzeit neues Geld drucken. Und die durch den Börsencrash in Konkurs geratenen

Firmen können sie billig aufkaufen.

Irgendwann soll es einen noch schlimmeren, weltweiten Börsencrash geben, wo sie versuchen werden, den Menschen ein neues Geldsystem aufzudrängen - die Debit-Karte, ohne die irgendwann kein Mensch mehr kaufen oder verkaufen können wird. Statt sein Geld in irgendwelchen Banken zu sparen oder in Fonds oder Wertpapieren anzulegen, wäre es also sicherer, Landbesitz zu erwerben, Nahrungsmittel und Saatgut zu bevorraten und sich evtl. Goldmünzen zu kaufen. Denn wenn sie es wollen, können sie all unser Erspartes über Nacht wertlos machen. Wenn sie die Nahrungsmittel verknappen - die meisten Bauern haben sie bereits in den Ruin getrieben - können sie die Menschen der Welt so versklaven. Man sollte im Rahmen seiner Möglichkeiten versuchen, sich so autark wie möglich zu machen, um dieser Entwicklung vorzubeugen. Es ist gut möglich, daß durch diesen Plan der geheimen Bankiers und durch Veränderungen einer sich reinigenden Erde in den kommenden Jahren bald wieder ein Leben angesagt sein wird, bei dem man für sein freies Leben wieder direkt mit der Natur zusammenarbeiten muß. Obstbäume pflanzen, den Garten umgraben, einen Brunnen bohren. Ob es noch Strom aus der Steckdose geben wird, ist fraglich, denn wenn man ihn nicht bezahlen kann, wer wird ihn uns schenken? Solar- oder Windkraftanlagen kann man schon heute errichten. Auch gibt es Autos, die mit Pflanzenölmotoren fahren, über die man in Autozeitschriften aber nichts erfährt.

Die Destabilisierung bestehender Ordnungssysteme ist das Ziel bestimmter Organisationen, die mit wissenschaftlicher Kenntnis vorgehen. So steht das britische Tavistock Institut im Verdacht, neue Musikformen und Drogen weltweit propagiert zu haben, um die Menschen einander zu entfremden und unkritisch zu machen.

Auch die Frankfurter Schule mit Theodor Adorno, Max Horckheimer, Herbert Marcuse usw., betrieb den Abbau bürgerlicher Werte. Eine der Methoden ist, die Generationen einander zu entfremden. Das geschah, wie vom Tavistock Institut geplant, durch das gezielte Lancieren der Beat-Musik, dem die erstmals so bezeichneten „Teenager" sich kaum entziehen konnten, und der Propagierung des Konsums von Drogen. Die ältere Generation verstand „die Jugend" plötzlich nicht mehr, die sämtliche, bis dahin geltenden, bürgerlichen Werte auf einmal mit Füßen trat. Sicherlich waren diese bürgerlichen Werte nicht nur gut und mußten zu recht aufgeweicht werden. Dennoch muß einen mit Sorge erfüllen, welche Kette von negativen Folgen diese forcierte Bewegung hatte.

Die Pop- und Rockmusik, die den Menschen erst mal instinktiv fremd und unmusikalisch erschien, zeichnete sich dadurch aus, daß immer weniger Melodielinien und immer mehr primitive Rhythmen mit großer Lautstärke verbreitet wurden. Bei der bisher bekannten „klassischen" Musik erfordert der Hörvorgang, den Melodielinien zu folgen und Umkehrungen und Umspielungen des Themas zu erkennen. Dazu ist ein intellektueller Vorgang nötig, der den Geist fordert. Bei der neuen, 'populären' Musik wird der Geist im Idealfall kaum noch angesprochen. Man hat festgestellt, daß Menschen unter dem Einfluß von solcher Musik sehr unkritisch werden. Discothekenbesitzer beobachten, daß von Zuhörern gegrölte Bemerkungen, die verletzend, chauvinistisch oder rassistisch sind, von der übrigen Menge sogar beklatscht werden, also in keinster Weise kritisch zurückgewiesen werden. Das hätte direkt mit den primitiven Musikformen zu tun, schreibt Heinz Buddemeier in dem Buch „Die unhörbare Suggestion".

Dazu kamen immer krassere Auswüchse. Heute haben wir Rockbands, die ganz unverhohlen mit satanischen Texten, Bildern und Shows werben. Daß das nicht nur Spaß ist, bewies ein Konzert der 'Rolling Stones' in Altamond am 6. Dezember 1969. Als Ordner waren die Hell´s Angels engagiert worden. Während des Stückes „Sympathy for the Devil" zogen sich einige Zuschauer nackt aus und stürmten die Bühne, um daraufhin von den Ordnern mit Gewalt zurückgedrängt zu werden. Mehrere „Hell´s"-Ordner schlugen dann auf ein Mädchen ein, das förmlich danach bettelte. Mick Jagger unterbrach das Konzert und versuchte, unsicher und hilflos, die Ordner zur Ordnung zu rufen. Dann fand man einen Toten in der Menge. Er war von Stichwunden buchstäblich durchlöchert und überlebte nur noch wenige Minuten. Vier Menschen fanden bei diesem Konzert den Tod.

Dieses schreckliche Ereignis hatte zwei Jahre stattgefunden, nachdem die Gruppe das Album „Their Satanic Majestics Request" herausgegeben hatte. Offenbar wurden sie die Geister, die sie gerufen hatten, nicht mehr los.

Bekannt ist, daß mehrere Pop- und Rockmusiker offen zugeben, einen Pakt mit dem Teufel geschlossen zu haben. John Lennon, der mit den 'Beatles' die neuen Musikformen von England aus in aller Welt eingeführt hatte, war einer von ihnen. Insider berichten, daß die Beatles vom Tavistock-Institut unterstützt wurden und Adorno Texte für die Band geschrieben hatte.

Bandnamen wie „Black Sabbath" und „Lucifers Friends" tauchten auf. Und es erschienen Platten, bei denen man beim Rückwärtsabspielen Anrufungen an den Satan hören konnte. Daß die Musiker offen zugaben, ihre Musik unter dem Einfluß von Drogen zu machen, kam noch hinzu.

Natürlich sind nicht alle Musikstücke aus dieser Zeit primitiv und negativ. Es gibt auch viele sehr schöne Stücke der Beatles und anderer Rockgruppen. Es soll jedoch gezeigt werden, daß die negative Entwicklung der Musikkultur nicht zufällig geschah, sondern absichtlich betrieben wurde, um bestehende Ordnungssysteme zu zerstören. Daß die öffentlichen Medien den Anfängen dieser Musikformen so viel kostenlose Werbung verschafften, sollte einem zu denken geben. Immerhin sträubte sich die ältere Generation innerlich vehement gegen diese neue Musikrichtung.

Auch die heutige Techno-Musik, mit ihren kaum vorhandenen Harmonien, muß einen besorglich stimmen. Die Szene feiert „Love Parades", dabei scheint in diesem Umfeld allenfalls Kritiklosigkeit gegenüber Anderen durch die gleichförmige Beschallung erzeugt und mit Liebe verwechselt zu werden. Die Psychodroge Ecstasy hat in dieser Szene ihre größten Abnehmer, die nicht wissen, welche große Gefahr für ihre Seele darin liegen.

Eine offenbar gewollte Auswirkung auf die Gesellschaft ist, daß Menschen, die mit immer neuen, schockierenden Erlebnissen konfrontiert werden, wie das seit den Anfängen der neuen Musikformen geschieht, irgendwann apathisch werden, da sie die Flut der ständigen gesellschaftlichen Veränderungen nicht mehr verarbeiten können. Das führt dazu, daß sie sich nicht mehr gegen negative Zeiterscheinungen auflehnen, was den großen Manipulatoren offenbar ganz recht ist.

Ein Vorläufer der Einen-Welt-Regierung ist das Vereinte Europa. Ein solches wäre sicherlich eine schöne Sache, aber wenn wir uns fragen, was das europäische Parlament bisher an Verbesserungen gebracht hat, fällt uns wohl nicht viel dazu ein. In Europa werden offensichtlich sehr intensiv die Ziele der Illuminati verfolgt. In Brüssel werden Unsummen Geldes verschleudert und unsinnige Entscheidungen gegen das Leben getroffen. Gerade Deutschland wird durch Europa, das von unseren Logenbruder-Politikern propagiert wird, schamlos gemolken. Eine gesunde Landwirtschaft wird durch die EG systematisch zerstört. Und wenn wir nicht aufpassen, sind wir bald völlig abhängig von der industriellen Nahrung, die uns die Illuminati anbieten werden, wenn alle anderen Systeme zusammengebrochen sind.

Wem es noch nicht aufgefallen sein sollte: die Nationen innerhalb der EG geben immer mehr Hoheitsrechte an die Europäische Kommission ab. Und zwar nicht an ein Parlament, das die Menschen Europas gewählt haben. Nein, die Mitglieder des EG-Rates oder der EG-Kommissionen werden von den Regierungen der Mitgliedsländer ernannt. Demokratie ade. Das Europäische Parlament ist eine Scheinregierung, denn sie hat keinerlei wirkliche Befugnisse. Die nicht gewählten EG-Kommissionen übernehmen immer mehr elementare Entscheidungen in den Mitgliedsstaaten. Diese Art Regierung ist ganz im Sinne der Illuminati und schon ein großer Schritt in ihre „Eine-Welt Regierung". Die kleinen Länder, die nicht in so einem Bündnis sind, sind bei den internationalen Bankiers so hoch verschuldet, daß ihnen gar nichts anderes mehr übrig bleiben wird, als sich ihnen zu unterwerfen.

Es sollte in diesem Kapitel darum gehen aufzuzeigen, daß es Pläne gibt, die Zivilisationen der Erde soweit zu destabilisieren, bis sie sich freiwillig einer ordnenden Regierung unterwerfen. Ein paar Zitate aus den Protokollen der Weisen von Zion sollen diesen Verdacht belegen:

aus Protokoll I: *Es genügt, ein Volk eine gewisse Zeitlang der Selbstregierung zu überlassen, um es in ordnungslosen Pöbel zu verwandeln. (...) Die Zwingherrschaft des Kapitals, das ganz in unseren Händen ist (...) sie werden die Beute des Parteizwistes, der jede Art von Verträgen verhindert (...) Laßt daher bei unseren Plänen unsere Aufmerksamkeit nicht so sehr darauf richten, was gut und moralisch, als darauf, was notwendig und nützlich ist. (...) Ohne unbeschränkte Zwingherrschaft kann keine Zivilisation bestehen. (...) Die Völker der Gojim sind entnervt von alkoholischen Getränken; ihre Jugend ist durch Klassizismus und frühe Unsittlichkeit verdorben, in die sie von unseren besonderen Agenten geführt worden ist. (...) In früherer Zeit waren wir die ersten, die in die unteren Volksmassen die Worte „Freiheit, Gleichheit, Brüderlichkeit" hineinwarfen. (...) die Vernichtung der Vorrechte, oder...Existenz des Adels der Gojim, jener Klasse, welche der einzige Schutz war, den Völker und Länder gegen uns besaßen...*

aus Protokoll II: *Es ist für unsere Zwecke unerläßlich, daß Kriege, soweit als möglich, keine Landgewinne zur Folge haben. (...) Die Intellektuellen der Gojim (...) werden alle Ergebnisse der Wissenschaft ohne ihre logische Bestätigung in die Tat umsetzen. (...) Denken Sie an die Erfolge, die wir mit dem Darwinismus, Marxismus, Nietzscheismus errungen haben. Wir Juden sollten in jeder Beziehung klar erkennen, welche unermeßlichen Verwüstungen diese Richtungen in den Geistern der Gojim angerichtet haben. (...) Dank der Presse haben wir das Gold in unsere Hände gebracht, wenn wir es auch aus Meeren von Blut und Tränen schöpfen mußten. Aber es hat uns geholfen, wenngleich wir manche der Unseren geopfert haben.*

aus Protokoll III: *Wir erscheinen als berufene Retter der Arbeiter von ihrer Bedrückung, wenn wir ihnen vorschlagen, in die Reihen unserer Streitkräfte einzutreten - Sozialisten, Anarchisten, Kommunisten. (...) Denken Sie an die französische Revolution (...) denn sie war ganz das Werk unserer Hände. Seit jener Zeit haben wir die Völker von einer Enttäuschung zur anderen geführt, so daß sie sich zuletzt nach dem Belieben des Zwingkönigs aus dem Blute Zion*

*richten werden, den wir der Welt geben werden. (...) Das Wort „Freiheit"
bezeichnet die Bestrebungen der Menschen, die gegen jede Art Gewalt kämpfen (...) selbst gegen Gott und die Naturgesetze.*

aus Protokoll IV: *Die nichtjüdische Freimaurerei dient uns blindlings (...)
weshalb es unerläßlich ist, allen Glauben zu unterwühlen, den wahren Begriff
der Gottheit und des Geistes aus ihren Sinnen zu reißen...*

aus Protokoll V: *Unser Königreich wird seine Zwingherrschaft so machtvoll aufrichten, daß es in jedem Augenblick und in jedem Orte in der Lage ist,
alle Gojim zu vernichten, die sich uns in Wort oder Tat widersetzen. (...) die
öffentliche Meinung durch Kritizismus zu schwächen, sie von ernsten Überlegungen wegzuführen...*

aus Protokoll VI: *Was wir brauchen, ist, daß die Industrie dem Lande beides, Arbeit und Kapital, entzieht... (...) alle Maßnahmen ergreifen, um alle
gebildeten Gojim vom Angesicht der Erde zu vertilgen.*

aus Protokoll VII: *In ganz Europa, und (...) auch in anderen Erdteilen,
müssen wir Gärungen, Zwiespälte und Feindseligkeiten schaffen.*

aus Protokoll IX: *Denn der Antisemitismus ist für uns und die Geschäfte
unserer kleineren Brüder unerläßlich. (...) Und die Waffen in unseren Händen
sind unbegrenzter Ehrgeiz, brennende Habgier, erbarmungslose Rachsucht,
Haß und Groll. (...) Wir haben die Jugend der Gojim irregeführt, getäuscht
und verdorben, indem wir sie nach Grundsätzen und Theorien erzogen, die uns
zwar als falsch bekannt sind, die wir ihnen aber dennoch einschärfen.*

aus Protokoll XII: *Keine einzige Ankündigung wird ohne unsere Kontrolle
in die Öffentlichkeit gelangen. Das wird ja auch schon jetzt erreicht, insofern,
als die Nachrichten aus aller Welt in einigen wenigen Agenturen zusammenlaufen. Diese Agenturen werden von uns bereits kontrolliert...*

aus Protokoll XIV: *Wenn wir unser Königreich aufgerichtet haben, wird es
uns unerwünscht sein, wenn es darin noch eine andere Religion geben sollte
neben der unseren von dem Einen Gott, an den unser Schicksal als auserwähltes Volk geknüpft ist...*

aus Protokoll XVI: *So werden wir künftig das Aufkeimen jeder freien Meinung zu verhindern wissen...*

aus Protokoll XVII: *Wenn endlich die Zeit gekommen ist, die päpstliche
Macht zu zerstören, wird der Finger einer unsichtbaren Hand die Völker auf
den Vatikan hinweisen. (...) Der König der Juden wird der wahre Papst des
Weltalls sein, der Patriarch einer unsichtbaren Kirche.*

Wenn Sie also nicht verstehen, warum die Menschen nicht vernünftiger miteinander umgehen, sehen Sie nun vielleicht, daß das so gewollt
ist. Wenn Sie nicht verstehen, warum in der modernen Kunst heute
eine schwarze Leinwand mit einem Strich drauf bei einer Auktion hunderttausend Dollar erzielen kann, dann lesen Sie die 'Protokolle'.
Wenn Sie sich fragen, warum man heute nicht mehr weiß, was man
noch glauben soll, dann ist das keine zufällige Verwirrung. Wenn Sie
sich fragen, warum in der Politik nur noch schwer nachvollziehbare
Entscheidungen getroffen werden, lautet die Antwort: es gibt Leute, die
das so gewollt haben und sich insgeheim über die dummen Menschen

ins Fäustchen lachen. Die Illuminaten wissen, daß all das, was sie verbreiten, schädlich ist, daß die Wissenschaften, auf denen unser heutiges Weltbild basiert, falsch sind. Sie *wollen*, daß wir verwirrt sind.

Beruhigend ist daher festzustellen, daß die großen Manipulatoren ihre Ziele nicht immer durchsetzen können, da sie untereinander zerstritten sind und es ebenso achtsame Politiker gibt, die wissen, woher der Wind weht, und somit nicht jeder Versuch der Illuminaten zum erwünschten Erfolg führt.

Der Rußlandkenner Uschkujnik beschreibt in seinem Buch „Paradoxie der Geschichte" (dessen Beschlagnahme jüngst aufgehoben wurde) beeindruckend die russische Geschichte; die Ermordung der Zarenfamilie durch die Juden Swerdlow, Goloschtschekin und Jurowsky und die anschließende Errichtung einer jüdisch/freimaurerischen Herrschaft, dann die Oktoberrevolution 1917 und die Säuberungen Stalins, der nur Handlanger für die jüdischen Hintermänner war, die in der Folgezeit Millionen der fähigsten Köpfe Rußlands, die ihnen kritisch gegenüberstanden, in Arbeitslager steckten und dort verrecken ließen.

Sowohl in Amerika als auch in Rußland befand sich zu der Zeit die - von dem Ehepaar Rosenberg an Rußland verratene - Atomwaffentechnologie unter der Leitung von Juden; unter Strauss in Amerika und unter Berija in Rußland.

Doch dann wurde die Schattenregierung Rußlands 1953 von Marschall Schukow gestürzt, ohne daß die Welt davon erfuhr. Eine Verschwörung war bei der völligen Kontrolle durch die Geheimpolizei unmöglich. So verlegte er im Alleingang zwei Panzerdivisionen angeblich für ein Manöver nach Moskau und konnte die völlig überraschte - komplett jüdische - Staatspolizei in der Lubjanka innerhalb von Minuten schlagen. Die weltweiten, gesteuerten Medien erwähnten dieses Ereignis mit kaum einem Wort, lediglich machte sich fortan der Haß der Medien gegen das der Kontrolle entronnene Rußland bemerkbar.

Auch die Perestroika und der Fall der Berliner Mauer geschahen entgegen der Pläne der Illuminaten, obwohl sie sicherlich weiterhin versuchen werden, die neue Situation zu manipulieren. Die Errichtung der Eine-Welt-Regierung klappt also nicht ganz so wie geplant.

Es heißt, jedes Land hat die Regierung, die es verdient. Tatsächlich ist auch der drolligste Präsident oder Kanzler nur ein Spiegelbild des Durchschnitts des nationalen Bewußtseins. Gleiches gilt auch für den ganzen Planeten; die Illuminati und andere negative Kräfte können nur in dem Maße erfolgreich sein, wie das Massenbewußtsein es zuläßt.

Und da zeichnet sich durchaus Hoffnungsvolles ab. Wir sind dabei, das Joch der Unterdrückung abzuschütteln und selber die Herrschaft zu übernehmen.

Dies nur zur Beruhigung zwischendurch. Denn wir sind noch lange nicht aus den niederen Gefilden der Geheimnisse heraus, haben noch etliche Einsichten in irdische Sumpflöcher vor uns. Vorenthalten wird uns nämlich auch das Wissen um das, was sich um die Erde herum - im Weltraum also - abspielt.

Haben Sie sich jemals gefragt, warum es seit mehr als 20 Jahren keine Mondlandung mehr gegeben hat? Und warum nicht als nächster logischer Schritt eine bemannte Marslandung versucht worden ist? Weil sie unrentabel ist? Unsinn! Die Menschen haben immer versucht, unentdecktes Land zu erobern, und sei es nur, um als erste da zu sein. Wissenschaftliche Erkenntnis und archäologische Funde oder Bodenschätze; es gibt genügend Gründe, Menschen auf den Mars zu schicken. Und da einige Leute ja von einer großen Überbevölkerung sprechen, wäre die Entdeckung neuer Lebensräume um so wichtiger.

Haben Sie sich auch mal gefragt, was mit der Marssonde Phobos passiert ist, daß sie auf einmal aufhörte zu senden und als letztes Bild ein Objekt zeigte, das auf sie zukam? Warum zwei russischen Marssonden ein ebensolches Schicksal widerfuhr? Haben sie schon von den Mars-Pyramiden und dem Mars-Gesicht gehört? Alles nur Quatsch?

Nun, im nächsten Kapitel werden wir sehen, daß es möglicherweise einen guten Grund gibt, warum keine offiziellen Flüge zum Mond und zum Mars mehr stattfinden. Denn offenbar gehen dort geheime Projekte vor sich, was die Öffentlichkeit nicht erfahren darf, da damit unweigerlich Offenbarungen über Vorgänge verbunden wären, die die Menschheit zutiefst schockieren würden.

Kennedy und die Ufos

Um zu verstehen, daß wir über Vieles, was geschieht, nicht richtig informiert werden, ist die Geschichte der Ermordung John F. Kennedys gut geeignet, da sie nicht in grauer Vorzeit liegt, sondern wir heute noch durch das vorliegende Bildmaterial eine gute Vorstellung von dem schockierenden Erlebnis haben, als Amerika seine Unschuld verlor.

Auf den ersten Blick hat das nichts damit zu tun, daß die Menschheit längst mit Außerirdischen Kontakt hat, diese Verbindungen aber geheimgehalten werden, daß Terroristen und Drogenschmuggler oftmals Angehörige der Regierungen sind, und daß John F. Kennedy sterben mußte, weil er im Begriff war, ein paar dieser Dinge laut zu sagen.

Nachdem am 22. November 1963 in Dallas die tödlichen Schüsse auf den amerikanischen Präsidenten gefallen waren, offenbarte sich eine Zusammenarbeit der verschiedensten Dienststellen der USA, nicht etwa bei der Aufklärung, sondern eher bei der Vertuschung der genauen Tatumstände. Zwar wurde der Weltöffentlichkeit sehr schnell der angebliche Mörder Lee Harvey Oswald präsentiert, aber schon bei oberflächlicher Betrachtung einiger Fakten wird deutlich, daß die Wahrheit woanders liegen muß. Daß es Geheimnisse gibt, die unter allen Umständen geheim gehalten werden müssen, weil die Verantwortlichen dort stecken, wo die Geschicke des Volkes gesteuert werden: in der Regierung.

Denn wenn der Killer ein Einzeltäter gewesen ist, wieso entschieden dann die Gerichte, daß die Akten über das Attentat für 75 Jahre unter Verschluß bleiben sollen - also bis zu einer Zeit, in der alle Personen, die an der Tat beteiligt gewesen sind, mit großer Sicherheit tot sein werden? In einem scheinbar freiheitlichen, demokratischen Land, in dem Gerechtigkeit und Aufdeckung von „Schweinereien" zur Lebensgrundlage gehören, kann das nur bedeuten, daß die Personen, die diese Entscheidung fällten - und sie bis heute hinnehmen - selber durch die Freigabe der Akten belastet würden. Kann irgend etwas deutlicher darauf hinweisen, daß die Drahtzieher dieses Verbrechens genau dort zu suchen sind, wo die Interessen des amerikanischen Volkes bestimmt werden? Die Unterlagen können bis heute trotz des „Freedom of Information Act" (US-Gesetz vom 4. Juli 1974 über das Recht der Öffentlichkeit auf Informationen) nicht eingesehen werden.

Wenn, wie die offizielle Schuldzuweisung war, der Verrückte Lee

Harvey Oswald die tödlichen Schüsse aus dem Schulbuchlager von Dallas abgegeben hätte, das sich schräg hinter der Präsidentenlimousine befand, hätte Kennedys Kopf durch die Schüsse nach vorne gerissen werden müssen. Auf dem Amateurfilm, den der Zeuge Zapruder bei der Präsidentenparade drehte, ist jedoch eindeutig erkennbar, daß der Kopf von Kennedy zurückgerissen wurde.

Auch die erste Untersuchung der Leiche zeigte, daß die tödlichen Schüsse von vorne gekommen waren. Die Mediziner im Parkland Memorial Hospital wurden von Militärs (!) bei der Autopsie angewiesen, bestimmte Untersuchungen zu unterlassen. Die Leiche Kennedys wurde zwei Stunden nach dem Attentat mit der Air-Force One - dem Präsidentenflieger, in dem dann auch Kennedys Nachfolger Lyndon B. Johnson in Eile vereidigt wurde - aus Dallas herausgeflogen. Dabei gilt bei einem Staatsstreich - und nichts anderes ist die Ermordung eines Präsidenten - daß die Untersuchung von zivilen Stellen zu erfolgen hat.

Es gibt Aussagen von Zeugen, die behaupten, daß von einem Grashügel gegenüber des Schulbuchlagers Schüsse abgegeben wurden und daß dort verdächtige Personen mit Gewehren hantierten. Zeugen, die diesbezügliche Aussagen machten, wurden von der Warren-Kommission nicht berücksichtigt, einige kamen auf merkwürdige Weise um.

Lee Harvey Oswald hätte von seinem angeblichen Versteck aus zum Zeitpunkt des Attentats gar keine freie Sicht auf den Präsidenten gehabt, da die Schußlinie von einem Baum verdeckt war. Sein angeblich verwendetes Gewehr war zu so genauen Schüssen gar nicht konstruiert, das Visier war verstellt, es waren keine Fingerabdrücke Oswalds darauf zu finden, ein Nitrattest bei ihm erwies sich als negativ.

Brisant ist auch die Frage, warum der Präsidentenwagen kurzfristig von der Hauptstraße auf eine Nebenstraße umgeleitet wurde, wo die Schüsse erst möglich wurden. Obwohl schon vorher vor einem Attentat gewarnt wurde, fuhr der Wagen offen, ohne schützendes Glasverdeck. Das Buch von Staatsanwalt Jim Garrison, auf dem auch der Film „JFK" von Oliver Stone beruht, weist so viele Ungereimtheiten auf, daß es Seiten füllen würde, nur die wichtigsten aufzulisten.

Schon die Vergangenheit Lee Harvey Oswalds weist erhebliche Merkwürdigkeiten auf. Oswald, der als Ex-US-Soldat nach Rußland auswanderte, dort 15 Monate blieb und anschließend problemlos in die USA zurückkam - unvorstellbar in einer Zeit des kalten Kriegs und der Kommunistenhetze - bekam gleich nach der Rückkehr Jobs bei Firmen, die normalerweise strengste Sicherheitsüberprüfungen voraussetzen, u.a. in der Firma Jagger-Stoval-Chiles, die für das Pentagon militärische Landkarten herstellte.

Die Einzeltäter-These ist völlig unglaubhaft, wenn man bedenkt, wieviele unterschiedliche Stellen bei der Kennedy-Verschwörung beteiligt waren: Wie viele mußten manipuliert werden, damit die Warnungen fünf Tage vor dem Anschlag nicht berücksichtigt wurden, damit Polizisten verdächtige Gestalten übersahen, die Gewehre trugen, Fluchtfahrzeuge nicht aufgehalten wurden, Patronenhülsen verschwinden konnten und andere plötzlich wieder auftauchten, Fotos gefälscht oder beschlagnahmt wurden, etc. etc. Die Polizei von Dallas, die Mordkommission, das FBI, die CIA, die Gerichtsmediziner, die Warren-Untersuchungskommission, Richter, bis hin zu den Medien, wie „Life", „Time" und sogar die „Johnny Carson Show", in der Jim Garrisson auftrat und nicht die mitgebrachten Beweisfotos zeigen durfte - sie alle unterdrückten die Wahrheit um die Ermordung des amerikanischen Präsidenten John F. Kennedy - und tun es bis heute.

So müssen wir uns also fragen, was der Grund für diese Tat war. Denn so viele Pannen hätte es nicht geben dürfen. An der Planung kann es nicht gelegen haben, denn es gab keine, möchte man da unken. Es sind aber doch etliche Personen nötig gewesen, um das Attentat erst möglich zu machen.

Die kühne Behauptung - unter anderem von Ex-CIA-Agenten wie Milton William Cooper - ist nun, daß John F. Kennedy wußte, daß Teile der Regierung Kontakte mit Außerirdischen hatten. Kontakte, die leider nicht der Fortentwicklung der Menschheit dienten, sondern von habsüchtigen Geheimdienstlern für ihre Zwecke ausgenutzt wurden.

Viele Menschen befassen sich mit der Frage, ob der Besuch unserer Erde von Außerirdischen möglich oder wahrscheinlich ist. Die verbreitetste Ansicht ist wohl, daß es zwar Leben im Universum gibt, aber die Entfernungen zu gigantisch sind, als daß es zu Kontakten zwischen den Sternenvölkern kommen könnte. Dies ist die Position offizieller Stellen zu dem Thema, da sie einigermaßen annehmbar ist. Allerdings ist sie auch weitgehend unbefriedigend. Denn es gibt Millionen von UFO-Sichtungen auf der ganzen Welt, und je mehr man sich damit befaßt, desto mehr Berichte findet man - sogar aus allen Zeiten der Menschheitsgeschichte.

Schon in Aufzeichnungen früherer Menschheitsepochen, in Felszeichnungen und Kirchenbüchern finden sich Hinweise auf unbekannte Flugobjekte. Erich von Däneken und andere meinen, die Bibel sei

voll von Begegnungen mit UFO-Besatzungen, besonders die Gotter-
scheinung von Hesekiel lese sich wie eine Begegnung der Dritten Art.

So muß man sich fragen, ob sich irgendwelche Spinner mit UFO-
Berichten wichtig tun wollen, oder ob nicht doch etwas dran ist. Die
Ansicht, daß sich Millionen Menschen aus allen Gesellschaftsschich-
ten UFO-Geschichten ausdenken, um damit eine Aufmerksamkeit zu
erlangen, die sie sonst nicht bekommen würden, ist wohl eher zu verneinen. Tatsächlich setzt man sich doch eher der Lächerlichkeit aus,
wenn man behauptet, ein UFO gesehen zu haben. Und Zeugen, deren
Aussagen ansonsten von jedem Gericht der Welt anerkannt würden,
werden bei UFO-Meldungen schlicht belächelt. Warum ist es so
schwer, ihnen zu glauben? So viele Verrückte und notorische Lügner
kann es doch gar nicht geben, zumal es schon einer gewissen
„kriminellen Energie" bedarf, um bei einer erlogenen Geschichte zu
bleiben, ohne sich in Widersprüche zu verwickeln. Die Erklärung, daß
all diese Leute ein Flugzeug oder einen Wetterballon leichtfertig als
UFO ausgeben, ist auch eher unglaubwürdig, zumal es oft Sichtungen
durch Militärs und Piloten gibt, die sich mit fliegenden Objekten be-
rufsmäßig besonders gut auskennen.

In den moderneren Zeiten tauchten sie gehäuft ab 1947 in New
Mexico auf, dort, wo die Amerikaner in streng geheimen Labors in
Los Alamos an der Atombombe bastelten. Für viele ein Hinweis darauf, daß sich Außerirdische Sorgen um die atomare Zerstörung der
Erde machten und daher massiert in der folgenden Zeit besonders über
militärischen Einrichtungen erschienen. Skeptiker fragen, warum sie
nicht „offiziell" mit uns Kontakt aufnehmen, aber vielleicht haben sie,
wie die Leute von der Fernseh-Enterprise eine oberste Regel der
Nicht-Einmischung in die Entwicklung fremder Zivilisationen.

UFO-Sichtungen werden von Millionen von Menschen auf der
ganzen Welt gemeldet, von ernstzunehmenden Piloten, Wissenschaftlern und Polizisten genauso wie von unbedarften Landeiern. 1947
sollen sogar UFO's in der Wüste von New Mexico abgestürzt sein,
und viele Menschen sind überzeugt, daß die Regierung der USA und
anderer Länder bereits sehr viel mehr über die Außerirdischen wissen,
als sie zugeben wollen. Was wird zurückgehalten?

Fotos und Filmmaterial gibt es tonnenweise, werden aber in den
Massenmedien eher stiefmütterlich behandelt. Auf Anordnung von
oben, weil die UFO-Kenntnis die Interessen bestimmter Regierungs-
und Wirtschaftsgruppen gefährden würde? Einige Fotos wurden als
Fälschungen entlarvt, aber längst nicht alles kann man wegerklären.

Die Fälschungen könnten auch zu der Desinformationsarbeit der Geheimdienste gehören.

Auch ist nicht ausgeschlossen, daß es Leben sogar in unserem Sonnensystem gibt. Das wird zwar von der Wissenschaft abgelehnt, aber nicht alles, was uns berichtet wird, ist widerspruchsfrei. So wird uns gesagt, auf dem Mars gebe es nur eine sehr dünne Atmosphäre, die kein Leben ermögliche. Dennoch landeten die bisherigen Viking-Marssonden an Fallschirmen. Wenn die Atmosphäre so dünn wäre, wie behauptet, müßten solche Fallschirme viele Kilometer groß sein, um einen Bremseffekt zu haben. Auf der Venus herrschen angeblich Temperaturen um die 400 Grad und eine undurchdringliche Wolkendecke. Doch kann man angebliche Polkappen auf der Venus beobachten - und das bei 400 Grad?

Nun, das Universum ist voller Leben. Tote Planeten, die einfach nur so durch den Weltraum eiern, gibt es nicht. Auch ist außerirdisches Leben nicht immer so leicht erkennbar. Immerhin, wenn eine außerirdische Sonde, ähnlich den Viking-Sonden auf dem Mars, mitten in den Alpen landete, würde sie auch vermuten, daß dort kein höheres Leben existieren kann. Und natürlich gibt es Leben auf den höheren Schwingungsebenen, die wir weder sehen, noch meßtechnisch feststellen können. Und es gibt Wesen, die im Inneren von Planeten leben.

Wer meint, daß ein Besuch der Erde von außerirdischem Leben wegen der großen Entfernungen ausgeschlossen ist, sollte sich überlegen, daß die Lichtgeschwindigkeit nur auf unserer Schwingungsebene die höchste „machbare" Geschwindigkeit ist. Daß die Materie aber durchaus in andere Schwingungszustände versetzt werden kann. Zudem sollte man unseren wissenschaftlichen Status Quo nicht als absolute Wahrheit ansehen. Vor noch wenig mehr als hundert Jahren war es gesicherter Stand der Wissenschaft, daß eine Geschwindigkeit von mehr als 36 Stundenkilometern zwar theoretisch möglich, aber unbedingt tödlich für lebende Wesen sei, und daß etwas, das schwerer ist als Luft, niemals fliegen könne. Seitdem sind die Menschen auf dem Mond gewesen. Eine Zivilisation, die in ihrer Entwicklung Hunderte, Tausende oder Millionen Jahre weiter ist als wir, braucht sich an die von uns als wissenschaftlich anerkannten Beschränkungen nicht unbedingt zu halten.

Die Flugeigenschaften der UFOs sind offenbar phänomenal; scheinbar nicht an physikalische Gesetze gebunden, können sie aus unglaublicher Geschwindigkeit urplötzlich abstoppen, ohne den geringsten „Bremsweg" oder Zeichen von Masseträgheit, sie können ihre Flugbahn um 90 Grad ändern, und das alles bei Geschwindigkeiten, daß bei solchen Manövern Beschleunigungskräfte auftreten würden, bei denen einem nicht nur schon vom Zusehen speiübel wird, sondern die normalerweise jedes bekannte Lebewesen sofort töten würden. Jedoch erzeugt das Antriebssystem der UFOs offenbar eine Sphäre, die nicht von den üblichen physikalischen Phänomenen abhängig ist.

In Roswell, New Mexico, geschah dann auch jener spektakuläre Zwischenfall, der gerade in unseren Tagen wieder eine gewisse Aktualität erlangt, da angeblich Filme aus der Zeit aufgetaucht sind, die die Obduktion eines Außerirdischen durch das amerikanische Militär vor fast fünzig Jahren zeigen. Der Film wurde bisher sehr genau untersucht, ob er nicht eine raffinierte Fälschung ist. Bisher hat man noch keinen handfesten Beweis dafür gefunden. Man kann das Filmmaterial schon genau daraufhin analysieren, aus welcher Zeit es stammt. Es wäre heute unmöglich, eine Fälschung auf Filmen zu produzieren, die 50 Jahre alt sind. Und nach den Untersuchungen von Film-Fachleuten stammt der Film aus der Zeit des sogenannten Roswell-Zwischenfalls. Ob der Film echt ist oder nicht, ist jedoch nicht ausschlaggebend dafür, ob das UFO-Phänomen echt ist oder nicht.

Viele Geheimdokumente über UFOs sind inzwischen an die Öffentlichkeit gelangt, und man muß sich fragen, warum es tonnenweise Geheimakten über etwas gibt, was nur der übersteigerten Phantasie einiger UFO-Spinner entstammen soll.

Am 6. Juli 1947 fand der Farmer W.W. Brazel auf seiner Ranch in Corona (bei Roswell) unbekannte Wrackteile, und der örtliche Sheriff informierte die Air-Force-Base in Roswell. Am nächsten Morgen berichtete Lieutenant Walter Haut, der Presseoffizier der 8. Air Force Base, den Medien über den Vorfall. In der Lokalzeitung „Roswell Daily Record" erschien ein Artikel mit der Überschrift „RAAF Captures Flying Saucer On Ranch in Roswell Region". Über Associated Press verbreitete sich die Nachricht im ganzen Land, daß die Airforce im Besitz einer fliegenden Untertasse war. Wenig später jedoch wurde der Bericht dementiert. Man informierte die Presse, daß es sich bei dem gefundenen Objekt um einen Wetterballon handelte. Bis heute, 45 Jahre später, weigern sich Zeugen und die Soldaten, die die „Ballonreste" geborgen haben, über den Vorfall zu reden. Auch sind diese bis heute nicht zur Untersuchung freigegeben worden. Ziemlich viel Geheimniskrämerei um einen abgestürzten Wetterballon. Außerdem sollte man sich überlegen, daß ein Offizier der Luftwaffe nicht leichtfertig der Presse gegenüber von einem UFO spricht, wenn er sich nicht verdammt sicher ist, daß es sich *nicht* um einen Wetterballon handelt. Der Farmer Brazel und viele andere berichten, daß an der Fundstelle seltsame Teile gefunden wurden, die eindeutig nicht von Menschen geschaffen waren. Sehr leichtes, aber extrem stabiles Material, leicht wie Balsaholz und doch so fest, daß es nicht mal mit einem Vorschlaghammer gelang, es zu verformen. Dennoch wurde allen Zeugen unter Androhung schwerster Strafen bis zum „Beseitigen" verboten, über die Funde zu berichten.

Von Ex-CIA-Mann Cooper erfahren wir, was dann geschah: In der Wright Patterson Air Force Base wurde eine Sonderabteilung aus Amerikas Topwissenschaftlern gebildet, die sich mit den Phänomenen befassen sollte. Majestic 12 oder auch Majic 12, bestehend aus Admiral R. Hillencoetter, Dr. Vannevar Bush, Secretary Forrestal, General Twining, General Vandenberg, Dr. Bronk, Dr. J. Hunsaker und einigen anderen hochrangigen Personen. Einige Geheimdokumente sind offenbar 1984 ans Licht gekommen, die die Vorgänge beweisen. In Michael Hesemanns sehr umfangreicher Dokumentation „Geheimsache U.F.O." sind etliche freigegebene Dokumente (mit geschwärzten Stellen) abgedruckt, die die Existenz von MJ12 belegen.

Der CIA geht auf die „Central Intelligence Group" zurück, die kurz nach den UFO-Erlebnissen gegründet wurde. Ebenso wurde die NSA, die „National Security Agency" gegründet. Ist doch merkwürdig, daß in der Zeit nach dem Krieg mehr Geheimdienste gegründet wurden als vor oder während des Krieges. Tatsächlich ist die Spionage gegenüber feindlichen Regierungen nur ein Vorwand, um die Geheimdienste mit den Geldern zu versorgen, die sie für die Verschleierung der außerirdischen Projekte brauchen. Es gibt eine geheime Abteilung des Militärs, die „Blue Berets", die für die Bergung von UFOs zuständig ist. Sie verfügen über nicht gekennzeichnete, schwarze Hubschrauber, die von Zeugen immer wieder in der Nähe von UFO-Schauplätzen beobachtet werden. Für die Öffentlichkeit wurde das „Project Blue Book" gegründet, das die Öffentlichkeit gezielt mit gefälschten UFO-Aufnahmen versorgte und UFO-Zeugen der Lächerlichkeit preisgab.

Wendell Stevens ist Oberst-Leutnant A.D. der United States Air Force. Im zweiten Weltkrieg war er Kampfflieger. Er sagte in einem Interview: *"Zu Ende des Krieges war ich Captain in der Luftwaffe, und ungefähr in der Zeit ab 1943 bekamen wir merkwürdige Berichte von Foo-Fighters, Feuerball-Geräten. Es waren Kugeln von hellem Licht, manchmal helles, grünes, manchmal helles, oranges Licht, manchmal so groß wie ein*

Basketball, manchmal viel größer, die in Formation mit unseren Bombern flogen und dort blieben. Man konnte sie nicht abschießen, nicht abschütteln, egal, welches Manöver man versuchte, sie blieben exakt in derselben Position. Ich hatte Freunde, die von diesen Dingern berichteten, die außerhalb des Cockpits ihrer Bomber auftauchten und nur 10 bis 15 Fuß entfernt waren. Und jedes Manöver, das sie sich ausdenken konnten, abtauchen, rollen usw., um diese Feuer-Kugeln loszuwerden - sie blieben in exakt der gleichen Position. Dies war eine Technologie, die weit über alles hinausging, was wir je irgendwo auf der Erde kennengelernt hatten. Wir dachten, diese Objekte waren von den Deutschen hergestellt worden, weil sie unsere Gegner zu der Zeit waren. Wir dachten, sie hätten eine neue Technik entdeckt, da wir schon anderen Fluggeräten begegnet waren, die zwischen unseren Bombern mit sehr hoher Geschwindigkeit umherflogen, die ebenso glühende "Schwänze" hatten. Wir hatten enge Kontakte mit diskusförmigen Fluggeräten, nicht so dicht, wie man sich wünschte, die aber den Bomber-Formationen folgten. Wir wußten, daß die deutschen Raketen perfektioniert worden waren, und wir dachten, all dies wäre lediglich eine Weiterentwicklung dieser Raketentechnologie. Und wir dachten, sie wären irgendwo von den Deutschen hergestellt worden. Wir nannten sie Foo-Fighters, und wir bekamen eine Menge Berichte über Foo-Fighters, durch das ATIC (Air-Technical-Intelligence-Center), wo ich später hinkam, in die Abteilung für fremde Technologien, wo ich einen Schreibtisch hatte und ich diese Berichte studieren konnte. Es kamen so viele Berichte vom Hauptquartier herein, daß sie ein Handbuch über Foo-Fighters herausgaben. Es war eine Sammlung von Berichten der Piloten über solche Begegnungen im Dienst. Und wir wußten zu der Zeit nicht, woher sie kamen oder von wem sie kamen, weil, als der Krieg in Europa endete, erlebten wir die gleichen Vorfälle im Pazifischen Raum. Und dann, nach dem Krieg, kamen wir dahinter, daß auch die Deutschen solche Begegnungen mit grünen und orangenen Feuerbällen gehabt hatten, und sie hatten gedacht, diese Feuerbälle wären unsere gewesen. Und die Japaner begegneten ihnen im Nordpazifik, und sie dachten, es wären unsere, und wir dachten, sie kämen von ihnen.

Im Nachhinein sieht es so aus, daß diese spezielle Formation von glühenden Feuerbällen eine massive Energieform außerirdischen Ursprungs war, die gebraucht wurde, um Daten zu sammeln, über die Piloten, sie zu beobachten, ihre Psychologie zu studieren, oder was auch immer.

Sie waren einfach da und wurden ständig gesichtet, und wir glauben heute, und wir glaubten Ende der 50er Jahre, daß diese Feuerbälle von anderen, größeren Fluggeräten kontrolliert und gesteuert wurden, die wir heute als fliegende Untertassen und fliegende Zigarren kennen. Und daß es Sonden waren, die von den Insassen dieser Fluggeräte ausgesetzt und wieder eingeholt wurden, um Daten zu sammeln."

Alle Luftwaffenstützpunkte bekamen den Befehl, UFO-Meldungen als geheim einzustufen und an das ATIC zu melden. Nur noch Falschmeldungen oder unechte UFO-Sichtungen durften bekanntgegeben werden. Als Strafe für öffentliche Verlautbarungen über „echte" UFOs wurden 10 Jahre Gefängnis und 10000 Dollar Strafe angedroht.

Wenig später wurde diese Strafandrohung auch auf Piloten der zivilen Luftfahrt ausgedehnt. Als der Leiter des National Investigations Committee on Aerial Phenomena (NICAP) Major Donald Keyhoe in einer Sendung der CBS am 22. Januar 1958 auspacken wollte, wurde ihm während der Sendung der Ton abgedreht.

Verteidigungsminister James Forrestal, der in der Öffentlichkeit über die Kontakte mit den Außerirdischen redete, wurde wegen angeblicher nervlicher Überlastung in das Bethesda Marine Hospital eingeliefert und stürzte wenig später aus einem Fenster zu Tode. Angeblich war es Selbstmord. Offiziell jedenfalls...

Bei einem der UFO-Abstürze fiel den Amerikanern in dieser Zeit auch ein lebender Außerirdischer in die Hände. Ein kleines Wesen mit großem, haarlosem Kopf, dünnen Armen und Beinen, schräggestellten Augen und kleiner Nase. Man nannte ihn EBE, die Abkürzung von Extraterrestial Biological Entitiy, und versuchte, von ihm mehr über die Motivationen seiner Rasse herauszufinden. Er und seine Leute stammten nach seiner Aussage vom vierten Planeten der Sonne Zeta Reticuli.

EBE wurde gegen Ende 1951 krank, und, da man den unbekannten Metabolismus, der auf Chlorophyll aufgebaut war, nicht verstand und behandeln konnte, starb er 1952.

Trotz des kalten Krieges hielt Truman sowohl die Alliierten als auch die Sowjetunion über die Kontakte mit den Außerirdischen auf dem Laufenden. 1953 kam es zu einem direkten Kontakt zwischen den Geheimdienstlern und den Außerirdischen. Der Film „Unheimliche Begegnung der Dritten Art", in dem so eine Begegnung dargestellt wird, wurde von der NASA finanziert und stellt die Außerirdischen weitaus niedlicher dar, als sie es tatsächlich sind. Auch „E.T." war ein Sympathiefilm für die Jungs von Zeta-Reticuli.

Zur gleichen Zeit nahm noch eine andere Rasse von Außerirdischen Kontakt mit der US-Regierung auf, ethisch hochstehende Humanoide, die den Menschen recht ähnlich sahen. Diese warnten die Amerikaner vor den Grauen. Sie warfen den Menschen (zu recht) vor, daß sie ihre technischen Möglichkeiten nicht positiv einsetzen, sondern sich gegenseitig mit Vernichtung bedrohten, ihren Planeten systematisch ausbeuten und vergiften. Als Vorbedingung für eine Zusammenarbeit verlangten sie den Abbau aller nuklearen Waffen. Die US-Regierung hielt aber gar nichts von dieser Forderung, immerhin befanden sie sich in einem kalten Krieg und nicht auf einem Picknick, und so kam es zu keiner Vereinbarung. Stattdessen ließen sich die Amerikaner mit den ethisch offenbar nicht so hochstehenden, grauen Außerirdischen ein, die einen Technologietransfer anboten. Die Geheimdienstler schlossen einen Vertrag der gegenseitige Nichteinmischung in die inneren Angelegenheiten beider Seiten und die Geheimhaltung der Anwesenheit der Aliens auf der Erde. Im Gegenzug zu der technologischen Entwicklungshilfe bekamen die Grauen die Genehmigung, Menschen in begrenzter Anzahl zu Zwecken medizinischer Untersuchung zu entführen, mit der Auflage, daß diese nicht zu Schaden kämen, an den Punkt ihrer Entführung zurückgebracht und ihnen die Erinnerungen an die Entführung gelöscht würden. Die Geheimdienstler standen den Grauen in Bezug auf miserable Ethik offenbar in nichts nach.

Die Amerikaner bekamen außerirdische Flugkörper zu Testflügen zur Verfügung gestellt und lernten so die Antigravitations-Technologie kennen. In Groom Lake, Nevada, gibt es das unter UFO-Anhängern berüchtigte „Area 51", auch Dreamland genannt, das weiträumig gegen alle Beobachtungen abgeriegelt ist. Man baute ein paar ähnlich aussehende Flugkörper mit konventioneller Antriebstechnik, die der Presse vorgestellt wurden, um ungewollte Sichtungen von UFOs erklären zu können.

Jedoch hielten sich die Außerirdischen offenbar nicht an das Kleingedruckte des Vertrags; in vielen Teilen der USA fand man in der Folgezeit verstümmelte Leichen und Tierkadaver. Die Umstände sind so frappierend, daß Raubtiere oder auch sadistische Menschen für die Taten nicht in Frage kommen. Oftmals sind mit chirurgischer Präzision Körperteile - fast immer die Genitalien - entfernt, ohne daß irgendwo ein Tropfen Blut gefunden wurde oder Spuren von für solche Operationen nötigen Fahrzeugen. Die „Cattle-Mutilations", wie die Farmer die Tierverstümmelungen bezeichnen, kamen zu Tausenden vor und wurden oftmals schon nicht mehr gemeldet, da weder die Polizei noch die Regierung eine Lösung für die Vorfälle hatte. Sie geschahen sogar, wenn sich die Farmer des Nachts auf die Lauer legten, um den sadistischen Tätern auf die Spur zu kommen, ohne daß jemand etwas merkte.

Ebenso verschwanden überall auf der Welt jedes Jahr Tausende von

Menschen, ohne Spuren zu hinterlassen. Dabei ist es gar nicht so leicht, absichtlich spurlos unterzutauchen, ohne daß man bei irgendeiner Paßkontrolle, Kreditkartenzahlung o.ä. auffällt. Die schockierende Wahrheit wurde den Menschen, die sich mit den kleinen Grauen eingelassen hatten, bald klar; die Außerirdischen benutzten offenbar Menschen und Tiere als Quelle von Drüsensekreten, Enzymen, Hormonen und Blut, sowie für genetische Experimente.

Bei verschiedenen Luftkämpfen zwischen Flugzeugen der Air-Force und außerirdischen Flugkörpern zeigte sich, daß die irdischen Waffen weit unterlegen waren, so daß sie keine Möglichkeit hatten, die Vertragsverstöße der Grauen mit Waffengewalt zu ahnden. Und nun mußten sie natürlich noch mehr dafür sorgen, daß nie jemand hinter die verhängnisvolle Vereinbarung der Geheimdienstler mit den Außerirdischen käme.

Bei seiner Amtseinführung als Präsident versprach Kennedy den Amerikanern, daß sie noch vor Ablauf der 60er Menschen auf den Mond bringen würden. Es kam zum Weltraumwettlauf mit den UdSSR, so daß die Bevölkerung den Einsatz immenser Geldmittel unterstützte. Diese Gelder flossen jedoch nur zum Teil in die Apollo-Technik; sie finanzierten zum großen Teil geheime Projekte, um die Technologie der Außerirdischen nutzbar zu machen.

Es gab noch eine andere Geldquelle: Insider berichten, daß der weltweite Drogenhandel hauptsächlich von der CIA gesteuert wird. Nur ab und zu läßt man Drogenbosse auffliegen, um vor der Öffentlichkeit den Schein des Kampfes gegen die Drogen zu wahren. Über die Bohrinseln vor der Küste Floridas konnten riesige Mengen Drogen ins Land gebracht werden, da die Arbeiter nicht vom Zoll kontrolliert wurden. Ex-Präsident George Bush war vor seiner CIA- und späteren politischen Karriere Chef der Zapata-Oil-Gesellschaft.

Als Kennedy von den außerirdischen Projekten Wind bekam, stellte er den Geheimdienstlern 1963 ein Ultimatum und drohte, die Anwesenheit der Außerirdischen bekannt zu machen, wenn sie nicht mit den Drogengeschäften zur Finanzierung der geheimen Weltraumprojekte aufhörten. Wenig später wurde er vor den Augen der Weltöffentlichkeit ermordet. Die Warren-Untersuchungs-Kommission, die trotz aller Gegenbeweise die Schuld für das Attentat dem Einzeltäter Oswald anlastete, bestand zum größten Teil aus Mitgliedern des CFR (Council on Foreign Relations), das aus jenen Leuten besteht, die mit den Außerirdischen Kontakt haben.

Die Menschen, die in der Zeit zum Ende des 2. Weltkrieges die

Verbindung mit den Außerirdischen aufgenommen hatten, stammten vornehmlich aus dem militärischen Bereich, da zu dieser Zeit selbst die Regierung der USA zu großen Teilen aus Militärs bestand. Außenminister war ein 4-Sterne-General. Sie waren hauptsächlich an der Nutzung außerirdischer Technologien für militärische Anwendungen interessiert und weniger an den friedlichen und spirituellen Möglichkeiten. So blieben diese Verbindungen in den Händen militärischer Geheimdienste und sind es bis heute. Dennoch wurden durch den von Jimmy Carter, der selber als Gouvernor in Georgia ein UFO über zehn Minuten lang beobachtet hatte, in Kraft gesetzten „Freedom of Information Act" Tausende geheimer Dokumente des Militärs und der Geheimdienste freigegeben - mit ebensovielen geschwärzten Stellen, die die nationale Sicherheit betreffen und vom FIA ausgenommen sind. Sie beweisen eindeutig, daß trotz der öffentlichen Lächerlichmachung von UFO-Sichtungen in den Medien die Regierungsstellen dem UFO-Problem größte Bedeutung beimessen. Auch aus Rußland sind im Zuge von Glasnost jede Menge geheimer Dokumente freigegeben worden.

Jedenfalls ist es nicht verwunderlich, daß bei dem Auftauchen der UFOs diese geheimen Machthaber die Kontrolle über die Vorgänge übernehmen konnten. Eisenhower zog schließlich Nelson Rockefeller - einen der reichsten Männer der Welt und Mitglied der Illuminati - selbst zu Rate, um die Vorgänge mit den Außerirdischen zu regeln.

Als die ganze Welt ohne Übermüdungserscheinungen die erste Mondlandung an den Fernsehern verfolgte, fiel nur den wenigsten auf, daß immer wieder die Funkübertragungen vom Mond unterbrochen wurden und oft lange Pausen entstanden. Angeblich technische Pannen. Aber es wurden nur die Stellen zensiert, bei denen die Astronauten über das berichteten, was sie auf dem Mond entdeckten; nämlich daß sie nicht alleine waren. Allerdings haben Amateurfunker in aller Welt Funksprüche aufgefangen, die deutlich machen, daß die Mondbesucher nicht nur Spuren anderer Besucher auf der Mondoberfläche fanden, sondern auch riesige Objekte, gegen die ihre Mondlandefähre wie ein japanischer Reiskocher wirkte.

Obwohl nur psychisch stabile Leute für das Apollo-Programm ausgewählt wurden, begannen viele Astronauten nach ihren Missionen mit Alkoholkonsum und anderen dysfunktionalen Verhaltensweisen. Dies zeigt deutlich genug, daß die Helden der amerikanischen Raumfahrt unter der Last des Wissens, das sie nicht weitergeben durften, innerlich zerbrachen. Jedenfalls wurden die Pläne der NASA, Stationen auf dem Mond zu bauen, rasch aufgegeben, da dort offenbar Dinge vorgehen, über die nur die geheimsten Regierungskreise etwas wissen.

Die UFO-Abstürze 1947 waren offenbar darauf zurückzuführen, daß die damals neuen Radarstrahlen die empfindliche Computersteuerung der „Fliegenden Untertassen" irritierten. Danach haben sie ihre Flugtechnik auf die gefährlichen Radarstrahlen eingestellt, so daß es keine Abstürze mehr gab. Zumindest für eine ganze Zeit; 1989 wurde in Südafrika ein UFO von einer Maser-Kanone (eine neuartige Mikrowellenwaffe) beschossen und stürzte ab. Man fand die bekannten, kleinen, grauen Leichen im Wrack. Die herbeigerufenen amerikanischen Spezialisten sind nach Augenzeugen sehr routiniert bei der Bergung des Wracks und der Leichen vorgegangen. Offenbar kennen sie die außeriridische Technik recht gut. Sie brachten das Wrack und die Leichen zur Wright-Patterson Air-Force-Base in Amerika, die auch schon zu EBE's Zeiten für diese geheimen Aktionen benutzt wurde.

Im November 1992 gab es einen UFO-Absturz auf Long Island, New York, bei dem ein Feuerwehrmann einen Videofilm machte, der teilweise veröffentlicht wurde. Sämtliche Feuerwehren und Polizeidienststellen sagten später aus, es gebe keinen diesbezüglichen Einsatz in jener Nacht, obwohl Zeugen die Einsätze beobachtet hatten, und der Park, in dem das UFO brennend gelandet war, tagelang gesperrt war. Das Video zeigt nicht nur Wrackteile, sondern auch die Körper humanoider Wesen. (aus 'Magazin 2000')

Die UFOs interessierten sich besonders für militärische Einrichtungen. Und mehr als einmal haben sie die streng geheimen Startcodes von Interkontinentalraketen (ICBM´s) sowohl der USA als auch der ehemaligen UdSSR verändert. Da die Raketen der Abschreckung dienen sollten, war es für die Militärs ziemlich frustrierend, daß sie offenbar problemlos außer Gefecht gesetzt werden konnten.

Warum aber wissen wir nichts von den Kontakten mit den Außerirdischen? Angeblich werden UFO-Meldungen geheim gehalten, weil man die Bevölkerung nicht beunruhigen will und Angst vor einer Panik hat. Und nach den inhumanen Übergriffen der Grauen bestünde dazu auch allerlei Anlaß. Die Gründe sind jedoch vielfältiger.

Das Wissen der Außerirdischen würde hauptsächlich drei großen Interessengruppen auf der Erde die Daseinsberechtigung entziehen: Erstens: UFOs werden nicht mit Verbrennungsmotoren angetrieben. (Oder hat schon mal jemand ein UFO mit Auspuff gemeldet?) Sie müssen also über eine unglaubliche Energiequelle verfügen, vielleicht sogar die freie Raumenergie, wie Nikola Tesla, Wilhelm Reich, Victor Schauberger und andere sie für durchaus nutzbar halten. Mit dieser Technik könnte jedermann überall kostenlose, unbegrenzte Energie beziehen. Sämtliche Bereiche der Ölindustrie sowie der Stromerzeuger, die auf die immens teure und gefährliche Atomkraft setzen, weil sie diese kontrollieren können und die Politiker diese Technologien subventionieren, wären binnen kurzer Zeit bankrott. Von den guten Auswirkungen auf unsere Umwelt - keine Abgase, Radioaktivität, Öltankerunfälle - ganz zu schweigen.

Zweitens verfügen die Außerirdischen vermutlich über sehr wirksame Heilmethoden. Schon die Felder, die von einem Antigravitations-Antrieb erzeugt werden, haben heilsame Auswirkungen. Der gesamte Bereich der Pharmaindustrie und des medizinisch-industriellen Komplexes wäre davon betroffen. Von den guten Auswirkungen auf die Gesundheit der Menschen ganz zu schweigen.

Und Drittens: Einige Außerirdische verfügen sicherlich auch über eine Religion, die wesentlich einleuchtender ist als das, was die großen Kirchen uns vormachen, um ihre Macht zu erhalten. (Die Grauen vermutlich jedoch nicht.)

Diese drei großen Interessengruppen haben eine unvorstellbare Macht, da sie im Laufe der Jahrhunderte Strukturen aufgebaut haben, die es ihnen heute ermöglichen, die Informationen, die die Menschen bekommen, fast vollständig zu manipulieren. Und die kleinen Grauen, die mit diesen Geheimgesellschaften zusammenarbeiten, haben kein Interesse daran, uns aus unserer Welt der Angst zu entlassen, da sie sich von diesen negativen Schwingungen ernähren.

Die Grauen haben, lt. Aussagen von Experten, den Menschen auch Technologien zur Genmanipulation gegeben. Und auch die Energie- und Antriebstechnik der UFOs ist der geheimen Regierung bekannt. Würden die geheimen Machthaber diese Technologie freigeben, bliebe uns die Umweltzerstörung durch Autos, Kernkraftwerke usw. erspart. Unser Planet könnte in einem völlig anderem Zustand, ohne Umweltzerstörung, ohne Hunger, ohne das Leiden vieler Menschen in Krankenhäusern und ohne Kriege sein, wenn sich nicht einige wenige Superreiche anmaßen würden, die Menschheit für ihre eigenen Interessen zu manipulieren und ihnen vorzuschreiben, was sie wissen dürfen und was nicht.

Es hat jedoch den Anschein, daß es Gruppen innerhalb dieser Strukturen gibt, die die Wahrheit ans Licht bringen wollen. So gibt es Veröffentlichungen von ehemaligen CIA-Angehörigen, die in verschiedenen kleinen Publikationen und auf Vorträgen veröffentlicht werden, von den Massenmedien jedoch totgeschwiegen oder lächerlich gemacht werden.

Virgil Armstrong, Ex-CIA-Mitarbeiter, hält Vorträge über sein Wissen in der ganzen Welt. In einem Seminar erzählte er: *„Nach meinen Informationen wird es öffentliche Bekanntgaben der Regierung geben, und auch, wenn sie die eigene Verantwortung von sich weisen, behaupte ich, daß sie mit den Außerirdischen zu tun haben, daß sie ihre eigenen Fluggeräte haben, daß wir zum Mond fliegen, daß wir zum Mars fliegen, schon seit den 50er Jahren. Wenn sie nicht mit öffentlichen Bekanntgaben herüberkommen, die wahr und ehrlich sind, dann werden sich die Außerirdischen in großer Zahl öffentlich zeigen, was der Regierung dann keine Wahl mehr läßt.*

Es gab bereits Massensichtungen in Belgien 1991. Zwischen 60 und 100 Schiffe flogen über Belgien, und es ist meine Meinung, daß es etwas zu tun hatte mit dem sogenannten „Monster", also dem Riesen-Computer, der in Verbindung steht mit denen, die wir Illuminati nennen, jene die die Erde kontrollieren und ihre Völker. In anderen Worten, diese Massensichtung war zwar keine Bedrohung, aber es war eine Bestätigung, daß sie existieren, und wenn wir nicht selber reagieren, dann werden sie wieder in Massen kommen, um die Menschen weltweit wissen zu lassen, daß wir - ich mag das Wort invasiert nicht - aber daß wir in Verbindung stehen mit den Außerirdischen.

Der Maya-Kalender sagt, daß in der Zeit des neuen Bewußtseins, was wir als das Hereinkommen des Christus-Bewußtseins bezeichnen, sich alle Dinge verändern werden. Wissenschaft, Regierungen und Religion werden, wenn sie sich nicht den spirituellen Gegebenheiten des Christus-Bewußtseins anpassen, entweder völlig an Bedeutung verlieren oder drastische Wandlungen durchmachen.

Nun, wir sehen eine Menge Veränderungen in der Welt geschehen, gerade jetzt. Wir hatten einen Coup in der Sowjetunion, der fehlgeschlagen ist, die Berliner Mauer fiel, Umwandlungsprozesse finden statt in Ländern wie Rumänien, Tschechoslovakei und Ungarn.

Ich möchte auch auf eine Prognose zu sprechen kommen, die es bereits seit Tausenden und Tausenden von Jahren gibt, und das hat mit dem Wormwood-Planeten zu tun. Er wird in der Offenbarung der Bibel erwähnt. (In deutscher Bibel „Wehrmut" genannt).

Wenn man sich die Mühe macht, die alten sumerischen Texte herauszusuchen, in denen der Wormwood-Planet erwähnt wird, wird man auch auf die Chroniken der Chaldäer stoßen, auf babylonische Chroniken und auch Texte aus der jüdischen Kultur. Und der jüngste Text ist eben in der Bibel, Offenbarung 8,11.

Die Regierung der USA und der UdSSR, bzw. jetzt Russland, und andere große Länder wissen genau, wo er ist. Und das war natürlich das, worum es bei dem Hubble-Teleskop eigentlich ging. Das Hubble-Teleskop wurde dort hochgebracht, wenn Sie so wollen, um den Wormwood-Planeten auszuspionieren, der sich nun innerhalb unseres Sonnensystems befindet.

Nun, es ist eigentlich sehr einfach, sehr grundlegend, und viele Leute können sich das gar nicht vorstellen, daß es so einfach sein soll, aber die größte Abwehrmaßnahme, die wir gegen diesen Planeten haben, ist, in Liebe, Licht, Harmonie und geistiger Heilung zu wandeln und zu leben. Wenn wir das tun, sind dies die Zutaten, die nötig sind, für die, die wir die Wächter nennen, um eine Abwehr gegen den Wormwood-Planeten aufzubauen und sicherzustellen, daß er die Erdachse nicht wieder verschiebt.

Alle Regierungen, einschließlich der US-Regierung, sind zu dieser Zeit grundsätzlich machtlos. Wir haben nicht die Technologie. Nun, es gab ein Programm, das genau zu diesem Zweck entwickelt wurde, nämlich das SDI-Programm, die Strategische Verteidigungs Initiative. SDI sollte neue Waffensysteme beinhalten, die möglicherweise den Wormwood-Planeten bekämpfen könnten. Nun, für mich ist das Unsinn, weil die eine viel weiter fortgeschrittene Technologie haben, als wir jemals erreichen können. Ich glaube also nicht, daß das funktionieren wird. Das einzige, was funktionieren wird als eine Abwehr, wird sein, daß Sie und ich, als die Menschen dieser großen Nationen, sich der Liebe hinwenden, dem Licht hinwenden, der Harmonie hinwenden, und der spirituellen Heilung. Wir sind Götter in Amnesie. Wir haben vergessen, daß wir Götter sind, und haben einigen wenigen erlaubt, Macht über uns auszuüben, und uns veranlaßt, in Polaritäten zu denken, in Verwirrung, Amnesie und Illusion. Dies sind sozusagen auch Waffen des Wormwood-Planeten, der uns so lange kontrolliert hat.

Und wenn ich sage "kontrolliert", dann muß ich zugeben, daß sie uns eigentlich hierhergebracht haben. Sie haben uns geschaffen. Ich nenne sie gerne die "Geringeren Götter", was sie in der Tat sind. Sie sind nicht die höchste Quelle, der wir uns zuwenden sollten, Gott, oder Allah oder jeder andere Name, mit dem man diese große Existenz bezeichnen will. Sie sind die niedrigeren Kräfte, die uns gefangengehalten haben über die Jahrtausende und kontrolliert haben. Nun, diese Kontrolle muß nun gebrochen werden und wird es werden, wenn die Menschen überall auf der Welt zurückkehren zu Liebe, Licht und Harmonie.

Nun, Sie werden fragen, warum sagt er, daß wir Götter sind? Ich möchte da wieder auf die Bibel verweisen und zu etwas, was Jesus gesagt hat, als er mit den Pharisäern zusammenstieß. Die Pharisäer sagten zu ihm, wie kannst Du es wagen zu behaupten, daß Du und der Vater eins seid? Nachdem er ihnen zugehört hatte, erwiderte er: „Gehet hin und leset Eure Bücher. In den Büchern steht: Wisset Ihr nicht, daß Ihr Götter seid?" Diese Proklamation war natürlich für uns gedacht. Es ist um so mehr wahr heute. Und wir als diese Götter müssen Verantwortung übernehmen. Rasse, Glauben, Hautfarbe, ethnischer Hintergrund, Nation oder was auch immer, haben nichts damit zu tun. All das muß vernachlässigt werden.

Sie sind hier, um uns zu erinnern, daß es andere Dinge gibt, die weit über uns hinausgehen, und das ist natürlich unabdingbar, wenn wir dieses Erbe übernehmen, in der Zeit, die kommen wird, und zwar, wenn wir in die vierte und fünfte Dimension übergehen.

Wenn wir die Reifeprüfung als Menschheit bestehen wollen, dann müssen wir uns den göttlichen Prinzipien zuwenden, die wir einst angewendet haben, als wir zuerst hierher kamen, bzw. als wir hierher kamen aus der vierten Dimension in die dritte. Wir müssen zu dieser Göttlichkeit wieder zurückkehren. Wir müssen uns dieser Macht zuwenden, die uns rechtmäßig zusteht. Wir müssen unserer Regierung und anderen sagen, daß es vorbei ist. Ich meine keinen Aufstand, auf keinen Fall. Ich rede nicht von Rebellion. Und wenn es doch Aufstand oder Rebellion sein werden, dann muß es einfach in Liebe, Licht und Harmonie geschehen. Eine friedliche Rebellion gegen den Weltkrebs und das Dilemma, in dem wir heute sind. Der einzige Grund, warum es diese Dinge heute gibt, ist, weil wir sie geschaffen haben. Wir haben ihnen erlaubt, übermächtig zu werden, wir haben ihnen erlaubt, uns zu kontrollieren. Wir müssen nun anfangen, diese Dinge zu ändern. Durch entsprechende Maßnahmen, entsprechendes Handeln und Reden.

Wissen Sie, Gott ist einfach. Und alles, was Gott tut, ist eigentlich einfach. Wir sind es, die es so verdammt kompliziert machen. Wir sind es, die diesen negativen Kräften erlauben, all diese Dinge anzurichten, die wir heute haben. Wenn wir anfangen zu denken, daß es genug Quellen und genug Geld auf der Welt gibt, das nur gerecht verteilt werden müßte, dann könnte jeder Mann, jeder Frau und jedes Kind auf der Welt adäquat versorgt werden. Wenn die Wenigen etwas von der Macht und von den Mitteln, die sie haben, abgeben würden. Diese Dinge werden freilich geschehen, mit oder ohne Sie und mich. Denn dieses neue Bewußtsein, der neue Geist kommt herein und verwandelt all dieses.

Letztes Jahr war ich in Berlin, auf einer Tournee durch Deutschland, und ich bekam einen Anruf von meinem Agenten in Berlin, der sagte, da ist ein Mann von der NASA, der Sie gerne kennenlernen möchte, wenn Sie in Berlin sind. Wollen Sie mit ihm reden. Und ich sagte: natürlich! Und wir aßen zusammen zu abend. Und er sagte, ich möchte, daß Sie wissen, daß wir Ihr Buch haben, den „Amstrong Report", und wir denken, es ist ein gutes Buch. Und er fragte mich, was das Thema meiner Vorträge sein würde. Und ich sagte, ich würde über den Wormwood-Planeten reden.

Und er fragte, was sagen Sie über den Planeten? Und ich sagte, naja, bla, bla, bla, die ganzen Dinge, über die ich geredet habe, und er wurde sehr ruhig und nachdenklich und sah auf den Boden. Und dann sah er mir direkt in die Augen und sagte, Virgil, Sie liegen voll richtig. Er sagte, die Weltregierungen wissen um den Wormwood-Planeten, und sie fürchten sich zu Tode. Und ich fragte ihn, nun, warum sagen sie es nicht den Menschen? Und er sagte, sie befürchteten, daß es eine Massenpanik geben würde und sie die Menschen nicht kontrollieren könnten. Deshalb hielten sie es für das Beste, es für sich zu behalten. Nun, diese Einstellung kenne ich schon, seit ich in das Feld der UFO-Forschung einstieg, was 1948 war. Und ich befaßte mich mit dem Fund des zweiten UFOs in den USA auf dem White Sands Versuchsgelände in New Mexico. Und da sagte ich zu meinem kommandierenden Offizier - ich war ein Militäroffizier zu der Zeit - ich sagte, warum sagen wir das nicht den Menschen, was vorgefallen ist. Und seine Antwort darauf war, sie befürchteten, wenn sie das tun würden, käme es zu einer erneuten Massenpanik, wie bei Orson Well's Hörspiel „Krieg der Welten". Nun, das war akzeptabel, aber ich konnte es nicht ganz glauben. Und es dauerte, bis ich in den Ruhestand trat, 1962, daß ich mich mit den Dingen befaßte und heute eine ganz gute Einschätzung der Dinge habe, die vorgefallen sind mit den Außerirdischen und natürlich den Verbindungen zwischen unserer Regierung und den Außerirdischen. Wir haben wirklich nichts von ihnen zu befürchten, wenn *wir, ich sag´s noch mal, in Liebe, Licht und Harmonie wandeln und handeln. Wenn wir das tun, werden die Dinge sich sehr zu unseren Gunsten verwandeln. Es beginnt wirklich bei Ihnen. Zunächst fangen Sie an, sich selbst zu lieben. Und dann lernen Sie, sich selber zu vergeben. Und wenn Sie gelernt haben, sich zu lieben und zu vergeben, dann können Sie andere lieben und anderen vergeben. "*

Virgil Armstrong ist nicht der einzige Name, den man findet, wenn man sich in Zeitschriftenläden und Buchhandlungen umsieht. Irgendwo gibt es Schriften, die scheinbar Unglaubliches berichten. Freilich muß man vorsichtig sein und darf nicht alles glauben, was man dort liest. Denn selbstverständlich werden auch diese Medien, wenn man sie schon nicht verhindern kann, gezielt mit Fehlinformationen versorgt, sodaß man jederzeit diese Medien der Lächerlichkeit preisgeben kann, da sie ja auf den unmöglichsten Schwachsinn reinfallen.

Auch die Nazis scheinen Kontakte mit Außerirdischen gehabt zu haben. Es wurden UFOs mit SS-Runen gesehen, und es wird sogar behauptet, daß führende Nazi-Größen beim Ende des Krieges mit solchen UFOs nach Südamerika und zum Südpol flohen. Virgil Armstrong behauptet sogar, daß auch Hitler schon Kontakt mit den Grauen hatte und daß sie nicht, wie in Amerika durch eine vertragliche Vereinbarung mit der Regierung beliebig Menschen entführen konnten, sondern er ihnen die politischen Gefangenen aus den Konzentrationslagern für ihre Versuche zur Verfügung stellte.

Auch Ex-Air-Force-Flieger Wendell Stevens hält Vorträge zu diesen Themen: *„Im Laufe meiner Reisen in Südamerika, wo ich Flugzeuge an Länder auslieferte, die diese aus Restbeständen gekauft hatten und die sie in ihren Wehrkräften einsetzen wollten, hatte ich Gelegenheit, meine eigenen Nachforschungen über das UFO-Phänomen anzustellen. Es gab einige substantielle Berichte aus Südamerika, und, als ich dorthin kam, besuchte ich Leute, die Informationen hatten. Zunächst muß man sagen, daß UFOs für südamerikanische Eingeborene nichts Ungewöhnliches sind. Die Anden-Indianer z.B. kennen die UFOs als Brüder aus dem Himmel, die es immer gegeben hat, und für sie ist es nicht ungewöhnlicher als ein Flugzeug, das über sie hinwegfliegt. Die Brüder aus dem Himmel kommen zu ihnen, zu den entlegensten Gegenden in den Anden, und behandeln Leute, die sonst nicht die Möglichkeit haben, zu einem Arzt zu gehen. Sie heilen sie, behandeln sie medikamentös, sie interagieren mit den Indianern, sowohl in den Hochgebirgen als auch in den Dschungeln.*

Dabei erfuhren wir von einem Indianer vom oberen Amazonas, ich glaube, sein Name war Akunte. Er bot uns an, uns zu einer Zivilisation zu führen, zu der er gehörte, die auf einer europäischen Kultur basierte, die am Ende des Zweiten Weltkrieges nach Südamerika gekommen ist. Wissenschaftler und Forscher waren dort unterirdisch stationiert, die es geschafft hatten, diskusförmige Flugkörper zu bauen, mit denen sie um die ganze Welt fliegen konn-

ten. Er nannte diese Gesellschaft Akakor.

Dieser Indianerstamm aus der Gegend hat viele blonde, blauäugige Indianer. Dies sind offensichtlich Nachfahren von Menschen germanischer Abstammung, die dort Mitte der vierziger Jahre hingebracht wurden. Und nun haben sie da Kinder produziert, junge Adolfs, und eine fruchtbare Gesellschaft, die höherstehend ist als die sie umgebenden Gesellschaften. Es ist eine geschlossene Gesellschaft. Sie kommen nicht raus, den Fluß abwärts, um westliche Gesellschaft zu suchen. Sie kommen raus in ihren Raumschiffen und sammeln die Dinge zusammen, die sie brauchen und bringen sie zurück. Sie leben in einer geschlossenen Umwelt, die sehr gut geschützt ist, durch die Wildheit des umgebenden Dschungels.

Ich bin persönlich überzeugt, daß diese Gesellschaft existiert, daß sie runde, diskusförmige Schiffe haben, die sie bedienen und fliegen können, und vielleicht sind einige der fliegenden Objekte, die oftmals von den Anden-Indianern gesichtet werden, welche von den Flugzeugen aus Akakor.

Natürlich kommen nicht alle gesichteten UFOs von da, viele kommen von anderswo, einige sind außerirdisch..."

Wie wir sehen, tummeln sich viele verschiedene Außerirdische auf unserem Planeten. So gibt es geistig fortgeschrittenere Aliens, deren Ethik es verbietet, in die Entwicklung der Menschheit einzugreifen, die aber unsere „Zivilisation" sehr besorgt beobachten und hin und wieder Kontakt mit Einzelpersonen aufnehmen, um ihnen Einblick in ihr Wissen zu geben. Offenbar gibt es eine Rasse von schönen, blonden Wesen, die wie Menschen aussehen und - anders als die Grauen - den freien Willen der Menschen respektieren. Es gibt Berichte, daß sie eine derartige Ausstrahlung von Liebe haben, daß sogar hartgesottenen Militärs die Tränen kommen. Andere Außerirdische, die aussehen wie wir, leben möglicherweise schon unerkannt unter uns.

Leider haben die geheimen Machthaber der Erde nicht mit diesen positiven Wesen paktiert, sondern mit den kleinen Grauen. Sie haben vor, die Menschheit zu unterjochen und sind dabei gerade an die Richtigen geraten. Es wird von unterirdischen und unterseeischen Basen der Grauen berichtet, sowie von unterirdischen Stationen, die gemeinsam von den Menschen und den Außeridischen betrieben werden.

In Fernseh- und Kinofilmen, Radio und Werbung wird die Menschheit auf die Fremden vorbereitet. Fast jeder Aspekt der Außerirdischen, sowohl die guten als auch die schlechten, wird filmisch dargestellt. Filme, wie „ET", „Alien", „Unheimliche Begegnung der 3. Art" und Fernsehserien wie „V", „Alien Nation", „Krieg der Welten", „Akte X" usw. enthalten viel Anschauungsmaterial und wurden nicht zufällig gedreht. In „Star Trek" finden wir vieles, was es in

Wirklichkeit schon geben soll: Beamen und Zeitreisen, die „Hauptdirektive" der Nichteinmischung in die Entwicklung einer Zivilisation und sogar Namensähnlichkeiten von Organisationen. So soll es Organisationen wie „Starfleet International" und die „United Federated Planets" geben.

Jedes Jahr verabschiedet der amerikanische Kongress einen Haushalt, in dem 300 000 000 000 Dollar (300 Milliarden) für Top Secret Projekte enthalten sind. D.h. Gelder für Projekte, die so geheim sind, daß sie bewilligt werden, ohne daß irgend jemand genau weiß, was das für Projekte sind. Gelder, die dem amerikanischen Steuerzahler aus der Tasche gezogen werden, von denen aber nicht mal die vom Volk gewählten Vertreter wissen, wohin sie fließen.

Der Film „Philadelphia Experiment" zeigt übrigens ebenfalls sehr viel dessen, was 1943 tatsächlich geschehen ist, als die Amerikaner auf der Basis von Einsteins Einheitlicher Feldtheorie und mit Hilfe von Tesla versuchten, Kriegsschiffe unsichtbar zu machen. Es gelang ihnen besser als erwartet: sie schafften es sogar, die U.S.S. Eldridge vom Hafen von Philadelphia in den von Norfolk, Virginia zu „beamen". Gleichzeitig traten wohl Zeiteffekte auf. Für die Mannschaft gab es nur unangenehme Effekte; viele wurden verrückt und werden bis heute in Militärkrankenhäusern behandelt, wobei Effekte auftreten, wie solche, daß sie sich bisweilen in Luft auflösen. So furchtbar die Ergebnisse der damaligen Forschungen waren, wurden im Rahmen des folgenden Montauk Projekt weitere Experimente gemacht, wobei man es sogar geschafft haben soll, Gedankenübermittlung und Zeitreisen zu ermöglichen.

Ein Buch mit dem Titel „Alternative 3" berichtet über die Sendung „Science Report" des Senders ITV, der 1977 Nachforschungen über den „Brain Drain" anstellte, eine Bezeichnung für die Abwanderung von intelligenten Personen aus England. In einem Zeitraum von 12 Jahren verließen fast 4 Millionen Menschen Großbritannien. Mehr als ein Drittel von ihnen waren Spezialisten oder kamen aus der Führungsschicht der britischen Gesellschaft. Im Zuge der Recherchen stießen die Fernsehmacher auf Ungereimtheiten, die schließlich zur Aufdeckung unglaublicher Vorgänge führte.

Der britische Wissenschaftler Brian Pendlebury, der angeblich nach Australien ausgewandert war, schickte von dort regelmäßig Briefe und Fotos an seine Eltern. Als eine Verwandte einen Australienbesuch plante, baten die Eltern sie, ihren Sohn zu besuchen. Sie traf an der angegebenen Adresse jedoch einen völlig Fremden an. Die Firma, bei der er angeblich einen Top-Job bekommen hatte, versicherte, diesen Mann nie eingestellt zu haben. Die Fotos vor der Sydney-Harbour-Brücke, die er an seine Familie schickte, wurden von den Fernsehmachern untersucht. Sie stellten fest, daß die Ansichtspostkarten von anderen Auswanderern die gleichen Vögel an derselben Stelle im Himmel und die gleichen Wolkenformationen aufwiesen. Auch diese Personen waren an ihren Adressen in Australien nicht auffindbar. Mehr noch: viele der Auswanderer hatten die gleiche Adresse angegeben. Nachprüfungen ergaben, daß an dieser Adresse eine Zeitlang ein Mann namens Danton mit Verbindungen zum CIA gewohnt hatte. Die Ansichtskarten waren offenbar alle vor demselben Studiohintergrund fotografiert worden.

Die Fernsehleute stießen auf ungeahnte Probleme, da plötzlich Personen verschwanden, die sich bereit erklärt hatten, Interviews für das Programm zu geben. So kam Sir William Ballantine auf dem Weg zum Studio im Februar 1977 von der Fahrbahn ab - auf einer Strecke, die er regelmäßig fuhr und daher kennen sollte. Den Pressefotografen und dem Gerichtsmediziner wurde befohlen, den Mund zu halten, über Ballantines völlig verkohlte Leiche - obwohl sein Auto nicht gebrannt hatte. Ein geheimer Informant mit dem Codenamen Trojan hatte von sogenannten „Hotjobs" berichtet, bei denen unliebsame Mitwisser mit unbekannten Strahlwaffen auf Anordnung eines Richtlinienkomitees beseitigt werden. Der Gerichtsmediziner sagte aus, daß es für die Art der Verbrennung keine natürliche Erklärung gebe. Ballantine hatte glücklicherweise ein streng geheimes Band, das er ans Licht der Öffentlichkeit bringen wollte, nicht bei sich gehabt, sondern per Post zum Sender geschickt. Dieses Band ließ sich erst mit einem Dechiffriergerät abspielen, das ihnen ein NASA-Mitarbeiter besorgen wollte, der jedoch auch plötzlich verschwunden war. Unter abenteuerlichen Umständen gelangte das Gerät schließlich doch in die Hände der Reporter, sodaß sie eines der unglaublichsten Beweise für geheime russisch-amerikanische Weltraumprojekte erhielten. Und zwar eine Marslandung am 22. Mai 1962 !

Das Band enthält von der Marssonde aufgenommene Videobilder, sowie russische und amerikanische Stimmen, die in Begeisterung über die Landung ausbrechen. In dem Bild sind Temperaturanzeigen in Englisch und Russisch zu sehen. 4 Grad Celsius! Und Hinweise auf eine atembare Atmosphäre. Dabei machte die NASA der Öffentlichkeit weis, daß der Mars für eine Besiedlung nicht in Frage käme.

Die britische Sendung lieferte schlagkräftige Indizien dafür, daß auf

Mond und Mars bemannte Stationen der Russen und Amerikaner bestehen, in denen sie mit den grauen Außerirdischen zusammen arbeiten, für die hochrangige Spezialisten auf allen Gebieten gebraucht werden - deren Verschwinden offenbar nicht so unbemerkt vonstatten geht, wie es sich die Macher erhofft hatten.

Es gibt massenhaft Berichte über das Auftauchen von UFOs. Von dem Amerikaner George Adamski, der von Außerirdischen sogar zu Flügen in ihrem Raumschiff eingeladen wurde, über die „Foo-Fighters" im zweiten Weltkrieg, Geheimdokumente, die im Zuge des „Freedom of Information Act" und des russischen „Glasnost" freigegeben wurden, bis zu Pilotenberichten und weiteren UFO-Abstürzen überall auf der Welt. Ausführlich dokumentierte UFO-Sichtungen gibt es auch aus Australien, China, Brasilien usw. Genaugenommen wird es schwierig sein, ein Land auf der Erde zu finden, das noch keine UFO-Erlebnisse gehabt hat.

Die Santiner und das Ashtar-Kommando haben angeblich gigantische Raumschiffe im Sonnensystem stationiert, um notfalls die gesamte Menschheit zu evakuieren, falls die Erde zerstört werden sollte. In der Zeit des Kalten Krieges, in der die gegeneinander gerichteten Waffen der USA und der UdSSR die Menschheit vielfach hätten zerstören können, war die Gefahr der Selbstzerstörung tatsächlich erschreckend. Doch dann änderte sich langsam das Bild. Während Ronald Reagan das SDI-Projekt in die Wege leitete, wurde es noch als Schutzschirm gegen die Interkontinentalraketen der Russen verkauft. Dennoch nahm Reagen zu der Zeit bereits Gespräche mit dem „Zentrum des Bösen" auf. Bei verschiedenen Anlässen erwähnte er, wie schnell die Russen und Amerikaner zusammen arbeiten würden, sollte es eine außerirdische Bedrohung geben. Das „Star Wars" Projekt wurde möglicherweise weniger wegen der feindlichen Russen installiert, mit denen es immer mehr zur Annäherung kam, sondern um Angriffe aus dem Weltraum abwehren zu können.

Sicher ist, daß es viele Wesen von anderen Planetensystemen gibt, die die Erde besuchen wollen. Einige mit negativen, aber auch viele mit den besten Absichten, der Menschheit zu helfen. Ja, es gibt welche, die ständig damit beschäftigt sind, unsere Atmosphäre und die Ozeane von Radioaktivität und anderen Giften zu reinigen.

UFOs sind keineswegs eine „Eigenheit" der Amerikaner. Aus allen Teilen der Welt werden unerklärte Begegnungen berichtet. Und da es kaum einen Ort ohne UFO-Ereignis gibt, findet man oft auch in den Archiven seiner Lokalzeitung entsprechende Berichte: Zum Beispiel:

Am 14. Januar 1980 erhielt die Polizeiwache von Osterholz-Scharmbeck, etwa 20 km von Bremen entfernt, verschiedene Anrufe von Bürgern, die von einem unbekannten Flugobjekt berichteten, das sich in Richtung Garlstedt bewegte. In Garlstedt war zu dieser Zeit ein amerikanischer Stützpunkt stationiert. Von Mitternacht bis 5 Uhr morgens waren Streifenwagen unterwegs, die versuchten, dem leuchtenden Objekt hinterherzufahren. Ein verängstigter GI-Soldat berichtete den MP´s im Stützpunkt, daß er auf der Landstraße von mehreren leuchtenden Flugobjekten verfolgt worden war. Dann hing es über der Basis. Sofort wurden sämtliche NATO-Stützpunkte in Norddeutschland und Dänemark alarmiert. Zwei niederländische F-15 Düsenjäger wurden nach Garlstedt geschickt, woraufhin die Objekte jedoch verschwanden. Als die Düsenjäger zurückflogen, tauchte das UFO wieder auf, wurde erneut von Streifenpolizisten beobachtet. Dann verschwand es endgültig. Ein Foto des Objektes, das ein Bauer von Garlstedt über seinem Stall gemacht hatte, wurde beschlagnahmt. Das Osterholzer Kreisblatt meldete am 15. Januar „Polizei verfolgte stundenlang UFO". Als Erklärung gab die Flugsicherung in Bremen an, daß es sich um eine Spiegelung auf Grund des Nordlichtes handeln könnte. Warum allerdings mehrere Streifenwagen dieser Spiegelung stundenlang folgten, bis sie „in östlicher Richtung verschwand", beantwortet diese „Erklärung", ähnlich wie bei allen anderen Wegerklärungsversuchen von UFO-Skeptikern, leider nicht. Man muß die Polizisten schon für reichlich bescheuert halten, wenn man die offizielle Erklärung glauben will. Daß das Tagebuch der Polizei aus jener Zeit heute nicht mehr auffindbar ist, könnte auf die Vertuschung der Wahrheit hindeuten.

Auf den Kanarischen Inseln werden so viele UFO-Sichtungen berichtet, daß man schon vermutet, es müsse dort einen geheimen Stützpunkt der Außerirdischen geben.

Es tauchen immer wieder andere Typen von Raumschiffen auf, die jedoch auch wieder alle keine „Einzelstücke" sind, sondern man kann sie in verschiedene Typenklassen unterteilen. Zu der Zeit, als in Belgien Tausende von Sichtungen von dreieckigen Fluggeräten gemeldet wurden, landete ein ebensolches Objekt über der Radarstation Kuybyshev. Am 13. September 1990 feuerte es einen Lichtstrahl auf einen Lastwagen mit einem mobilen Radargerät, das dadurch völlig zerstört wurde.

Der Schweizer Edward Meyer war ein Abenteurer, hatte sich auf der Suche nach inneren Wahrheiten auch in den fernen Osten begeben

121

und in Ashrams bei Buddhisten und islamischen Sufis gelebt. Als er bei einem Verkehrsunfall in der Türkei den linken Arm verlor, wurde er ruhiger und kam zurück in die Schweiz. Dort begegneten ihm offenbar so häufig UFOs, daß er sich darauf vorbereiten konnte und im Laufe der Jahre Tausende der schärfsten Fotos und Filmaufnahmen von „Strahlschiffen", wie er die Objekte nannte, machen konnte.

Obwohl bei ihm auch eindeutig gefälschtes Material auftauchte - ob ihm untergeschoben, um ihn unglaubwürdig zu machen, oder nicht - halten die meisten seiner verblüffenden Fotos allen genauen Untersuchungen durch Experten aus aller Welt stand. Tatsächlich kann man sehr genau untersuchen, ob ein Objekt nah an der Kamera ist, wie das bei einer Fälschung mit einem Modell oder eine Radkappe der Fall wäre, oder weiter entfernt, wie das bei UFOs der Fall ist. Meiers Fotos müssen zum größten Teil als echt angesehen werden, zumal er sie nicht teuer verkauft, sondern oftmals auch an Journalisten nur gegen Erstattung der Kosten für die Abzüge, so daß er nicht einmal etwas verdienen würde, sollte er einen großen Aufwand betreiben, um perfekte Fälschungen zu erzeugen.

Interessant sind seine Berichte aber besonders dadurch, daß er auch Außerirdischen direkt begegnet ist, die angeblich von den Plejaden kommen und ihm Nachrichten übermittelten, die die Menschen spirituell voranbringen sollen. Die attraktive Plejadierin Semjase erklärte ihm, daß der Kosmos von bestimmten Gesetzen erfüllt sei und daß unsere Vorstellungen von Gott von Außerirdischen herrührt, die sich zu biblischen Zeiten zu Göttern erhoben hatten, um die Menschen zu versklaven. Wie vielen anderen Kontaktlern wurden ihm auch ernsthafte Warnungen vor unserer Atomtechnologie übermittelt, und daß die Menschheit Gefahr liefe, sich selber bei diesem Spiel mit dem Feuer zu zerstören. Außerdem wirke sich die Atomtechnologie im gesamten Universum negativ aus.

Die UFO-Meldungen aus aller Welt würden ganze Bücher füllen. Hier soll es nur darum gehen aufzuzeigen, daß es ein Phänomen ist, das sich nicht so leicht mit Verwechslung natürlicher Ereignisse, Geltungssucht oder Halluzinationen der Beobachter wegerklären läßt. Zu oft gibt es unabhängige Beobachtungen gleichzeitig von verschiedenen Stellen, oftmals auch mit Bestätigung durch Radarechos. Es gibt zahllose mehr oder weniger gute Fotos, Videoaufnahmen, Fundstücke, physische Auswirkungen auf die Umgebung, wie nachweisbare Radioaktivität an Landeplätzen, die von Halluzinationen wohl kaum erzeugt werden können oder auch „unerwartete" Schwangerschaften, die plötzlich wieder „aufhören".

Das UFO-Phänomen beinhaltet sehr häufig Entführungen durch Außerirdische. Die kleinen Grauen, die dabei meistens beschrieben werden, nehmen offenbar nicht viel Rücksicht auf Menschenrechte; alle Entführten beschrieben, daß ihnen irgendwie der freie Willen genommen wurde, während sie an Bord eines Raumschiffs gebracht und dort medizinisch untersucht wurden. Auch wird ihnen danach offenbar die Erinnerung an das Ereignis gelöscht, so daß den meisten einfach nur „Zeit fehlt". Manche befassen sich jedoch näher mit dieser verlorenen Zeit und kommen, manchmal durch Hypnoserückführungen, an die Erinnerung heran. Dieses ist keineswegs ein seltenes oder auch nur amerikanisches Phänomen; es wird sehr häufig aus allen Teilen der Welt berichtet. Und man könnte es leicht als Hirngespinst ansehen, würde man nicht sogar physische Phänomene bei den Entführungsopfern finden: sehr häufig gibt es typische Narben am Körper, und oft findet man auch Implantate im Kopf - sehr kleine Gegenstände, die man durch die Nase wieder herausoperieren kann und deren Funktion noch kein Arzt nachvollziehen konnte.

Die kleinen Grauen scheinen dabei Angst vor dem freien Willen der Menschen zu haben, sodaß sie ihn beeinflussen. Sie selber besitzen offenbar eher ein kollektives Bewußtsein und sind nicht zu spontanen Reaktionen in der Lage. Großes Interesse scheinen sie an den Fortpflanzungsfunktionen der Menschen zu haben, und es wird sehr häufig von Schwangerschaften bei entführten Frauen berichtet. Kurz vor der erwarteten Entbindung verschwinden die Babies jedoch einfach. Einige UFO-Experten vermuten, daß die Außerirdischen eine Art neue Rasse - eine Mischung zwischen ihnen und den Menschen - züchten wollen.

Teilweise gibt es auch Übergriffe, die sich nur im Geistigen abspielen, für die Betroffenen jedoch nicht weniger traumatisch sind. So kommt es sogar hin und wieder zu Vergewaltigungen. Ein interessanter Aspekt gibt bei all den beängstigenden Vorgängen jedoch wieder Mut; wenn sich die Opfer während der Vorgänge ganz stark auf Liebe, Licht und Gott konzentrieren, haben die Eindringlinge offenbar keine Macht mehr über sie. Das zeigt, daß Wesen, die sich als getrennt von Gott ansehen, nicht stärker sind als jemand zusammen mit Gott, selbst, wenn sie den Willen unterdrücken können.

Eine junge Frau aus Stuttgart wurde offenbar immer wieder von Außerirdischen entführt, wobei eine Menge der Übergriffe nicht physisch waren, auf einer anderen Ebene aber durchaus real. Sie hatte auch mehrmals alle Anzeichen einer Schwangerschaft, obwohl sie seit langem keinen Geschlechtsverkehr gehabt hatte, ließ die Schwangerschaften untersuchen, die offenbar normal verliefen, jedoch irgendwann urplötzlich beendet waren. Es gab keine Spur mehr eines Embryos in ihrem Körper. Einer ihrer Berichte zeigt deutlich, daß Menschen offenbar über lange Zeiträume mit Außerirdischen zu tun haben.

„10.Februar 1995: Während meiner allabendlichen Meditation nahm ich folgendes wahr: Ich schwebte über dem Bett meiner Eltern. Sie sprachen gerade darüber, ob es wohl diesmal geklappt hätte. Mein Vater sagte, daß er gern ein Mädchen hätte, diesmal, und Mutter meinte, ja, das würde auch ihr gefallen.

Plötzlich wurden alle beide komisch, reagierten nicht mehr, und meine Mutter wurde von Grauen herausgeholt, sie schwebte irgendwie, ganz seltsam! Sie brachten sie in einen Raum, Genaueres konnte ich nicht wahrnehmen, und legten sie auf eine silberne Liege. Sie war wie paralysiert, schien nichts um sie herum wahrzunehmen. Das vorhin befruchtete Ei wurde ihr entnommen. Ich konnte dann regelrecht in das Ei hineinschauen, sie schnitten irgendwelche DNS-Stränge heraus und ersetzten sie durch andere. Ich fühlte, daß es um das Gehirn von dem späteren Lebewesen geht. Es soll anders sein wie das der anderen. Auch sprachen sie darüber, daß es korrekt war, daß sie beim letzten Kind dieser Frau nichts unternommen hatten. Sie sagten, daß diese Frau noch einen Verlust nicht verkraftet hätte und dann keinen Versuch mehr unternommen hätte, Kinder zu bekommen. Es waren wohl 4 Versuche fehlgeschlagen.

Sie setzten das befruchtete Ei wieder ein und meine Mutter wurde wieder zurückgebracht. Dann verband ich mich mit diesem Ei. (...) Ich sah wieder die Szene, wie ich als Kind herausgenommen wurde. (...) Sie brachten mich zu einem Objekt, das wie eine der gängigen „Untertassen" aussah, nur flacher, und es strahlte ein orangerotes Licht aus. Aus der Ferne nimmt man wohl nur dieses Licht wahr und nicht die klaren Umrisse des Objekts, die metallen wirkten. Ich wurde hineingebracht, auf eine silberne Liege gelegt und untersucht. Es tat nichts weh. (...) Dann wurde ich wieder in meinen Kinderwagen gebracht.

Ab dem Zeitpunkt wußte ich, daß sie mich jedes Jahr einmal geholt haben, physisch, um mich genau zu untersuchen.Jedesmal wurde Blut abgenommen und es wurden Klone hergestellt, doch die starben alle irgendwie. (...) Sie wollten Kreuzungen schaffen, die beide Qualitäten aufwiesen; zum einen der an diesen Planeten angepaßte physische Körper und zum anderen ein Gefäß für ihren weit fortgeschrittenen Geist. Das ging aber nicht auf einmal, die Geschöpfe starben weg wie die Fliegen. So machten sie es in zwei Stufen, zunächst eine Weiterentwicklung des Menschen, und dann nahmen sie diese nicht mehr richtigen Menschen, und mit denen konnten sie eine Mischrasse schaffen. Obwohl auch da Vieles schiefging und sehr viele Kinder starben. Vor allem aber, weil sie den Babies nicht die Liebe geben konnten, die sie brauchten zum Gedeihen. Da gingen sie dazu über, Menschen mitzunehmen, die die Kinder halten, streicheln, säugen sollten und dergleichen. Nun klappt es schon besser."

Eine Entführung von einer Frau durch die Grauen beobachtete am 30.11.1989 sogar der Generalsekretär der Vereinten Nationen, Perez deCuellar, zusammen mit zwei Sicherheitsbeamten auf einer Fahrt in einer Limousine zu einem Hubschrauberport. Als die Maschine der Limousine ausfiel und auch Funk und Autotelefon nicht mehr funktionierten, stiegen die Sicherheitsbeamten aus. Sie entdeckten über einem Mietshaus ein rot-orange-leuchtendes Objekt. DeCuellar, der auch ausstieg, beobachtete dann, wie ein kleines, graues Wesen aus einem Fenster schwebte, gefolgt von einer in Fötusstellung schwebenden Frau im Nachthemd und zwei weiteren der fremden Wesen. Sie verschwanden in dem Leuchtobjekt, das sich entfernte. Wer meint, daß sich ein UN-Generalsekretär völlig unglaubliche Science-Fiction Geschichten ausdenkt, um mehr Aufmerksamkeit zu bekommen, dem ist nicht zu helfen. Tatsächlich fanden sich weitere Zeugen für die unglaubliche Sichtung, und die Frau, die entführt worden war, versuchte später, wie viele, die das Gefühl hatten, daß es etwas in ihrem Leben gab, an das sie sich nicht erinnern können, durch Hypnosesitzungen an die „fehlende Zeit" heranzukommen. Budd Hopkins, der Hunderte solcher Entführungsfälle untersuchte, schrieb Bücher darüber, woraufhin sich stets Tausende von Lesern meldeten, die selber behaupteten, entführt worden zu sein. Erstaunlicherweise erzählten viele unabhängig voneinander übereinstimmend von Details, die noch gar nicht veröffentlicht waren. Der TV-Film „Intruders" schildert solche Entführungen und Hypnosesitzungen aufgrund von Hunderten authentischer Fälle, der Schriftsteller Whitley Strieber veröffentlichte die Bücher „Communion" und „Transformation", und es gibt massenhaft weitere Bücher, die von unterschiedlichsten Erfahrungen mit UFOs berichten.

Die kleinen Grauen haben wirklich sehr massive Eingriffe in die Entwicklung der Menschheit versucht, die jedoch gescheitert sind. Sie haben die Versuche, eine Rasse von Hybriden zu züchten, aufgegeben, da sie ihnen offenbar auch nicht aus ihrem Dilemma halfen. Ihr Problem ist, daß sie keinen Emotionalkörper haben. Dieser ist aber in der nahen Zukunft bei dem Übergang der Erde in eine höhere Dimension absolut nötig. Sie mußten erkennen, daß all ihre technische Überlegenheit nicht die Qualität der Gefühle ersetzen kann. Sie wissen, daß nur Liebe ihnen das Überleben ermöglicht. Und ihre Versuche mit Kreuzungen zwischen ihnen und den Menschen waren vergebliche Versuche, an diese Emotionen heranzukommen.

Auch dem Eingreifen von positiv gesinnten Aliens ist es zu verdanken, daß all ihre Versuche, Macht über die Menschheit zu erlangen, nicht zum vollen Erfolg geführt haben. Zu kostbar ist offenbar das Potential, das in der Menschheit steckt.

Auch wenn es nicht so scheint, hat sich doch so viel positives Bewußtsein bei den Menschen abgezeichnet, daß unsere Entwicklung mit Spannung im ganzen Universum beobachtet wird. Da wir im Endeffekt auch die Nachfahren von raumfahrenden Rassen sind, haben sie ein besonderes Verhältnis zu uns und unterstützen unsere Entwicklung nach Kräften. Die dramatischsten und kritischsten Situationen hat die Menschheit bereits überstanden.

Das richtige Bewußtsein für den Kontakt

In dem Buch „Vorbereitung auf den Kontakt" aus dem 2001-Verlag finden sich gechannelte Botschaften von Plejadiern, die uns darüber aufklären, daß der Kontakt mit Außerirdischen vermutlich kaum so ablaufen würde, wie wir uns das erträumen. D.h. daß ein UFO landet, ein Außerirdischer aussteigt und uns die Hand schüttelt. Denn das, was wir als Realität wahrnehmen, ist nur ein kleiner Ausschnitt des Spektrums, auf dem solche Kontakte stattfinden können.

Unsere Wissenschaftler unterscheiden verschiedene Gehirnwellen-Frequenzen, die unsere Bewußtseinszustände darstellen. Der Beta-Zustand ist der des üblichen Wachbewußtseins. Dann gibt es den Alpha-Zustand, wenn wir Tagträume haben, Autofahren oder meditieren, kurz dann, wenn wir uns nicht auf unsere Wahrnehmungen konzentrieren, sondern uns einfach „gehen lassen". Im Schlafzustand ist der Anteil der Delta-Wellen im Gehirn am stärksten. Und es gibt einen Zustand der Theta-Wellen, üblicherweise kurz vor dem Einschlafen. Wir sind noch wach, aber haben schon manchmal flüchtige Visionen von „irgendwoher". Meistens schlafen wir darüber ein oder werden wieder wach, weil wir versuchen, die flüchtige Vision zu erhaschen, worauf sie natürlich mit großer Wahrscheinlichkeit verschwindet.

Diese Theta-Frequenz wird heute von modernen Methoden des „Soft-Learnings" benutzt, wo ein Gerät uns über optische oder/und akustische Signale in diesen entspannten Zustand versetzt, wo wir dann z.B. Fremdsprachen nicht über die mentale Anstrengung erlernen, sondern sozusagen per „Nürnberger Trichter". Tatsächlich geht der Stoff unter Umgehung der Ratio direkt in unseren Geist, während wir in diesem Zustand sind und lernen die Sprache dann angeblich intuitiv wie die Kinder.

Diese Bewußtseinszustände sind im Allgemeinen für uns von einander getrennt. D.h. wenn wir schlafen, können wir recht intensive Träume erleben, aber sobald wir erwachen, verschwinden sie meistens rasch. Die Theta-Frequenz erleben wir nur kurze Augenblicke vorm „Matratzenhorchdienst".

Für die meisten höherentwickelten Außerirdischen, die nicht mehr in der dritten Dimension, sondern in der vierten und fünften zu Hause sind, gibt es diese Trennung der Bewußtseinszustände nicht. Die für uns häufigste Beta-Frequenz im Wachzustand ist sehr schmal und für sie eher ungewohnt. Es bereitet ihnen daher Probleme, uns in diesem Zustand zu kontakten, da sie ihn nur schwer erreichen können. Auf der Delta-Frequenz gelingt es ihnen viel leichter, und die Plejadier haben über Medien, die ihren Bewußtseinszustand auf sie ausrichten konnten, bekanntgegeben, daß etwa 90 Prozent aller Menschen bereits von Außerirdischen kontaktet worden sind. Aber eben in einem Zustand, in dem wir nicht bewußt sind. Wenn wir aufwachen, haben wir das intergalaktische Kaffeekränzchen bereits vergessen oder tun es als merkwürdigen Traum ab.

Der andere Grund, warum wir uns an Kontakte nicht erinnern, ist demnach der, daß wir Dinge, die wir nicht einordnen können, leicht irgendwo im Gehirn verstecken, um uns irgendwann damit zu befassen, wenn wir es besser verstehen können. Wie sehr das menschliche Bewußtsein sich weigert, neue Wirklichkeiten überhaupt wahrzunehmen, erlebte Magellan, als er mit seinem Schiff vor einer Insel von Neu-Guinea ankerte und mit Booten an Land ruderte. Die Eingeborenen konnten zwar die Boote wahrnehmen, da sie ihren Kanus ähnelten, aber als die Weißen ihnen erklären wollten, daß sie mit dem großen Segelschiff dort draußen über den Teich geschippert waren, stellten sie überrascht fest, daß diese es nicht wahrnehmen konnten. Nicht, weil sie dringend einer augenärztlichen Untersuchung bedurften, sondern weil es in ihrem Kopf keine Entsprechung für ein Segelschiff gab. Es dauerte lange, bis die wackeren Schiffer zuerst den Schamanen der Indianer deutlich machen konnten, was ein Segelschiff ist und wie es funktioniert. Ebenso lange dauerte es, bis die Schamanen dieses neue Wissen ihren Landsmännern vermittelt hatten.

Als in den 40er Jahren massenhaft UFOs, vornehmlich in New-Mexico, aber auch anderswo abstürzten, wurde dieses von den Militärs zwar vehement vertuscht, aber die Geheimhaltung war auch nur möglich, weil die Menschheit auf diese Ereignisse in keinster Weise vorbereitet war. Das Massenbewußtsein war noch nicht bereit, die erschreckende Wirklichkeit aufzunehmen. Erst viele Jahre später verbreitete sich die Möglichkeit von außerirdischem Leben rapide im Massenbewußtsein der Menschheit. Überall tauchen Bücher, Videos und Filme auf, die sich bemühen, die UFO-Realität ans Licht zu bringen. Vielleicht haben Fernsehserien wie „Raumpatrouille", „Raumschiff Enterprise" etc. dazu beigetragen, daß die Vorstellung, außerirdischem Leben zu begegnen, für uns in den Bereich der wahrnehmbaren Möglichkeiten geriet. Das Bewußtsein der meisten Menschen kann immer mehr diese Möglichkeit akzeptieren, und wir nähern uns damit dem Tag, wo die Kontakte offen stattfinden können. Mit anderen Worten, die Geheimhaltung der Illuminati über die außerirdischen Kontakte war nur möglich, weil auch das Bewußtsein der Menschen noch nicht auf diese Möglichkeit vorbereitet war.

Von den Plejadiern gibt es aber noch andere verblüffende Aussagen; die kleinen Grauen, mit denen die amerikanischen Geheimdienste offenbar einen Vertrag über einen Technologietransfer hatten, im Austausch mit der Erlaubnis, die Menschen untersuchen zu können, hatten auch die Probleme, mit unseren getrennten Bewußtseinszuständen klar zu kommen. Eine Individualisierung, wie bei uns Menschen, kennen sie nicht. Da sie auf ihren ganzheitlicheren Bewußtseinszuständen, die nicht fein säuberlich in Alpha, Beta und Delta-Wellen unterteilt sind, mit uns Kontakt aufnahmen, wir aber nur entweder wach oder schlafend dabei waren, gab es Verständigungsprobleme.

Die Berichte von zahllosen Entführungen durch die Grauen haben also auch dazu beigetragen, unser Bewußtsein flexibler zu machen. Anstatt nur die Beiboote des Magellanschen Segelschiffes zu sehen, können wir uns nun auch größere, durch Wind angetriebene Weiterentwicklungen unserer Kanus vorstellen. Die Angst vor den Experimenten der Grauen sollten uns also nicht die Neugier auf einen Kontakt verderben lassen. Vielleicht haben wir gerade erst letzte Woche mit einem Plejadier oder einem vom Sirius geplaudert und können uns irgendwann bewußt daran erinnern.

Die Plejadier und viele andere ET's wünschen sich sehr, mit uns bewußten Kontakt zu haben, aber bevor die Menschheit nicht wirklich bereit ist, wird es nicht zum offenen Austausch kommen. Und wenn wir schon Schwierigkeiten haben, mit einem Dänen oder einem Kurden zu reden, wie leicht stellen wir uns dann einen Kontakt mit einem Wesen aus einer anderen Welt vor?

Der Theta-Zustand unserer Gehirnwellen ist der Trick, mit dem wir einen bewußten Kontakt wahrscheinlicher machen können. Denn zu träumen und gleichzeitig bewußt zu sein, ist ziemlich schwierig. In der kurzen Einschlaf-Phase sind wir jedoch offen, die anderen Ebenen, auf denen die ET´s mit uns plaudern können, wahrzunehmen. Wie gesagt gibt es Geräte, die diesen Theta-Zustand absichtlich herbeiführen können. Sie können eine Hilfe sein, unsere Trennung der Bewußtseinszustände niederzureißen. Wir können flexibler werden, vom Wachzustand in den interdimensionalen Theta-Zustand zu gelangen. Meditationen können helfen, und natürlich auch unsere Tagträume und Visionen, wie wir einem Außerirdischem die Hand schütteln.

Die Aborigines und viele Indianerstämme haben Kontakte mit Außerirdischen, weil ihnen der „bewußte Traumzustand" selbstverständlicher ist als uns westlich geprägten Erdlingen.

Die Plejadier behaupten, sie seien hier, um „Karmaarbeit" zu leisten. Vor langer, langer Zeit waren sie schon hier und haben sich als Götter aufgespielt. Heute müssen ihre Nachfahren wieder gut machen, was die Alten verbockt haben. Aber auch wir müssen ihnen entgegenkommen. Solange wir noch an diese Götter glauben, die uns eine Feuersäule vorausschickten, machen wir den Kontakt für beide Seiten unnötig schwer. Wenn wir sie noch als etwas Höheres ansehen, das über uns bestimmen kann, das uns von hier wegholen soll, dann wird es problematisch bleiben. Wenn diese Vorstellung der „Götter aus dem Weltall" noch im Unterbewußtsein schlummert und bei der Kommunikation auf den Delta-Wellen „dazwischenfunkt", können wir uns nicht auf ihre Ebene begeben.

Sie wollen uns heute nicht mehr als „Übermenschen" entgegentreten. Wenn wir unseren Platz in der galaktischen Föderation einnehmen wollen, müssen wir ihnen selbstbewußt begegnen. Sie sagen auch, daß wir heute immer mehr der Zusammenhänge der selbsternannten Götter begreifen und daher bald für den offenen Kontakt reif sind.

Wer mit seinem Schicksal hadert, weil noch kein Extraterrestrier an seiner Tür geklopft hat, sollte vielleicht einmal die Möglichkeiten nutzen, die in unserer Wahrnehmungssphäre gegeben sind. Delphine und Wale haben ein hochentwickeltes Bewußtsein, das dem unseren und dem der Außerirdischen in nichts nachsteht. Es gibt Berichte von Leuten, die in einem Delphinarium plötzlich anfingen zu singen, worauf die Delphine ankamen, andächtig lauschten und den Menschen die Tränen kamen ob des kurzen Eindrucks einer wahren Verbindungen mit diesen liebevollen und sensiblen Tieren. Wer solch ein Erlebnis für Gefühlsduselei hält, ist sicher noch lange nicht reif für einen bewußten Kontakt mit Wesen von anderen Sternen.

Solange wir UFO-Fotos analysieren, Statistiken über Beobachtungshäufigkeiten erstellen und UFO-Zeugen erst mal unterstellen, aus Profitgier zu lügen und sich aufspielen zu wollen, werden wir die Realität von UFOs nicht erkennen können. Denn es ist keine Sache der intellektuellen Beweisführung, sondern der Wahrnehmung.

Ein empfehlenswertes Buch ist im Verlag 2001 unter dem Titel „E.T. 101" erschienen. In erfrischend heiterer und humorvoller Art stellt es sich als Bedienungsanleitung für die Erde dar. Danach sind viele der Menschen, die nach dem Krieg geboren wurden, von anderen Welten hierhergekommen, um eine besondere Mission auf der Erde zu erfüllen. Als mit der Erfindung der Atombombe die Gefahr der atomaren Zerstörung der Erde begann, wollten Außerirdische von überall her die Menschheit vor dieser Bedrohung schützen. Ein direkter Eingriff von außen ist nach den kosmischen Gesetzen aber nicht erlaubt. Wenn jedoch Menschen von der Erde um die Hilfe von außen bitten würden, dann wäre das möglich. Wesen, die sich auf der Erde inkarnieren und dort das Leben selber kennenlernen würden, um dann quasi als Untergrundkämpfer zu arbeiten, hätten das Recht, in die gefährliche Entwicklung einzugreifen und um Unterstützung zu bitten. Nach dem Krieg seien die „geburtenstarken Jahrgänge" also zum Teil darauf zurückzuführen, daß sich Freiwillige aus allen Teilen des Universums bereit erklärt hatten, in dieser besonders gefährlichen Zeit die Erde zu unterstützen. Eine Inkarnation ist allerdings damit verbunden, daß man sich nicht bewußt erinnert, woher man kommt. Deswegen wurde nun das Handbuch für die Lichtkämpfer in dreidimensionaler Form nachgereicht.

Das liest sich ungefähr so: Bis jetzt mögen Sie sich damit abgefunden haben, daß Sie sich in einer äußerst dysfunktionalen Welt befinden, in der ihre Fähigkeiten unterdrückt werden und überhaupt alles reichlich konfus ist. Ihr Auftrag beinhaltet, sich in den ersten Jahrzehnten Ihrer Mission auf einem Planeten erst einmal perfekt zu tarnen, so daß die Erdlinge glauben, Sie seien einer von ihnen. Das kann dazu geführt haben, daß Sie selber glauben, Sie seien ein Erdling. Das ist gut für Ihre Tarnung, aber eine Gefahr für Ihre Mission.

Denn immerhin haben Sie Ihren Auftrag, der Erde zu helfen, in einer anderen Inkarnation erhalten und deshalb bei der neuen Verkörperung erst mal das meiste vergessen, was Sie wußten. Und das, an das Sie sich als Kind noch erinnert haben mögen, haben Ihre irdischen Eltern Ihnen dann noch wegerzogen. Dennoch haben Sie vermutlich sehr oft das Gefühl gehabt, daß etwas in Ihrem Leben schief gelaufen ist, daß so eine bescheuerte Welt doch nur ein dummer Scherz sein kann. Ist es leider nicht. Aber keine Sorge; Sie sind dafür ausgebildet worden, diese Welt zu verändern. Daß diese Welt bescheuert ist, kann nur jemand erkennen, der andere Welten kennt und daher Vergleiche ziehen kann. Aber dennoch lieben Sie dieses Leben vermutlich. Sie lieben und achten das Leben, gleich in welcher behämmerten Form es Ihnen auch entgegentreten mag.

Die Erde hat nun einen Antrag gestellt, in die galaktische Föderation aufgenommen zu werden. Da die Regierungen des Planeten jedoch immer noch ablehnen, ansonsten selbstverständliche Maximen anzuerkennen, wie z.B. ihrer Bevölkerung bedingungslos die Wahrheit zu sagen, ist der Einsatz von Agenten vor Ort erforderlich, die die Aufnahme in die galaktische Föderation vorbereiten.

Es ist jedoch höchste Zeit, daß Sie sich wieder an Ihre Mission erinnern, da in Kürze Kontakte stattfinden werden. Die Regierungen dieses Planeten werden versuchen, den Menschen Angst vor einer außerirdischen Invasion zu machen. Als einer von uns wissen Sie jedoch, daß die meisten außerirdischen Intelligenzen nur friedlicher sein können als die meisten Regierungen auf der Erde. Ein Teil Ihrer Mission wird also darin bestehen, die Menschen in Ihrer Umgebung zu beruhigen, daß keine Gefahr einer Invasion von Außerirdischen besteht. Denn die Invasion hat schon lange begonnen. Sie sind hier, und mit Ihnen viele tausend anderen Wesen von allen möglichen Teilen des Universums.

E.T. 101 ist ein Buch, das die Dinge in entwaffnender Weise auf den Punkt bringt, ohne jedoch Angst zu machen oder irgendjemanden irgendeine Schuld in die Schuhe zu schieben.

Kann sein, daß die Menschheit langsam auf die Aliens vorbereitet werden soll, denn sogar in der Bild-Zeitung stand am 23. August '96 in einem Bericht über „UFOs auf dem Mond", daß Astronauten bei ihren Flügen oft von UFOs begleitet wurden und sie bei der Mondlandung außerirdische Bauwerke gefunden hätten, ihnen deshalb von der Bodenstation in Houston Funkstille befohlen wurde. (Beziehungsweise die Gespräche über die Sichtungen vermutlich auf einem geheimen Funkkanal weitergeführt wurden.) Für unbekannte Objekte einigte man sich auf das Codewort 'Santa Claus'. Wer glaubt schon an den Weihnachtsbaum? Nun, da Astronauten in schöner Regelmäßigkeit davon über Funk sprechen, scheint es ihn doch zu geben.

Im Buch „Wir entdeckten außerirdische Basen auf dem Mond" findet man etliche Fotos mit merkwürdigen Objekten auf dem Mond.

Sogar Astronomen auf der Erde könnten mit ihren Fernrohren oft Lichtblitze, Wolken und Objekte auf dem Mond beobachten, die mal da sind und dann wieder nicht.

Interessant ist, daß einige hochrangige NASA-Mitarbeiter direkt nach der Mondlandung ihren Rücktritt bekannt gaben. Warum sollte jemand so etwas in der Stunde des größten Triumphs tun? Kann sein, daß sie die Vertuschung der unglaublichen Beobachtungen der Mondlandetruppe nicht mit ihrem Gewissen vereinbaren konnten.

Nun, dieser Tage scheint immer mehr Material in den Massenmedien zu erscheinen, das früher unterdrückt worden ist. Die NASA behauptet zwar immer noch, daß die kürzlich veröffentlichten Aufnahmen von Lichterscheinungen auf dem Mond nur auf Eiskristalle zurückzuführen seien. Doch muß man sich da fragen, warum die Aufnahmen dann jahrelang geheim gehalten wurden.

Da die Bild-Zeitung als eines der Hauptmedien der Verschwörer in Deutschland angesehen werden muß, kann man davon ausgehen, daß wir es wissen sollen. Immerhin denkbar, daß sie wissen, daß sie die Dinge langsam offen legen müssen, da es sonst die Außerirdischen tun. Auch die fast zur gleichen Zeit veröffentlichte NASA-Entdeckung von angeblichen versteinerten biologischen Formen auf Marsgestein soll die Menschen womöglich auf die Existenz von Leben außerhalb der Erde vorbereiten. Die Darstellung, wie das Gestein auf die Erde gekommen sein soll, ist mehr als fragwürdig.

Das Drama auf unserer Erde ist nur Teil in einem großen galaktischen Spiel. Verschiedene kosmische Gruppierungen versuchen, einen Einfluß auf die Erde zu bekommen. Der Sirius/Orion Konflikt tobt seit Jahrtausenden. Mars und Merkur sollen große nukleare Katastrophen erfahren haben, und der Planet Meldek in die Luft geflogen sein und heute den Asteroidengürtel bilden. Planeten in den Plejaden, der Orion-Gruppe und anderen Systemen wurden zu radiaktiven Wüstenplaneten. Auch auf der Erde soll es in den letzten 13000 Jahren schon zwei nukleare Kriege gegeben haben, denen wir vermutlich einige große Wüstengebiete zu verdanken haben. Die Orion-Gruppe, die zum großen Teil negative Intentionen hat, arbeitet angeblich mit geheimen Regierungsgruppen der Erde zusammen an der Erlangung von Macht über die Menschen. Dabei benutzen sie ultra-geheime Projekte zur Gedankenkontrolle, über elektromagnetische Methoden, Drogen und andere Möglichkeiten, sogar Zeitreisen und -Manipulationen. (Projekte MK-Ultra, HAARP, Phenix, Rainbow, Styx etc. etc.) Es finden nicht nur Entführungen durch Außerirdische statt, sondern auch von irdischen Geheimgruppen, die ebenso über Implantate Kontrolle über die Entführten zu erlangen versuchen.

Jedoch ist es offenbar nicht so einfach, ein wirklich positives Bewußtsein zu versklaven. Sonst hätten sie es längst getan. Auch werden die negativen Außerirdischen von positiv eingestellteren Wesen bekämpft, die die freie Entwicklung von Zivilisationen respektieren.

Nach Informationen von Al Bialek, der am Montauk-Projekt teilgenommen hatte, gab es ein Abwehrsystem auf dem Mars, das von Marsianern errichtet wurde, die schon mehr als 10000 Jahre ausgestorben sind, und das das Sonnensystem sehr effektiv gegen Eindringlinge von außen abschirmte. Leider soll diese Anlage im Rahmen des Montauk-Projekts ausgeschaltet worden sein, so daß in der Folgezeit massenhaft verschiedene Gruppen von Außerirdischen bei uns auftauchten. Neben den Grauen, der Orion Gruppe und den Plejadiern werden genannt: Leverons, Antares, K-Gruppe (Kondrashkin), die reptilienartigen Draco, humanoide Nordics und viele andere.

Viele Informationen, die in der UFO Szene kursieren, sind ganz und gar unglaublich. Dennoch ist es bedenkenswert, daß gerade die unglaublichsten Informationen einen in persönliche Gefahr bringen können, wenn man versucht, sie weiterzugeben. Wichtig ist, daß man zu unterscheiden lernt, ob etwas wahr ist, wobei der Verstand immer getäuscht werden kann. Wir haben die intuitive Unterscheidungsmöglichkeit, zu spüren, was wahr ist, im Laufe unserer Entwicklung verloren, denn unsere ganze Erziehung ist darauf ausgelegt, nur das rationale Denken zu fördern, und so müssen wir sie langsam wieder trainieren, wenn wir nicht weiterhin mit Lügen manipuliert werden wollen.

Ein gutes Beispiel dafür, wie man mit strikter Ablehnung reagiert, wenn man auf Dinge stößt, die völlig allem widersprechen, das man gelernt hat und zu wissen glaubt, ist die Behauptung von einigen Überzeugten, daß die Erde keineswegs einen heißen Kern besitze, sondern hohl sei und es Öffnungen an Nord- und Südpol gebe. Sehr viel Material findet man dazu in der ZeitenSchrift Nr.1, aber auch etliche Bücher wurden zu dem Thema geschrieben.

Belege für die „Hohle Welt"-Theorie seien zahllose Berichte von Menschen in aller Welt, die schon im Inneren der Erde gewesen sind. Etliche Höhlen in aller Welt würden ins Innere der Erde führen, und sogar ein hochrangiger US-Militär, nämlich Admiral Bird, hatte bei einem Flug über den Nordpol das unglaubliche Erlebnis, daß er auf einmal durch die Löcher, die sich an den Polen befinden sollen, in die Erde hineinflog und dort von Flugscheiben empfangen wurde, die ihn zu einem Landeplatz im Inneren der Erde geleiteten. Dort lernte er hochentwickelte und friedliche Menschen kennen, die besorgt um die atomare Entwicklungen der Menschen seien. Da die Hülle der Erde nur ca. 600 Kilometer dick sei, wären unterirdische Atomtests eine große Gefahr für die Erde. Im Inneren der Erde gäbe es eine Zentralsonne, die die konkave Oberfläche innen beleuchtet. Admiral Bird berichtete nach seiner Rückkehr der US-Regierung von den Sorgen der „Innerirdischen", worüber natürlich in der Öffentlichkeit keiner etwas erfuhr.

Später wurde eine Expedition zum Südpol unter seiner Leitung durchgeführt. Dabei standen ihm ein Flugzeugträger, etliche Kampfschiffe und Flugzeuge, sowie 5000 Mann zur Verfügung. Erfolglos mußte die US-Truppe sich mit starken Verlusten zurückziehen. Was da am kalten Südpol geschehen ist, ist ultra-geheim.

All dies ist völlig unglaublich, da man ja weiß, wie unsere Erde aussieht. Man kennt Bilder aus dem Weltraum und hat dort noch keine riesigen Löcher an Nord- und Südpol gesehen. Ich will die Hohle-Welt Theorie nicht propagieren, dennoch gibt es ein paar Merkwürdigkeiten, die sich mit unserem normalen Weltbild nicht erklären lassen. So berichten Polarforscher immer wieder, daß es wärmer wird, wenn man sich dem Pol nähert. Auch gibt es Vogelarten, die im Winter nach Norden fliegen, anstatt in den wärmeren Süden. Das Nordlicht wäre durch den Schein der Inneren Sonne zu erklären. Die Entdeckungen des Nordpols durch Scott und Peary wurden später von der Wissenschaft nicht anerkannt. Hätte Scotts Behauptung gestimmt, den Nordpol erreicht zu haben, hätte er sich täglich 25 Meilen durch unwegiges Eis bahnen müssen. Unmöglich, behaupten die Experten. Auch fragt man sich, warum es Meeresströmungen gibt, die zum Nordpol fließen aber nirgendwo zurück, und welche vom Südpol kommen, ohne daß bekannt ist, wo sie herkommen. Merkwürdig auch: in der „Space Night" des Bayerischen Rundfunk, wo nächtens stundenlang Bilder der Erde gezeigt werden, bekommt man nie Aufnahmen der Pole zu sehen.

Daß der magnetische Nordpol mehrere hundert Meilen vom geographischen entfernt ist und nicht da, wo er sein müßte, sollte einem auch zu denken geben. Interessant auch bei der Analyse von Fotos von Polarexpeditionen; einem Fotografen fällt auf, daß die Schatten auf solchen Fotos oft sehr kurz sind. An den Polen müßten Schatten aber stets sehr lang sein, da die Sonne ja immer extrem tief steht, egal, zu welcher Tageszeit. Nie kann die Sonne von „oben" auf die Pole scheinen. Dennoch gibt es Nordpolfotos, auf denen man Schatten ausmachen kann, die so kurz sind wie bei einem Tennismatch in Wimbledon.

Übrigens sollen auch alle anderen Planeten hohl sein und Löcher an den Polen haben. Auf Bildern von Mars und Venus kann man manchmal kreisrunde helle Flächen an den Polen erkennen. Angeblich sind das vereiste Polkappen. Nur - die Venus soll Temperaturen um die 400 Grad haben. Wie soll es da vereiste Polkappen geben?

Wie man sieht, gibt es oft Widersprüche in dem, was wir als bekannte Wahrheiten anerkennen. Daran zu glauben, daß die gesamte Menschheit von den Raumfahrtunternehmen, den Polarforschern und Astronauten um elementare Erkenntnisse betrogen wird, ist in seinen Ausmaßen kaum möglich. Wenn es aber im Inneren der Erde höher entwickelte Zivilisationen gibt, die über UFOs und freie Energie (Vril-Energie) verfügen, dann gilt für die Gründe der Geheimhaltung dasselbe wie für die Vertuschung der UFO-Kontakte. Vielleicht fragen sie mal bei Ihrer nächsten Interkontinentalreise ihren Piloten, ob er schon mal die Löcher an den Polen gesehen hat. Es kann sein, daß Sie recht interessante Reaktionen bekommen.

Da dieses Kapitel sicherlich für viele beunruhigend war und Angst sehr schädlich für unsere Entwicklung ist, wollen wir die Schwingung nun wieder etwas anheben. Könnte man ein okkultes, satanisches Ritual nicht am ehesten sprengen, indem man einfach lauthals lachte? Schon wäre der Bann gebrochen und das Ritual „im Eimer".

Das folgende Kapitel ist eine Persiflage auf das UFO-Thema, und soll uns wieder zum Lachen bringen. Denn wenn wir lachen, kann das Böse keine Macht über uns haben.

Unheimliche Art der 3. Begegnung

Begegnungen mit Außerirdischen gibt es offenbar viele, aber die meisten Berichte sind viel zu unglaubwürdig oder zu umfangreich, um in einen Beitrag für die Acht-Uhr Nachrichten zu passen. Die folgende Begegnung besticht jedoch durch ihre Klarheit und die Tatsache, daß die Kontaktperson, der Schweizer „Johnny" Mittermüllerli eine hohe Glaubwürdigkeit besitzt, da er von Beruf Gebrauchtwagenhändler ist.

Im Juli 1992 bemerkte er bei einer Überlandfahrt ein fliegendes Objekt, das am ehesten Ähnlichkeit mit einem UFO hatte - ihm fiel kein anderer Vergleich ein - und das mit irrwitziger Geschwindigkeit aus südsüdwestlicher Richtung heranschoß, plötzlich langsamer wurde und dann geschickt in einer Parklücke landete. Es leuchtete in verschiedenen Farben, von pinkorange bis kardinalgrün, hatte eine kleine Kuppel mit Fenstern, hinter denen Mittermüllerli eine Gestalt mit großen, dunklen, schräggestellten Augen ausmachen konnte.

Panikartig versuchte er, seinen Wagen zu starten, doch weder der Anlasser noch der elektrische Zigarettenanzünder reagierten. Das leise Sirren, das das UFO verbreitet hatte, erstarb. Eine Luke öffnete sich und eine humanoide Gestalt stieg aus. Sie war groß, schlank, trug langes, blondes Haar und erschien Mittermüllerli überirdisch schön. Sie setzte die dunkle Sonnenbrille ab, sah sich kurz um und kam dann mit federnden Schritten auf ihn zu.

„Hallöchen!", sagte der Fremde. „Na, wie gefällt sie Dir?"

Mittermüllerli, der nicht genau wußte, worauf sich die Frage bezog, wollte fragen, worauf sich die Frage bezog, wurde jedoch schon unterbrochen. „Nettes Gerät, was? Macht locker seine 350 x 10 hoch 23 Sachen," wobei nicht klar war, was er unter 'Sachen' verstand. „Verstärkte Unterseitenschweller, getönte Scheibenwischer, tiefergelegter Auspuff, Hitchhikerairbag. Ein echtes Prachtstück!"

Mittermüllerli war zu verwirrt, um vernünftige Fragen zu stellen. „Sind, äh, kommen Sie? Äh wo...?"

„Du kannst ruhig Du zu mir sagen. Ich heiße Atan Mitsubashi Ohne Omnec. Aber meine Freunde nennen mich einfach Mtprxyludsw." Mittermüllerli schluckte nur.

„Also, jetzt gerade komme ich vom Titanmond Jupiter, aber aufgewachsen bin ich auf Klwpsxsotl," sagte er. „Das liegt gleich hinter Ftsnlotl."

Mittermüllerli hatte inzwischen seine Fassung wiedergefunden und erkannte, daß dieses eine einmalige Chance war, Kontakt mit einer höheren Intelligenz aufzunehmen. „Können Sie... äh, kannst Du mir ein paar spirituelle Sachen sagen, ich meine, über Gott, den Sinn des Lebens oder die Lottozahlen von nächstem Mittwoch?"

„Sehe ich aus, wie ein Philosoph, oder was?" erwiderte Mtprxyludsw.

„Ich dachte, weil es doch so viele Bücher über Außerirdische gibt."

„Ach, Du meinst 'Per Anhalter durch die Galaxis'? Mann, der Typ war total bekifft. Und im übrigen steht da nicht viel mehr spirituelles drin, als daß alles Chaos ist und man möglichst immer ein Handtuch dabei haben sollte."

„Ich dachte eher an die Plejadier, oder so..."

„Peh! Die haben doch nun wirklich keinen Plan. Sie meinen, euer größtes Problem wäre die Überbevölkerung. Dabei ist Euer Planet nur ein bißchen zu klein." Er lachte herzhaft. „Nein, nein! Die tun so, als wüßten sie, wie man die Probleme der Erde lösen kann; Aufhören mit Umweltzerstörung und Kriegen, ein höheres Bewußtsein entwickeln, Geburtenkontrolle und das. So was kann sich doch nun wirklich jeder ausdenken."

„Wieso nehmt ihr eigentlich nicht offiziell Kontakt zu uns auf?"

„Na, einige haben das wohl versucht. Aber sie wurden dann monatelang vom CIA verhört und hatten total ätzende Gespräche mit Leuten, die glauben, blaue Krawatten mit dem Siegel des Präsidenten von irgendeiner Bananenweltmacht seien schick. Die meisten wären heute noch in Gefangenschaft, wenn sie nicht teleportieren oder durch Wände gehen könnten. Wer hat da schon Lust zu? Außerdem, was gibt es bei Euch schon zu holen? Ich meine, man bekommt nicht mal ein Glas sauberes Wasser."

„Aber warum sind, äh bist Du dann hier?"

„Just for fun! Es ist immer wieder herbe, wie die Leute sich zu Tode erschrecken, wenn sie so eine Schüssel sehen, versuchen, Fotos zu machen, aber vor lauter Aufregung alles verwackeln. Naja, und ab und zu gönne ich mir das Vergnügen, ein paar nette Lebensströme aufzureißen. Gibt es eigentlich noch diese Channeling-Gruppe in Moosbach?"

„Keine Ahnung."

„Mann, die hatten wirklich ein paar heiße Schnecken in ihrer Gruppe. Aber ist schon ´ne ganze Weile her, daß ich zuletzt hier war. Läuft eigentlich noch diese Fernsehserie mit dem grauhaarigem Typ im Rollstuhl?"

„Der Chef?"

Der Fremde sah sich erschrocken um. „Wo?" Aber abgesehen von ein paar Truckern auf dem nahegelegenen Parkplatz waren sie alleine.

„Du, ich muß los. Muß die Schüssel noch zur Waschanlage bringen. Die ganzen Insekten auf der Kanzel bringen einen wirklich zur Verzweiflung. Also, war nett, mit Dir zu plauschen. Wenn Du mal auf unserem Planeten bist, schau doch mal rein."

Er ging zu seinem Ufo, stieg ein, ließ die Motoren ein wenig hochdrehen und flog dann rasch in nordwestlicher Richtung davon.

Mittermüllerli versuchte in der Folgezeit, die Menschen von der Wirklichkeit seiner Begegnung zu überzeugen, aber niemand, außer einigen Typen von UFO-Magazinen, schenkte ihm Glauben oder sonst irgend etwas. Wer ihm jedoch persönlich begegnet, der wird rasch davon überzeugt, daß dieser Mann die Wahrheit sagt und, abgesehen davon, ganz hervorragende Spätzli macht.

Scharlatane

Die Behauptung, daß die moderne Medizin teilweise falsche Vorstellungen von Gesundheit und der Entstehung von Krankheiten hat, ist sicherlich für viele kühn - dabei ist das noch die mildeste Formulierung. Keineswegs sollen in diesem Kapitel die Fähigkeiten und Kenntnisse der Ärzte bezweifelt werden. Sie kennen den physischen Körper genau und können wahre Wunder vollbringen. Dennoch gibt es berechtigte Zweifel an vielen Aspekten der Schulmedizin, da die geistigen Zusammenhänge oft nur unzureichend oder gar nicht berücksichtigt werden.

Die orthodoxe Medizin basiert hauptsächlich auf der Basis, daß Krankheiten durch Bakterien und Viren verbreitet werden. So etwas ist natürlich recht praktisch, denn Viren kann man trefflich unter dem Mikroskop betrachten und mit allen möglichen Mitteln bekämpfen. Alternative Ansichten besagen, daß jede Krankheit einen Grund hat, daß der Körper einem etwas sagen will, das man falsch macht. Und daß man eine Krankheit kaum besiegen kann, wenn man die Ursachen nicht abstellt. Am Krebs sehen wir, daß die einfachen Erklärungen für Krankheiten nicht mehr genügen. Obwohl nach Herzenslust bestrahlt und amputiert wird und tonnenweise chemische Medikamente verhökert werden, sterben immer noch über 90 Prozent aller Krebspatienten, so daß man sich fragen muß, ob dieser Ansatz richtig ist. (Einige Ärzte geben sogar zu, daß Statistiken in der Krebsmedizin gefälscht werden, indem „harmlose" Tumore operiert werden, damit die „Erfolge" der Mediziner besser aussehen.)

Grundsätzlich geht die Problematik auf die Frage zurück, ob das Leben ein rein biologisch-mechanischer Vorgang ist oder bewußte Intelligenz dahinter steht. Wenn alles von selber aus dem Zufall entstanden ist und es keinen ordnenden Plan für das Leben gibt, dann kann man freilich mit dem Menschen dasselbe machen, was man mit einem Formel-1 Geschoß macht, wenn es an die Box muß: erkennen, was nicht funktioniert und es austauschen und zusätzlich darauf achten, daß die Füllmengen aller Flüssigkeiten so sind wie vorgeschrieben. Gibt es jedoch einen ordnenden Geist hintder dem Leben, dann kann es möglicherweise völlig falsch sein, mit chemischen Mitteln in das Leben einzugreifen, Organe zu transplantieren oder zu bestrahlen. Und wenn wir sogar daran glauben, daß wir diese physische Existenz dazu bekommen haben, um zu lernen, dann müssen wir möglicherweise auch aus unseren Krankheiten etwas lernen, und entsprechend müßten sie verschwinden, wenn wir unsere Lektion gelernt hätten.

In den Medien wird immer wieder von Außenseitern der Medizin berichtet, die behaupten, alternative Ansätze für Heilungen gefunden zu haben. Dort bezeichnet man sie jedoch gemeinhin als Scharlatane und nimmt sie nicht besonders ernst.

Wenn Sie glauben, genügend über Krebs, AIDS und andere Krankheiten zu wissen, können Sie sich den Rest dieses Kapitels getrost sparen. Im Grund ist es auch nicht zu verantworten, daß Sie sich Ihr Vertrauen in die moderne Medizin verderben lassen. Aber offenbar haben nicht mal die Ärzte allzugroßes Vertrauen in ihre Kunst: eine Umfrage, die 1995 im 'Stern' veröffentlicht wurde, ergab, daß die meisten Ärzte die Behandlungen, die sie ihren Patienten verordnen, selber nicht an sich machen lassen würden. D.h. selbst bei einem kritischen Zustand würden nicht einmal Chirurgen sich operieren lassen.

Einer der von der Schulmedizin gemiedenen Scharlatane ist Dr. Samuel West aus Amerika. Er entdeckte Gemeinsamkeiten bei allen Krankheiten und ist überzeugt, daß man mit diesem Wissen sämtliche Krankheiten einschließlich Krebs, AIDS, Multiple Sklerose, aber auch innere oder äußere Verletzungen auf einfache Weise selber heilen kann. Er ist überzeugt daß dieses Wissen durch die AMA (American Medical Association) bewußt unterdrückt wird, da sich auf diese Weise kein Geld verdienen lasse.

Zufällig gab ihm ein Biologielehrer während seines Chemiestudiums auf eine Nachfrage nach dem Blutkreislauf ein Buch von Dr. Arthur C. Guyton in die Hand, in dem es hieß: „Wir werden sehen, daß das Entfernen von Eiweiß aus dem Gewebe durch unser lymphatisches System eine absolut lebensnotwendige Funktion ist, ohne die wir innerhalb von 24 Stunden sterben würden."

Erstaunt stellte er fest, daß die wenigsten Mediziner, die er dazu befragte, diese essentielle Erkenntnis verstanden hatten. Dann sah er einen Film über einen Mann, der durch an seinem Kopf angebrachte Elektroden einen Modelleisenbahnzug starten, stoppen und beschleunigen konnte, indem er nur daran dachte. Ihm erschien logisch, daß dies nur möglich sein konnte, wenn die Gedanken des Mannes irgendeine elektrische Energie erzeugten. Irgendwo innerhalb des Körpers mußten sich also Generatoren befinden, die Strom erzeugten. Dann hörte er von Schmerzkliniken, in denen man schon gute Erfahrung mit galvanischen Spannungen bei der Behandlung chronischer Schmerzen gemacht hatte, und herausgefunden hatte, daß auch Knochenbrüche in einem Bruchteil der üblichen Zeit heilen konnten, wenn man Elektroden in die beiden Fragmente steckte und mit schwacher Spannung versorgte. Andere Forschungen bestätigten, daß elektrische Ströme mehr Sauerstoff zu den weißen Blutzellen führen, sodaß diese die Fähigkeit bekommen, Krebszellen zu zerstören, daß die Muskeln von M.S.-Patienten reaktiviert werden können und körperliche Deformationen wieder korrigiert werden.

Er schloß daraus, daß Zustände wie Krankheit und Gesundheit auf elektrische Funktionen zurückzuführen sein müssen, was auch einleuchtend ist, da Zellen ja aus Atomen bestehen und deren Bestandteile - Protonen und Elektronen - letztlich auch elektrische Ladungen haben.

Neben dem Blutkreislauf und den Nervenbahnen gibt es noch einen weiteren Kreislauf im Körper, und zwar einen elektrischen, der von der Medizin viel zu wenig berücksichtigt wird. Lediglich die Jahrtausende alte chinesische Heilkunst der Akupunktur, bei der Nadeln in Energieknotenpunkte gesteckt werden, um den Energiefluß wieder zu normalisieren, basiert auf derselben Erkenntnis. Für die Chinesen ist Krankheit ein Ungleichgewicht von Yin und Yang. Könnte man das nicht auch als Plus und Minus bezeichnen?

Wenn man die Zellen des Körpers genauer untersucht, stößt man tatsächlich auf einen elektrischen Ladungszustand zwischen dem Inneren der Zelle und ihrer Umgebung. Ja, es gibt elektrische Pumpen, die dafür sorgen, daß dieses Potential gleich bleibt: In den Zellen ist der Kalium-Level (K+) hoch, der von Natrium (Na+) niedrig. Außerhalb der Zelle ist es umgekehrt. Durch diesen Unterschied wird, wie bei einer Batterie, ein Ladungspotential erzeugt, eine elektrische Spannung. Durch diese Energie bekommen die Zellen wiederum die Kraft, sich ständig zu regenerieren, und durch das lymphatische System werden die Gifte ausgeleitet. Das können sie allerdings nur, wenn die Proteine nicht zusammenklumpen, wie sie das bei ungenügender Sauerstoffversorgung tun. Dann passen die Eiweißklumpen nicht mehr durch die Kapillare. Funktioniert dieses System jedoch normal, kann fast jede Krankheit abgewehrt, jede Verletzung in kürzester Zeit regeneriert werden. Für Dr. West verdichteten sich die einzelnen Aspekte zu einer umfassenden Theorie.

Die Zellen des Körpers erneuern sich ständig. Es gibt ein ätherisches Abbild, eine Blaupause jedes Menschen, nach dem die Zellen sich immer wieder anordnen. Tatsächlich können 300 Millionen Zellen pro Minute reproduziert werden, wenn die Natrium-Kalium-Pumpen in den Zellen genügend Energie erzeugen. Doch bei den meisten Menschen unserer modernen Zivilisation ist diese Fähigkeit schon erheblich eingeschränkt. Umweltgifte, ungesunde Nahrung, Bewegungsmangel und schlechte Atmung haben die Selbstheilungskräfte geschwächt.

Durch das Atmen wird das Blut mit Sauerstoff angereichert, wobei die roten Blutkörperchen negativ geladen werden. Sie stoßen sich dann gegenseitig ab, wie zwei Magnete mit dem gleichen Pol das tun. Dadurch, daß sie sich abstoßen und nicht zusammenklumpen, bleibt das Blut flüssig und kann rasch jeden Winkel des Körpers erreichen. Gleichzeitig können Gifte, die ja ebenfalls aus Eiweißen bestehen, durch das Lymphsystem ausgeleitet werden.

Wenn es nicht genügend geladene rote Blutzellen gibt, funktioniert diese gegenseitige Abstoßung nicht mehr, die Blutkörperchen kleben zusammen und verursachen, wie Dr. West es treffend beschreibt, einen „Verkehrsstau". Das blockiert die Eiweiße in den Kapillaren, so daß sie sich in den Zellzwischenräumen ansammeln, so daß wiederum der Sauerstoff nicht mehr an die Zellen gelangt und die Zellen buchstäblich ertrinken.

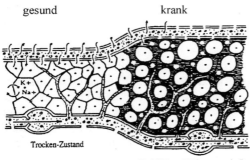

Außerdem kann die Glucose aus der Nahrung zusammen mit dem Sauerstoff aus der Atmung nicht mehr zu Adenosin Triphosphat (ATP) umgewandelt werden, was den Zellgeneratoren dann fehlt, um elektrische Energie zu erzeugen.

Man muß nur die richtigen Zustände im zellulären Bereich wieder herstellen, um zu genesen, behauptet Dr. West in seinem Buch „The Golden Seven plus One". Sieben grundlegende Erkenntnisse sind es, die ihn nach jahrelanger Forschung schließlich auf eine einfache Formel für die Gesundheit gebracht haben.

In unserer bewegungsarmen Welt atmet man in der meisten Zeit im Schongang. Dadurch wird das Blut nicht mehr mit dem notwendigen Sauerstoff versorgt. Ganz gleich, was nun geschieht, eine Verletzung, ein Knochenbruch oder eine Virenattacke - wird das elektrische Gleichgewicht auf Zellebene durcheinander gebracht, geraten die Zellen aus dem gesunden, trockenen Zustand in einen giftigen, bei dem sich Flüssigkeit zwischen den Zellen bildet. Dadurch schwellen verletzte Finger an, bekommt man eine Beule, Brandblase oder Entzündung.

Was Kinder instinktiv tun, nämlich einen verletzten Finger zu umfassen, ist völlig richtig, sagt Dr. West. Kinder wollen auch nicht loslassen, wenn die Eltern sie dazu auffordern, um sich die Verletzung anzusehen. Auch dieses Verhalten ist richtig. Denn sobald man losläßt, blockieren die Blutkörperchen, die Schwellung setzt ein, damit die Vergiftung, und zudem schmerzt es danach, den Finger wieder zu umfassen.

Dr. West hat dies selbst erfahren, als er sich die Finger in einer Autotür eingeklemmt hatte. Und zwar so heftig, daß sie normalerweise extrem angeschwollen wären. Er umfaßte sie für mehrere Minuten, bis der Schmerz nachließ. Und siehe da, es hatte sich keine Schwellung gebildet. Auch später hatte er keinerlei Beschwerden, die man bei der Schwere dieser Verletzung eigentlich vermuten würde. Der Fahrer des Autos konnte kaum glauben, daß die Hand von Dr. West so einfach geheilt war.

Die elektrischen Funktionen des Körpers spielen sich, anders als bei dem Energieumsatz der technischen Welt, auf sehr niedrigem Niveau ab; sie sind kaum meßbar. Aber wir nehmen ständig Energien auf und können sie bewußt steuern, z.B. durch unsere Finger fließen lassen. Wenn wir das gezielt auf Verletzungen anwenden, können wir die elektrischen Funktionen in einem kranken Körperteil wieder regulieren. Das Heilen per Handauflegen, Reiki, ja auch die angeblichen Wundertaten des Jesus von Nazareth werden so erklärbar.

Man kann es üben, seine Energien stärker durch seine Finger fließen zu lassen. Übung macht den Meister. Wir können uns somit selber heilen, Pflanzen „den grünen Daumen" angedeihen lassen, aber auch bei anderen Menschen Schmerzen und Krankheiten verschwinden lassen. Schon das Massieren eines kranken Körperteils kann Wunder bewirken. Es verstärkt elektrische Energien und bringt die Lymphe zum Fließen. In seinem Buch beschreibt Dr. West, wie ein Junge in einen unterirdischen Tank gefallen war und erst nach zehn Minuten herausgeholt werden konnte. Er wurde zwar wiederbelebt, aber die Ärzte sagten, daß er quasi eine lebende Pflanze bleiben würde, da sein Gehirn praktisch tot sei. Die Mutter wollte dies nicht einsehen und streichelte tagelang den Körper des Jungen und führte ihm damit ihre Lebensenergien zu, brachte die Lymphe zum Fließen und kurbelte das elektrische System im Körper des Kindes wieder an. Als sie später mit ihm zum Arzt ging, wollte dieser seinen Augen nicht trauen: der Junge war völlig gesund und wuchs später normal heran. Solche Beispiele ungläubigen Staunens bei Ärzten gibt es viele in Dr. Wests Buch.

Wenn man die Fingerspitzen zusammenführt, kann man die Energien bündeln. Eine gute Übung ist nun, mit den Fingerspitzen beider Hände vom Nabel ausgehend rechts und links den Rippenbogen entlang zu streichen, und zwar sieben mal in rascher Bewegung. Dabei wird auch die mentale Energie, die Gedankenkraft, verstärkt, und wenn man dann an ein erkranktes Organ denkt, wird die erzeugte Heilungsenergie dort hingeleitet. Hat man Schmerzen in den Schultern oder Armen, kann man mit der Hand den Arm von oben nach unten entlang streichen, sieben mal in einer raschen Bewegung hintereinander.

Auf seinem Vortrag auf dem Kongreß „Neuer wissenschaftlicher Ausblick 1994" in Lindau führt Dr. West vor, wie er Schmerzen bei verschiedenen Kongreßteilnehmern auf diese Weise verschwinden ließ. Nach seinem Vortrag bekam er nicht enden wollende stehende Ovationen.

Haben sich chronische Schmerzen manifestiert, muß man die lymphatischen Übungen jedoch regelmäßig anwenden: am ersten Tag alle 15 Minuten, am zweiten Tag alle halbe Stunde und in den darauffolgenden Wochen auch noch mehrmals am Tag. Man sollte jedoch nicht den Fehler machen aufzuhören, wenn die Beschwerden scheinbar verschwunden sind, sondern muß dieses Programm durchhalten. Damit kann man laut Dr. West erstaunliche Ergebnisse erzielen, Rheuma, Migräne, Wirbelschäden usw. verschwinden lassen.

Das Schöne ist, daß jeder lernen kann, sich selber zu heilen. Für die Ärzte natürlich weniger erfreulich. Denn würden das alle tun, wären sie plötzlich arbeitslos. Ebenso könnte die Pharmaindustrie nicht mehr ihre teuren Medikamente verkaufen - mit den kostenlosen Nebenwirkungen, die man auf dem Beipackzettel nachlesen kann.

In der Tat meint Dr. West, daß dieses Wissen bewußt unterdrückt wird, da eine riesige Lobby ihre Existenzgrundlage gefährdet sieht. Im Lexikon „Encyclopedia Americana" von 1960 standen noch die Grundlagen aus der Schockforschung, aus denen man die Vorgänge ableiten könnte. Ab 1970 ist dieses Wissen nicht mehr erschienen.

Auch das Wissen um die Bedeutung der Ernährung für die Gesundheit wird unterdrückt: Im Februar 1977 veröffentlichte das „United States Senate Select Committee on Nutrition and Human Needs" eine Dokumentation mit dem Titel „Diatary Goals for the United States". In diesem Dokument wird dargelegt, wie wichtig die Ernährung für die Gesundheit des Menschen ist. Daß nicht nur Tabakerzeugnisse, Alkohol und andere Drogen krank machen, sondern auch alltägliche Nahrungsmittel wie Zucker, Fleisch, Kaffee, Eis, Softdrinks etc. krebserregend sein können. Es sagt sehr deutlich, daß diese Ernährung in direktem Zusammenhang mit dem Tod von hunderttausend Menschen jeden Monat in den USA stehe. Sechs von zehn Haupttodesursachen, wie Herzattacke, Krebs usw. sind direkt mit der Ernährung verbunden. Dieses Dokument wurde amerikaweit in Anzeigen und TV-Spots bekannt gemacht. Eine selten deutliche Sprache, die allerdings rasch auf Widerstand stieß: Noch vor dem Dezember des selben Jahres wurde eine zweite Ausgabe veröffentlicht, in der wesentliche Teile entschärft und relativiert worden waren. Die American Medical Assoziation und die Lobbies verschiedener Interessengruppen hatten die Politiker dermaßen unter Druck gesetzt, daß die groß angelegte und sicherlich mit guter Intention in die Wege geleitete Kampagne sang- und klanglos in der Versenkung verschwand. Es war ohnehin ein Wunder, daß ein dermaßen deutliches Dokument veröffentlicht worden war. Und das Zurücknehmen dieser grundlegenden Informationen zeigt nur, daß Gesundheitsaufklärung hinter dem Profitstreben großer Interessengruppen zurückstehen muß.

Dr. West landete 1989 für zehn Tage im Gefängnis, wurde nicht mal auf Kaution freigelassen, und zwar einfach, weil er Menschen heilte und ihnen beibrachte, wie sie sich selber heilen können. Wie soll da ein Arzt etwas verdienen? Er führte zwei Prozesse gegen die AMA in Utah, die er schließlich gewann, obwohl er sich nicht mal auf seine eigenen Anwälte verlassen konnte, sondern sich selber über seine Rechte informieren mußte.

So ist auch nicht weiter verwunderlich, daß Ärzten, die aufgrund der Erkenntnisse von Dr. West praktizieren und ihren Patienten beibringen, sich mit einfachen Übungen selber zu heilen, die Zulassung entzogen wird. Die AMA hat „Discipline Boards", die die Ärzte sehr genau beobachten. Sie sorgen dafür, daß die Ärzte ihre Patienten behandeln, aber nicht Krankheiten verhindern. Und so kommt es, daß viele Mediziner zwar insgeheim den Erkenntnissen von Dr. West zustimmen, aber dies nicht öffentlich zugeben würden, um ihren Beruf nicht zu gefährden.

Eine der sieben Säulen aus Dr. Wests Buch ist die Ernährung. Kein Wunder, daß er vor Fleischkonsum, Zucker, Koffein und Teein warnt und all den anderen ungesunden Dingen, die inzwischen leichtfertig als Nahrungsmittel bezeichnet werden. Entscheidend ist, daß die Glucose aus der Nahrung im Zusammenhang mit dem Sauerstoff im Blut zu

ATP verwandelt werden kann, was gleichsam der Sprit ist, der die Energiegeneratoren in den Zellen zum Laufen bringt. Dies ist jedoch nur bei natürlicher Nahrung der Fall. Fleisch trägt fast nichts zu diesem Vorgang bei, belastet nur das Immunsystem durch die körperfremden Eiweiße. Wenn man jedoch nicht auf Fleisch verzichten kann, so sollte man sich zumindest auf Fisch und Geflügel beschränken.

Es wäre allerdings fatal, seine Ernährung von einen Tag auf den nächsten auf Obst, Gemüse und Getreide umzustellen. In der Tat hat es Fälle solcher Radikalkuren gegeben, die bis an den Rand des Todes gingen. Durch die Umstellung der Ernährung werden sofort die Gifte freigesetzt, die sich im Körper befinden. Das kann extrem gefährlich sein. Jemand kann sich also hundeelend fühlen, wenn er anfängt, Obst und Gemüse zu essen, und sich besser fühlen, wenn er sich wieder Hamburger und Fritten zuführt. Eine Umstellung der Ernährung sollte daher schrittweise über mehrere Monate erfolgen. Auch solle man den Wunsch auf diese oder jene Leckerei keineswegs unterdrücken - auch das verursache dem Körper Streß und sei ungesund. Vielmehr würde der Appetit auf ungesunde Nahrung nach und nach geringer werden. Und dann könne man sich auch ab und zu mal ein Festessen leisten, wenn es einem denn Freude macht - Wenn!

Dr. West beschreibt, daß er 1975 mehr als 220 Pfund wog, als er beschloß, ein neues Leben zu beginnen. Er probierte alle möglichen Schlankheitskuren aus - ohne Erfolg. Dann begann er mit der gesunden Ernährung nach Arnold Ehret und wiegt heute 175 Pfund - bei deutlich besserem Gesundheitsempfinden, mehr Energie und Lebensfreude.

Eigentlich weiß der Körper, welche Nahrung gut für ihn ist. Das Dumme ist, daß die meisten uns von den Nahrungsmittelherstellern vorgesetzen Sachen in gewissem Sinne süchtig machen und wir nicht mehr auf die leise Stimme unseres Körpers hören.

Wer sich mit gesunder Ernährung befaßt, hat vielleicht schon mal gelesen, daß man etliche Gläser Wasser am Tag trinken soll - und es fällt ihm richtig schwer, sich daran zu halten, schafft noch nicht einmal die Hälfte des Wasserkonsums, ohne sich dazu zu zwingen. Dr. West kann uns beruhigen: wer sich gesund ernährt, braucht viel weniger Flüssigkeit. Diese Mengen Wasser brauche nur, wer viel Fleisch und andere ungesunde Dinge ißt, sich also mit all den Segnungen der modernen Lebensmittelindustrie ernährt. Man solle nur trinken, wenn man Durst habe und nur essen, wenn man Hunger habe. Der Körper weiß, was er braucht.

Das Atmen nehmen wir als etwas selbständig Ablaufendes wahr, um das wir uns nicht zu kümmern brauchen. Achtet man jedoch ab und zu mal auf seine Atmung, wird man erschreckt feststellen, wie flach sie oft ist. Nur ein kleiner Bruchteil der Lunge wird gefüllt. Unbewußt scheinen wir oft aus irgendeiner Angst die Luft anzuhalten. Wer mal ab und zu bewußt auf seinen Atem achtet, wird erstaunt sein, wie oft er dieses Verhalten an sich beobachtet. Dr. West meint, es sei besser, fünf Minuten am Tag tief zu atmen, als fünf Minuten spazieren zu gehen und dabei flach zu atmen.

Bei der natürlichen Atmung wird das Zwerchfell bewegt, nicht nur die Lunge. Alles, was das Zwerchfell in Bewegung bringt, ist nach dieser, aber auch nach anderen medizinischen Erkenntnissen gesund; Sport bringt den Atem in Schwung, Singen ist gesund, wenn auch mit Geräusch verbunden, aber auch Lachen dient der Gesundheit. Jetzt wissen wir, warum: die Luft, die dabei aus den Lungen gepreßt wird, ist abgestanden. Höchste Zeit, daß mal wieder durchgelüftet wird. Wer also im Krankenbett liegt, tut gut daran, sich im Fernsehen Comedy-Filme reinzuziehen oder ein witziges Buch zu lesen. Aber nicht aus Rücksicht auf die Zimmernachbarn nur leise schmunzeln, sondern herzhaft das Zwerchfell hüpfen lassen.

Mal sehen: Kommt ein Mann zum Arzt und sagt: „Ich habe schreckliche Schmerzen beim Treppensteigen." Sagt der Arzt: „Kaufen Sie sich ein Trampolin." Ursprünglich mal ein beliebter Brüller, aber seit Dr. West so etwas in der Praxis durchaus empfiehlt, ist der Lachwert erheblich gesunken.

Denn die hüpfende Bewegung bringt die Lymphe zum Fließen, und Dr. West empfiehlt das Trampolin als „Lymphatisator". Er hat schon Menschen durch Trampolinspringen geheilt, die sich kaum noch bewegen konnten. Kinder betreiben in dieser Hinsicht instinktiv die beste Gesundheitsvorsorge: sie springen und tollen herum, daß einem schon vom Zusehen die Luft knapp wird. Und ein großes Bett lädt sie nicht zum Schlafen ein, sondern muß erst mal als Trampolin begeistert zweckentfremdet werden. Und Babies, die schreien, bewegen wir auf und ab. Sie spüren, daß das gut für sie ist und hören auf zu schreien - jedenfalls meistens.

Wir müssen werden wie die Kinder, sagte einst ein sehr weiser Mann. Auch in dieser Beziehung hatte er recht. Statt dessen erziehen wir unsere Kinder zum Stillsitzen und Ruhigsein.

Was geschieht nun, wenn wir Trampolinspringen oder uns sonstwie bewegen? Nun, immer, wenn Gewebe bewegt oder irgendwie verformt wird, gelangen Flüssigkeit und Eiweiße durch die Kapillare in das

Lymphsystem, das im Grunde die Abwasserkanalisation des Körpers ist. Mit anderen Worten, dieser Vorgang geschieht nicht von selber, sondern ist auf die Bewegung des Gewebes angewiesen. Dies geschieht aber normalerweise, ohne daß wir uns darum kümmern müssen, da Leben gleichbedeutend mit Bewegung ist. In unserer modernen Zivilisation wird uns die meiste körperliche Arbeit schon von Maschinen abgenommen. Die Folge ist, daß wir immer bequemer werden. Mit fatalen Folgen für unsere Gesundheit.

Daß Bewegungsmangel nicht besonders gesund ist, wissen wir schon. Aber daß es extreme Auswirkungen hat, zeigt ein Beispiel aus Dr. Wests Buch: Wenn ein alter Indianer meint, es sei Zeit zu sterben, so geht er hinaus in die Natur, setzt sich an einen Baum, atmet flach und bewegt sich überhaupt nicht. Nach 24 Stunden stirbt er.

Da nimmt es nicht Wunder, daß die durchschnittliche Lebensdauer von Amerikanern nach der Pensionierung lediglich drei bis fünf Jahre beträgt. Bei uns ist es nicht viel anders. Inaktivität ist dem Tode verwandt. Wenn man sich das Bild eines vor dem Fernseher im bequemen Sessel sitzenden Menschen vorstellt, der alle paar Stunden nur aufsteht, um Bier zu holen, kann man sich vorstellen, daß so die Lebensgeister kaum geweckt werden.

Das Trampolin wird nun zum billigen Allheilmittel - vorausgesetzt, man benutzt es auch. Nicht die akrobatischen Kunststücke darauf sind gesundheitsfördernd, sondern ganz einfache Bewegungen. Es genügt, täglich zweimal ein wenig darauf herumzuwippen, um die Lymphe zum Fließen zu bringen und die Energien zum Leben bereitzustellen. Langsam kann man dann seine Ausdauer erhöhen und auch abenteuerlichere Übungen in sein Programm aufnehmen. Ein einfacher Hüpfschritt für ein paar Minuten reicht aber völlig aus. Wenn es einem dabei noch gelingt, tief und bewußt zu atmen und vielleicht noch seine Energien, die so freigesetzt werden, mental zu den gesundheitlichen Knackpunkten des Körpers zu lenken, dann steht einem langen, gesunden Leben laut Dr. West nichts im Wege. Man kann auch die Hände auf erkrankte Körperpartien legen, während man sich sanft auf dem Trampolin auf und ab bewegt (ohne daß die Füße die Matte verlassen), wobei die Energie in den Fingerspitzen gebündelt wird. Unterstützend kann man dazu denken oder sogar laut sagen: „Alte Gifte raus" beim Ausatmen und „Neue Kräfte rein" beim Einatmen. Man erzeugt auch Energie, indem man tief durch die Nase einatmet, durch den Mund aus und jedes dritte Mal die Luft anhält.

Auch der Anfang der Trampolinübungen ist jedoch, wie jede Umstellung des Körpers, eine kritische Phase; es gibt Menschen, deren Körper so voller Gifte sind, daß ihnen schon nach 3 kleinen Hüpfern schlecht wird, weil die Gifte freigesetzt werden.

Eine Übung, die man jederzeit auch ohne Trampolin machen kann, ist der „Walker West Gang", bei dem man kräftige Schritte macht, die Arme weit schwingen läßt und rhythmisch zischend ein- und ausatmet. Kinder machen diese Übung mit Begeisterung. Dr. Walker, der diesen Gang erfand, war zur Drucklegung des Buches 117 Jahre alt und erfreute sich bester Gesundheit.

Mit dem Trampolin hat nun auch der westliche Pantoffelheld die Möglichkeit, sich zu bewegen, ohne sich anzustrengen. Denn anstrengende Übungen und Sport auf hartem Grund verursachen auch ungesunden Streß für den Körper. Aber auf dem Lymphatisator kann man gemütlich auf und ab wippen, ohne sich zu verausgaben. Verbunden mit bewußter Atmung und gesünderer Ernährung kann man innerhalb weniger Monate zu einem neuen Menschen werden, für den Mattigkeit, Schmerzen und Krankheit Fremdworte sind. Dr. West beschreibt Hundertjährige, die fit wie ein Turnschuh sind, nachdem sie mit diesen Übungen begannen.

Dr. West beschreibt etliche Fälle, in denen die unterschiedlichsten Erkrankungen, sogar Blindheit, innerhalb kurzer Zeit kuriert wurden - nicht von einem Arzt, sondern von den Patienten selber, die gelernt hatten, sich selbst zu heilen. Das Auge eines Blinden ist nicht tot, sonst würde es verdorren, hat Dr. West ganz richtig erkannt. Alle physischen Organe sind noch da. Ebenso die Nerven und Muskeln eines Gelähmten. Lediglich die Energie fließt nicht mehr. Somit müsse man nur diese Energie wieder in Gang bringen, um die vorhandenen Organe wieder zu aktivieren. Sogar Multiple Sklerose konnte Dr. West mit dieser Methode heilen. Keine teuren Medikamente oder Behandlungen sind nötig, sondern einfache Anwendungen grundlegender Erkenntnisse.

Wenn wir verstanden haben, daß das Lymphsystem in unbewegtem Gewebe nicht funktioniert, können wir nachvollziehen, daß Trampolinspringen gesund ist, aber auch jede andere Form von Bewegung, selbst das Massieren von erkrankten Körperteilen bringt die Lymphe zum Fließen und transportiert die Giftstoffe ab.

Dr. West weist darauf hin, daß heute schon jeder Dritte an Krebs oder einer anderen, als unheilbar geltenden Krankheit stirbt. Diese Zahlen gelten nicht nur für die USA, sondern überall in der westlichen Welt, werden aber unterdrückt, denn es wäre wohl ein Schock für die

Menschen, wenn ihnen dieses wirklich bewußt würde. 4000 Menschen sterben in den USA heute an Krebs oder einer anderen, angeblich unheilbaren Krankheit - und morgen werden es auch 4000 sein - Tag für Tag 4000 Todesopfer durch Krankheit. Das sind Zahlen, als würde jeden Monat eine Atombombe irgendwo in Nordamerika explodieren. Und die Rate steigt weiter: was früher die Ausnahme war, wird in wenigen Jahren schon neun von zehn Menschen dahinraffen - die letzten Monate ihres Lebens in einem hochmodernen Krankenhaus dahinvegetierend.

Daß man sich da auch Sorgen um die Kostenexplosion im Gesundheits-un-wesen machen muß, liegt auf der Hand. Die Sorgenfalten der Politiker sind nicht gespielt. Wie soll das bezahlt werden? Oder steckt eine Absicht dahinter? Will der medizinisch-industrielle Komplex unser Portemonnaie so lange zur Ader lassen, bis alles zusammenbricht? Nun, bestimmte Interessengruppen hätten sicherlich nichts dagegen, denn Menschen, die krank und pleite sind, sind besonders gut zu kontrollieren.

Mit Dr. Wests sieben Erkenntnissen können sich Menschen diesem Szenario entziehen. Sie heilen ihre Krankheiten einfach selbst, bleiben fit und gesund und bringen ihren Mitmenschen noch bei, wie sie sich ebenfalls gesund machen können.

Ob man alle Krankheiten mit seinen einfachen Methoden heilen kann, bliebe noch zu untersuchen, aber der Versuch kostet ja nichts, beim nächsten verstauchten Finger auszuprobieren, ob es funktioniert. Auch bei Krankheiten, die von der Schulmedizin als unheilbar deklariert sind, an denen man schon jahrelang rumlaboriert hat, kann es nicht schaden, mit Dr. Wests lymphatischen Übungen zu beginnen. Die meisten Heilmethoden der orthodoxen Medizin haben sicherlich mehr unangenehme Nebenwirkungen.

Ein Trampolin ist zwar nicht so leicht zu transportieren wie Zahnseide, kostet aber wesentlich weniger als ein Monatsbeitrag für die Krankenkasse und kann von der ganzen Familie nebst Haustieren benutzt werden. (Ausgenommen Goldfische.) Drinnen sollte man es allerdings nur benutzen, wenn die Decke hoch genug ist - oder einen knitterfreien Hut aufsetzen.

Für Dinge, die uns zum Lachen bringen, sollten wir ebenfalls dankbar sein, denn sie tragen zu unserer Gesundheit bei. Und wenn man sich angewöhnt, ab und zu mal bewußt auf seine Atmung zu achten, hat man gute Chancen, aus der Statistik der Herz- und Krebstoten rauszufallen.

Dr. West weist darauf hin, daß es auch krank macht, negative Gedanken zu haben. Zorn, Haß, Neid, Wut, Groll, das alles macht nicht nur unsere Mitmenschen krank, sondern auch uns selber. So braucht man noch nicht einmal an die Gesetze des Karma zu glauben, um negative Gedanken zu reduzieren.

Krebs heilt von selbst

Kommen wir zum nächsten 'Scharlatan', dem in Köln lebenden Dr. Ryke Geerd Hamer. Für viele ist dieser Name wohl bereits ein rotes Tuch, denn die Massenmedien haben es so dargestellt, als sei er ein gefühlloser Psychopath. Es ging dabei um die junge Österreicherin Olivia Pilhar, bei der Krebs festgestellt wurde und die Eltern sie nach den Erkenntnissen von Dr. Hamer behandeln lassen wollten. Als die Behörden auf die schulmedizinische Behandlung drängten, den Eltern das Sorgerecht entzogen wurde und die Massenmedien das Thema begierig aufgegriffen hatten, flohen sie mit dem Kind nach Spanien, wurden jedoch von den Behörden zurückgeholt, und das Mädchen wurde zwangs-chemotherapiert, obwohl man den Eltern in Spanien versprochen hatte, daß dies nicht geschehe. Die Medien stellten die Eltern als herzlose Spinner dar, die von einem Scharlatan gehirngewaschen wurden. Jedoch haben sich wohl nur wenige Eltern so ausgiebig mit der Krebsmedizin befaßt, wie Erika und Helmut Pilhar. Von den Schulmedizinern bekamen sie viele verschiedene Diagnosen und Überlebenschancen zwischen 10 und 95 Prozent genannt, so daß an den Ärzten zweifeln mußten. Olivia überlebte aber nicht wegen Chemotherapie und Entfernung einer Niere, sondern trotz ihnen.

Ein deutscher Fernsehsender ist dabei, die 'wahre' Geschichte Olivias zu verfilmen. Das Tagebuch 'Olivia' von Helmut Pilhar wird totgeschwiegen, während 'genehme' Bücher mit enormen Werbeaufwand in die Buchläden getrieben werden. In Talkshows über das Thema wurden Patienten eingeladen, die von der Chemotherapie „geheilt" worden waren. Von Hamer geheilte Patienten lud man nicht ein.

Es ist bekannt, daß 10 bis 15 Prozent der Patienten bei der erstmaligen Anwendung der Chemotherapie sterben. Helmut Pilhar entdeckte im Krankenhaus einen Aushang über Schutzmaßnahmen beim Umgang mit den Mitteln, die bei der Chemotherapie verwendet werden. Darin heißt es u.a.: „*Zytostatika besitzen neben ihren akuten und chronischen toxischen Effekten noch mutagene und karzinogene Eigenschaften. (...) Ebenso können sie zur Entwicklung eines Zweitkarzi-*

noms führen. (...) Um den Patienten nicht unnötig zu verunsichern, kann auf das Tragen einer Atemschutzmaske verzichtet werden, wenn sichergestellt ist, daß es dabei zu keiner Aerosolbildung kommt. Schwangere und stillende Frauen sowie Jugendliche müssen vom Umgang mit Zytostatika ausgeschlossen werden." Die Eltern stehen nun vor Gericht, weil sie ihrer Tochter die Behandlung mit diesen giftigen und selber krebserregenden Stoffen ersparen wollten. Im Spiegel Nr.26/1987 wird Professor Klaus Thomsen zitiert: *„Es sollte nachdenklich stimmen, wenn eine zunehmende Zahl von Ärzten und Ärztinnen sagt 'An mir würde ich eine solche Therapie nicht vornehmen lassen.'"* In diesem Artikel steht auch: *„...die medikamentöse Waffe gegen den Krebs unterscheidet nicht zwischen entarteten Tumor- und gesunden Wirtszellen. Patienten erleben die Therapie deshalb oft als Vorstufe der Hölle."* In der „Deutschen Ärztezeitung" vom 20.12.94 steht: *"Es bleiben also rund 92 Prozent der Krebskranken ungeheilt. Bei diesem Prozentsatz auch nur von potentieller Heilbarkeit der Erkrankung Krebs durch Stahl, Strahl und Chemie zu sprechen, stellt den Tatbestand des Etikettenschwindels dar."* Der Präsident der österreichischen Krebshilfe Bartstein ist beteiligt an drei verschiedenen Pharmafirmen, von denen eine ein Medikament gegen den Wilmstumor, der bei Olivia diagnostiziert wurde, herstellt. Hunderttausende sterben bei uns jährlich trotz wissenschaftlich anerkannter Behandlung. Kann man die Eltern von Olivia da nicht verstehen?

Dr. Hamer, der sich durch den Tod seines Sohnes und eine eigene Krebserkrankung intensiv mit der Krebsentstehung befaßte, erkannte, daß es einen ursächlichen Zusammenhang von psyschisch-seelischen Konflikten mit Krebs gibt. Er konnte als Oberarzt einer bayerischen Krebsklinik seine Erkenntnisse an Tausenden von Krebspatienten überprüfen und bestätigen. Anstatt der gebührenden Anerkennung bekam er jedoch die Kündigung.

Nach Dr. Hamer kann zweifelsfrei ein definitiver Seelenkonflikt als Ursache für Krebs nachgewiesen werden. Die Medizin-Technokraten, die sich mit Begeisterung und modernster High-Tech den biologischen Vorgängen der Zellwucherung widmen, interessieren sich kaum für die seelischen Zustände ihrer Patienten. Konflikte, die sehr plötzlich, dramatisch und in einer isolierten Situation auftreten, lösen demnach eine Art Kurzschluß im Gehirn aus. Dadurch sendet dieser Gehirnteil dann fehlerhafte Informationen an einen bestimmten Körperteil, wo dann der Tumor entsteht. Das Schöne daran ist, sobald dieser Konflikt gelöst ist, tritt die Heilung ein, löst sich der Krebs von selbst auf.

Der „Kurzschluß" im Gehirn verursachte einen sogenannten „Hamerschen Herd", wie Dr. Hamer die sogenannten „Metastasen" bezeichnet, der erst in der CCT (Cerebralen Computertomographie) sichtbar wird, wenn bereits die Heilungsphase eingetreten ist. Erst den modernen Diagnosetechniken haben wir also zu verdanken, daß es immer mehr Krebs gibt - Krebs, der sich früher selbst erledigen konnte.

So kann eine Mutter, deren Kind vor ein Auto lief, sich schwere Vorwürfe wegen ihrer mangelnden Sorgfalt machen, und durch diesen heftigen Konflikt, den sie noch nicht verarbeitet hat, eine Vermehrung der Brustdrüsenzellen in der linken Brust (wenn sie Rechtshänderin ist) entstehen, was gemeinhin als Brustkrebs angesehen wird. Wird der Konflikt gelöst, wenn vielleicht das Kind wieder genesen ist oder sie sich alles „von der Seele" geredet hat, tritt die Conflictolyse ein, d.h. der zuständige „Kurzschluß" im Gehirn ist beendet, und dieses sendet wieder die richtigen Signale an das zugehörige Organ. Im entsprechenden Gehirnteil bilden sich Oedemringe um die „Hamerschen Herde", die nun per CT entdeckt werden können, wenn sich die Frau wegen der Symptome der Heilungsphase (u.a. Müdigkeit, warme Hände, Gewichtszunahme) in Behandlung begibt. Nun kann sie sogar noch einen neuen plötzlichen Konflikt durch die Diagnose „Krebs" erfahren. Wahrscheinlich wird dann mit der chemischen Keule geschwungen.

Dr. Hamer konnte inzwischen bei Tausenden von Patienten feststellen, daß seine Erkenntnisse immer zutreffen. Er ist überzeugt, daß 98 Prozent aller Krebsfälle geheilt werden könnten, wenn sie von einem Arzt behandelt werden, der sowohl über gute Menschenkenntnis als auch umfangreiche medizinische Kenntnisse zur Behandlung der Heilungssymptome verfügen sollte. Die Konflikte, die diese Krankheit ausgelöst haben, müßten einfühlsam besprochen werden, was aber die Mediziner nun nicht überflüssig mache; die Symptome bei der konfliktaktiven Phase und Heilung können kritisch sein, wenn die Zellwucherung z.B. einen Darmverschluß bewirkt. Operiert werden muß aber nur, wenn durch die Größenausdehnung mechanische Beeinträchtigungen anderer Organe oder Lebensfunktionen gegeben sind.

Schon aufgrund der Lokalität des Krebsgeschwulstes und der Hirn-"Metastasen" kann man ziemlich eindeutige Schlüsse auf die Konfliktsituation erkennen. Die Korrelation von Lokalität des Hamerschen Herdes im Gehirn und dem vom Krebs betroffenen Organ hat Dr. Hamer durch Computertomografie-Aufnahmen in seinem Buch „Krebs - Krankheit der Seele" vielfach bildlich dokumentiert.

Krebs entsteht also durch das Gehirn, ausgelöst durch einen hefti-

153

gen Konflikt. Der Umkehrschluß ist interessant: man kann keinen künstlichen Krebs in einem Körperteil erzeugen, der vom Gehirn getrennt ist. Die vielen grausamen Tierversuche, um dem Geheimnis des Krebs auf die Spur zu kommen, könnten vermieden werden, da sie von völlig falschen Voraussetzungen ausgehen.

Bei den schulmedizinischen „Kenntnissen" über Krebs bleiben viele Fragen offen. Kein Arzt kann erklären, warum Krebszellen in der Lunge immer zu Adeno-Carcinomen werden, sollten sie aber in den Knochen landen, nie Adeno-Carcinome werden. D.h. im einen Fall bewirken sie eine Zellwucherung, im anderen Fall das Gegenteil, nämlich Löcher im Knochen. Dabei ist nicht einmal erklärt, wie die Karzinome an die verschiedenen Körperstellen gelangen und sich ausbreiten, denn im Blut hat sie noch nie jemand feststellen können.

Max Planck hat einmal gesagt, eine Wissenschaft, die man einem Fünfjährigen nicht erklären könne, könne nicht wahr sein. Nun, die schulmedizinischen Erkenntnisse über Krebs verstehen nicht einmal die studierten Doktores, während Dr. Hamers Ideen recht einfach zu verstehen sind; Krebs entsteht durch einen schweren, akut dramatischen Konflikterlebnis-Schock in einer isolierten Situation. Der Konflikt-Erlebnisinhalt bestimmt die Lokalisation des Krebs im Körper. Der Verlauf der Krebserkrankung entspricht dem Verlauf des Konfliktes. Bei einer Lösung des Konflikts wird auch der Krebs geheilt. Nach neueren Erkenntnissen wendet Dr. Hamer dieses Wissen auch auf die meisten anderen Krankheiten an. D.h. viel mehr Krankheiten sind psychosomatisch bedingt, viel mehr müßten sich Ärzte die Zeit nehmen, mit ihren Patienten über ihre seelischen Konflikte zu reden - wenn die Menschen heute schon nicht mehr die Zeit haben, miteinander zu reden, um solche Folgen von vornherein abzufangen.

Nun kann man langsam auch begreifen, daß die vom Arzt gestellte Diagnose Krebs selber schon ein heftiges Konflikterlebnis darstellen kann, das zudem noch in der gefühlsmäßigen Kälte vieler Krankenhäuser und bei sozialer Isolation des Patienten selber Krebs auslösen kann. Man ahnt Zusammenhänge, die jedem Menschen mit normalem Verstand einleuchten. Nicht einleuchten kann einem hingegen, daß Dr. Hamers Erkenntnisse von der medizinischen Fakultät komplett ignoriert werden. Man hat ihm immense Summen geboten, seine Manuskripte nicht zu veröffentlichen, man hat ihm gedroht, ihn finanziell ruiniert und sogar Anschläge auf sein Leben begangen.

Eigentlich müßte man es als Medizinerstreit ansehen, aber so viel Ehre will man der Neuen Medizin nicht zukommen lassen. Seit 15 Jahren weigert sich die medizinische Fakultät der Universität Tübingen, die Neue Medizin zu prüfen. Die Pilhars haben ein Brief von einem Arzt an seinen Kollegen vorliegen, in dem steht, daß sie es sich nicht leisten könne, die Neue Medizin zu prüfen.

Die gesellschaftlichen Kosten für die kaum Erfolge aufweisende-Onkologie steigen ins Unermeßliche. Die Schulmedizin outet sich selber, indem sie zeigt, nicht an einer Lösung für Krebs interessiert zu sein, da sie alternative Behandlungen für Krebs ignoriert und auf ihren fragwürdigen aber lukrativen Methoden beharrt.

Der Kamenzer Medizin-Kritiker Christian Joswig führt dazu aus: *„Krebs ist, wie andere Krankheiten auch, ein biologisch sinnvolles Sonderprogramm der Natur, das in zwei Phasen ablaufen kann und in den meisten Fällen nicht tödlich ist. Solch ein Sonderprogramm hat den Sinn, einem Menschen in einer Situation, die er nach einem Konfliktschock nicht bewältigen kann, eine zweite Chance zur Konfliktlösung zu geben. Diese altertümlichen Sonderprogramme, die aus der Urzeit stammen, sind in der langen Zeit der Entwicklungsgeschichte der Lebewesen entstanden und bei Jedem vorhanden, auch bei den Tieren. Sie stellen eine biologische Gesetzmäßigkeit dar. Es gibt etwa 500 solcher Sonderprogramme, die in der konfliktaktiven Phase (die Zeit zwischen Schock und Konfliktlösung) eine sogenannte 'kalte Krankheit' ablaufen lassen und im Falle einer Konfliktlösung eine dazugehörige 'warme Krankheit', die aber korrekterweise als Heilungsphase bezeichnet werden muß. Diese in Gang gekommenen Sonderprogramme kann man mittels Gehirn-Computer-Tomogramm nachweisen. Man kann am CCT sehen, ob ein Konflikt aktiv ist oder sich in der Heilungsphase befindet oder ganz ausgeheilt ist. In Konfliktaktivität sieht das aus wie eine Schießscheibe, ähnlich den Kreiswellen im Wasser, wenn man einen Stein hineingeworfen hat. Wird der Konflikt gelöst, ändert sich das Bild. Die vorher scharfen Ringe lagern Wasser ein, und die betroffene Stelle quillt auf (Ödem), weil in dieser Zeit der Reparatur der Stoffwechsel erhöht ist. Das Ödem macht jetzt Raumforderung, d.h. durch die Wassereinlagerung wird Hirnmasse verdrängt. Das schmerzt, weil das Gehirn in der Schädelkapsel nicht ausweichen kann. Bei zunehmender Heilungsphase wird Hirnbindegewebe (Glia) eingelagert, um die Stelle, ähnlich wie bei Narbenbildung am Körper, abzudichten. Der 'HAMERsche HERD' schwillt je nach Dauer und Intensität des Konfliktes maximal an, wobei es auf dem Höhepunkt der Heilung durch zu hohe Raumforderung im unter Umständen auch tödliche Gefahr einer Krise geben kann, was aber nur in ganz seltenen Fällen vorkommt. Dann bildet sich der 'HAMERsche HERD' unter Schweißbildung und Urinproduktion zurück. (Durch Chemotherapie wird die für solche Reparaturen nötige Dehnfähigkeit von Zellen und Gewebe bleibend zerstört). Diese gesamte Situation bezeichnet die Schulmedizin, wie sie an den Universitäten gelehrt wird, als Hirnmetastase oder Hirntumor. Solche 'HAMERschen HERDE' sind aber keine Hirntumore und dürfen niemals herausoperiert werden, auch wenn sie noch so gefährlich aussehen! Der Patient befindet sich ja jetzt in der Heilungsphase, das heißt, man muß nur die Hirndruckbeschwerden therapieren, bei großer Gefahr die Ödemschwel-*

155

lung mindern, ansonsten aber in Ruhe die natürliche Heilung abwarten, anstatt mit Chemo, Strahlen oder Operation zu verstümmeln. Solche Reparaturstellen bleiben oft für immer im CCT sichtbar, sind aber eben nur alte harmlose Narben.
Diese Erkenntnisse gibt es schon seit 1981. Sie werden aber massiv unterdrückt. Denn wenn nach diesen Entdeckungen medizinisch gehandelt würde, gäbe es leere Krankenhäuser, leere Psychiatrien, sowie riesige Profiteinbußen und viele Arbeitslose in allen Berufen, die zum medizinisch-industriellen Komplex gehören.
Diese biologischen Gesetzmäßigkeiten hat Dr. med. Hamer empirisch gefunden. Sie wurden von ihm bisher an mindestens 20.000 Fällen dokumentiert und sind ohne Ausnahme bestätigt worden. Sie lassen sich überall, jederzeit und an jedem beliebigen Patienten überprüfen!"

Der medizinisch-industrielle Komplex zeigt offenbar keinerlei Interesse daran, Menschen zu heilen, Leiden und Schmerzen zu verhindern. Mit teurer Computerdiagnose, Chemotherapien, Amputationen und Kobaltstrahlern verdienen riesige Interessengruppen viel zu viel, um alternative Erkenntnisse zuzulassen. Bei einem ärztlichen Schiedsgericht, das 1983 über Dr. Hamers Erkenntnisse befinden sollte - und zu einem ablehnenden Schluß gelangte - meinte ein Arzt, daß danach ja sämtliches bisheriges Wissen über Krebs, sämtliche Behandlungsmethoden völlig falsch wären, und das könne doch wohl nicht sein. Seit 15 Jahren weigert sich die Universität Tübingen trotz gerichtlicher Anordnungen, auch nur einen einzigen Fall nach den Gesetzmäßigkeiten der „Neuen Medizin" zu prüfen, obwohl Dr. Hamer selbst aufgegebene Krebspatienten geheilt hat.

Hamer hat inzwischen Verfahren am Hals, weil einer seiner Krebspatienten gestorben ist. Er muß sofort hinter Gitter. Allerdings dann auch sämtliche Onkologen, da ihre Patienten - wissenschaftlich anerkannt - wie die Fliegen sterben.

Wenn jemand neue Zusammenhänge bei Krebs entdeckt und nicht aus dem Stand 100 Prozent Heilerfolge erzielt, wird er als Scharlatan gebrandmarkt. Die einseitige Berichterstattung der Medien trägt dazu bei, daß der medizinisch-industrielle Komplex weiterhin mit der chemischen Keule schwingen darf, notfalls auch zwangsverordnet.

Der Fall Olivia wurde emotional ausgeschlachtet, um die Pfründe der Krebsindustrie nicht zu gefährden und einen wissenschaftlichen Diskurs zu verhindern, der beweisen würde, daß die Schulmedizin Krebs nicht in den Griff bekommt. Sie kann es sich nicht leisten, die Theorien von Außenseitern schlicht zu ignorieren.

Die Stammtischmeinung „Wir haben ja an Olivia gesehen, was von Scharlatanen zu halten ist", hilft im Kampf gegen den Krebs wenig.

Dr. Hamer schreibt im Vorwort zu seinem Buch: *„Ich sinne Tag und Nacht darüber nach, wie ich es anstellen kann, Euch zu helfen gegen unsere Herrschenden, die alles daran setzen, den Krebs als „sterbepflichtige Krankheit" zu erhalten"...*

Wer hat Angst vorm HIV?

Obwohl die meisten Menschen heute zu wissen meinen, was AIDS ist und wie man sich davor schützen kann, gibt es zwei alternative Ansichten, die von verschiedenen Experten vertreten werden: die einen behaupten ernsthaft, AIDS sei durch ein künstlich erzeugtes und freigesetztes Virus entstanden. Die anderen sind überzeugt, daß AIDS keineswegs durch ein Virus ausgelöst wird, sondern nur Menschen mit ohnehin geschwächter Immunabwehr diese „Phantom-Krankheit" bekommen. Zwei Ansichten, wie sie unterschiedlicher nicht sein könnten. Und doch gibt es für beide ernstzunehmende Indizien.

Immerhin haben wir es bei AIDS nicht mit einem Substantiv zu tun, sondern mit einer Abkürzung (für Acquired Immuno-Deficiency Syndrome), wobei das S für Syndrom steht. Und nichts anderes ist es, denn 29 verschiedene Krankheiten zählen bei uns zu diesem Syndrom. Darunter auch Herpes. D.h. wenn Sie Herpes haben und beim HIV-Test noch zufällig als positiv gekürt werden, haben Sie in Zukunft AIDS - und mithin wahrscheinlich fürderhin nur noch wenig Spaß an dieser Diagnose. Dabei sind die HIV-Tests keineswegs eine bombensichere Sache: in verschiedenen Ländern auf der Erde gibt es eine Zusammenstellung völlig verschiedener Proteine, die auf Ihrem HIV-Teststreifen anbinden müssen. Mit anderen Worten, die Wissenschaftler der Welt sind sich selber nicht einig, wie Sie zu einem HIV+ kommen. Daß die 29 Krankheiten, die bei uns zu AIDS zählen, in anderen Ländern auch wieder ganz andere sein können, kommt noch dazu. Alles klar? Mir auch nicht.

Immerhin gilt als sicher, daß man sich mit einem Kondom vor diesem merkwürdigen Syndrom schützen kann. Allerdings gibt es seit einiger Zeit einen HIV-Test, der das Virus in Speichelproben feststellen kann. Ja, was denn? Also Kondom auch beim Küssen? Und schmeckt das nicht recht gräuslich? Also, mal von vorne:

Die Entstehungsgeschichte von AIDS deutet zunächst auf einen künstlich unters Volk gebrachten Erreger hin. Kurz nachdem die Gesundheitsbehörden Massenimpfungen gegen Hepatitis B in den Schwulen-Szenen von New York, Los Angeles und San Francisco durchgeführt hatten, tauchte AIDS Anfang der Achtziger in genau diesen Gegenden auf. Zeitgleich führte die Weltgesundheitsorganisation WHO in Zentralafrika großflächige Pockenimpfungen durch. Auch hier tauchte anschließend AIDS auf, wobei es sich allerdings nicht wie in Amerika die Schwulen, sondern die armen Schwarzen aussuchte. Kein „natürliches" Virus wäre so wählerisch.

Viele ernstzunehmende Wissenschaftler wie der Virologe und Nobelpreisträger Dr. Kary B. Mullis meinen hingegen, daß nicht das HI-Virus die Immunkraft zusammenbrechen läßt, sondern erst eine geschwächte Immunkraft den Viren die Möglichkeit gibt „zuzuschlagen". Immerhin befinden sich ständig alle möglichen Viren in unserem Blut, ohne daß wir von den entsprechenden Krankheiten geplagt werden. Mullis, der für seine Arbeit über Retroviren wissenschaftliche Arbeiten über das HIV suchte, fragte alle möglichen Kollegen nach solchen Texten. Für alle schien klar zu sein, daß das HIV AIDS verursacht, aber niemand konnte ihm eine wissenschaftliche Arbeit nennen, die dieses bewies. Auch heute noch gibt es keinen wissenschaftlichen Beweis, aber die These der AIDS-Enstehung durch das HIV wird allgemein anerkannt.

Der bekannteste Kritiker dieser landläufigen AIDS-Theorie, Professor Peter Duesberg, meint, die Homosexuellen, die Anfang der achtziger Jahre an AIDS erkrankten und damit das Krankheitsbild definierten, müßten in den meisten Fällen als Konsumenten von Rauschgiften in die Drogen-Risikogruppe eingestuft werden. Gerade sexuell aktive und abenteuerlustige Männer würden zu Drogen greifen, oft einfach zu chemischen Aphrodisiaka, die gemeinhin nicht als Drogen eingestuft werden, aber die Immunabwehr mürbe machen. Der Mißbrauch „nicht zum Verzehr gedachter" Stoffe, Poppers und anderer Lustmacher, Drogen, Medikamente, Nikotin, Umweltgifte, Streß, Licht- und Bewegungsmangel, aber auch Impfungen, setzten dem Körper arg zu. Der amerikanische AIDS-Aktivist Jon Rappoport beschreibt Fallbeispiele von Leuten, die mehrere Sexualpartner an einem Wochenende hatten und von ihren Ärzten aus Angst vor Geschlechtskrankheiten über Jahre (!) regelmäßig Antibiotika verschrieben bekamen, dazu Drogen und Poppers nahmen. Daß solch eine Lebensweise für die Gesundheit eher abträglich sein kann, ist unschwer einzusehen.

Vor den bei Homosexuellen sehr beliebten Poppers müßten die schwulen AIDS-Hilfen eigentlich eindringlich warnen, denn man kann einen eindeutigen, statistischen Zusammenhang zwischen dieser Schnüffeldroge und der „opportunistischen Krankheit" Karposi-

Sarkom nachweisen. In einigen US-Staaten sind Poppers bereits verboten, da alleine die Amylnitrite sehr gefährlich sind. Bei uns erfährt man von alldem nichts. Woran liegt´s? Sind die AIDS-Hilfen gar keine große Hilfe, wenn es um die Vermeidung der Immunschwäche geht?

Es ist auffällig, daß die Symptome von AIDS-Patienten, die im Endstadium sind, genau diejenigen sind, die auf den Beipackzetteln der sogenannten AIDS-Medikamente AZT (Retrovir) etc. als „Nebenwirkungen" stehen.

In Afrika machen Unterernährung, mangelnde Hygiene und sorgloser Umgang mit Schädlingsbekämpfungsmitteln den Menschen zu schaffen. Wenn man weiß, daß westliche Chemiekonzerne dort noch Pflanzenschutzmittel verkaufen, die bei uns längst wegen ihrer Giftigkeit verboten sind, und das Bewußtsein für die Gefährlichkeit dieser Mittel keineswegs sehr ausgeprägt ist, kann man die Gefahr für die Gesundheit verstehen. Auch geht man in Ländern der Dritten Welt mit Antibiotika sehr freizügig um. Sie sind meistens nicht rezeptpflichtig. Krankheiten, die sich nur auf dem Boden des Antibiotikamißbrauchs ausbreiten können, wie Salmonellen- oder Candida-Albicans-Erkrankungen, werden vom CDC aber dem AIDS zugerechnet. In Afrika zählen auch ganz andere Krankheiten zu der AIDS-Definition als bei uns, nämlich Krankheiten durch mangelnde Ernährung und schlechte Hygiene. In Afrika kann der Arzt AIDS auch ohne teuren HIV-Test diagnostizieren, wenn bestimmte Anzeichen, z.B. Gewichtsabnahme (Slim-Disease) oder Übelkeit vorliegen, sodaß die Diagnose, die bei uns durch den HIV-Befund definiert wird, äußerst fragwürdig ist.

Bluter, die angeblich durch „verseuchte" Blutspenden an AIDS erkranken, haben schon eine geschwächte Immunkraft, da sie für die regelmäßigen Bluttransfusionen immunsuppressive Mittel bekommen und der Körper das fremde Eiweiß im Fremdblut auf Dauer nicht verkraftet.

Das Virus, das angeblich AIDS erzeugt, ist offenbar nicht nur heimtückisch, sondern auch noch fotoscheu; obwohl das HIV seit mehr als zehn Jahren als Verursacher von AIDS gilt, gibt es noch kein Foto des Übeltäters. Daher muß man sich fragen, ob das Virus trotz öffentlicher Verlautbarung überhaupt schon eindeutig isoliert ist - oder warum man sich mit hübschen Computergrafiken abfinden muß - und ob all die Behauptungen bzgl. der Verbreitung und Vermeidung der „Krankheit" nicht reine Spekulation sind. Die einzigen Exemplare des angeblichen AIDS-Virus werden von den HIV-"Entdeckern" Montagnier und Gallo an Forschungslabore weitergegeben. Offenbar gelingt

159

auch nicht die Vermehrung im Tierversuch, sodaß die „Seuche" noch nicht mal die Koch´schen Postulate erfüllt.

Die beiden Behauptungen - die eines künstlichen Virus und die, daß Viren nicht Verursacher von Krankheiten sind - scheinen zunächst in direktem Widerspruch zu stehen. Dennoch gibt es eine Erklärung, bei der beide Thesen vereint werden: Die Impfungen - selbst mit einem angenommenen, künstlich erzeugten „Killervirus" - reichen alleine für den Ausbruch der Krankheit nicht aus. Denn ein Virus kann die Immunkraft nicht schwächen, sondern erst, wenn sich ein Patient die Immunkraft geschwächt hat, wird er anfällig für die Krankheitserreger. Die Impfungen fanden „zufällig" bei Menschen statt, deren Immunkraft nicht die beste war. Zudem spielen offenbar auch die Gedanken eine Rolle bei Krankheiten. D.h. wem suggeriert wird, er habe ein tödliches Virus im Blut, wird durch die Manifestation der ständigen Gedanken möglicherweise tatsächlich krank. Umgekehrt, wie beim Placebo-Effekt, wo Patienten vom Arzt Tabletten oder Tropfen ohne jeglichen Wirkstoff verschrieben werden und er wunderbarerweise gesund wird. Wenn also beabsichtigt war, die Wirkung eines künstlichen Virus zu testen, gehörte dazu gleichzeitig die Verbreitung der Angst - oder eher „Panikmache", als was man die AIDS-Propaganda wohl bezeichnen muß, denn die Krankheit breitete sich keineswegs so flächendeckend aus, wie man erwartet hatte.

Mal angenommen, es gibt Initiatoren einer künstlich erzeugten Seuche, dann wissen sie, ohne daß sie es bekannt geben, daß das Virus keineswegs durch „Safer Sex" aufgehalten wird. Denn es gibt einen Test, der das HIV in Speichelproben feststellen soll. Wie aber kann dann sein, daß „Kondome schützen"?

Eine Viruserkrankung müßte sich innerhalb von mehr als zehn Jahren eigentlich gleichmäßig über die gesamte Welt verbreitet haben, da die bekannten Risikogruppen natürlich nicht isoliert leben, sondern allerlei Kontakte - sowohl sexuell, als auch nicht-sexuell - mit Menschen aus der „übrigen" Bevölkerung haben. Dennoch blieb die erwartete Epidemie aus. Tatsächlich ist AIDS auch heute noch fast ausschließlich in den ursprünglichen Risikogruppen zu finden.

Die Ausbreitung unter Prostituierten ist nicht höher als im Bevölkerungsdurchschnitt, obwohl der Verzicht aufs Kondom vermutlich eher die Regel als die Ausnahme ist. Lediglich bei Prostituierten, die selber Drogen nehmen, tritt AIDS auf.

Eine Viruserkrankung würde zudem eine weltweit ähnliche statistische Verteilung haben. In Afrika sehen die Statistiken aber gänzlich anders aus als z.B. in den USA oder Europa. Während im Westen 90 Prozent der AIDS-Patienten männlich sind, liegt die Aufteilung auf die Geschlechter in Afrika bei 50 zu 50. Ein derart ungerechtes Virus ist sonst nirgends bekannt. Auch gibt es unzählige Menschen, die gesund und munter mit einem positiven HIV-Test leben.

Das S in AIDS steht für Syndrom. Im Grunde bedeutet es, daß die Ärzte nicht so genau wissen, womit sie es zu tun haben. Wenn sie es aber irgendwie bezeichnen können, fällt ihre Hilflosigkeit nicht gar so auf. Das A steht für acquired, also erworben, und steht damit im Widerspruch zu der Behauptung, daß es infektiös, also per Virus übertragen wird.

Laut dpa-Meldung wurde in den USA nun das „OraSure HIV-1 Western Blot Kit" zugelassen, mit dem man das HIV ohne Blutabnahme mit einer Speichelprobe feststellen kann. Was soll dann noch die Kondom-Vorsorge, wenn das Virus auch im Speichel vorhanden ist und also auch beim Küssen übertragen werden kann?

Wir müssen sehen, daß AIDS auch eine Frage der Definition ist. Da man das Virus nicht einfach isolieren kann, zieht man die sogenannten HIV-Tests heran. Diese ergeben jedoch oft unterschiedliche Befunde bei ein- und derselben Blutprobe. D.h. jemand kann mal als HIV-Negativ, mal als Positiv eingestuft werden. Zudem weisen die Tests weder das HIV noch HIV-Antikörper nach, sondern lediglich bestimmte Oberflächen-Proteine, die auch durch Antikörper, die sich z.B. nach einer Impfung gebildet haben, entstehen können.

Tatsächlich steht auf den Beipackzetteln von HIV-Test-Sets, daß ein positiver Befund keineswegs bedeute, daß jemand AIDS habe und ein negativer Befund keineswegs AIDS-Freiheit bedeute. Eine Krankheit, deren Diagnose einen positiven HIV-Test verlangt, welcher aber gleichzeitig - von den Herstellern der Tests selber zugegeben - keine eindeutige Aussagekraft hat, kann man nur als Phantom bezeichnen.

Keineswegs haben wir es bei AIDS mit einem eindeutigen Krankheitsbild zu tun. Tatsächlich wird die Definition ständig erweitert. Inzwischen sind es 29 Krankheiten, die es auch schon vorher gab, die unter AIDS fallen, sofern ein HIV-positiv-Ergebnis vorliegt. Dazu gehören Lungenentzündungen und Herpes, neuerdings sogar Gebärmutterhalskrebs. Kann denn ein einziges Virus 29 verschiedene Krankheiten erzeugen, die rein gar nichts miteinander zu tun haben?

Sind die Ärzte und Wissenschaftler so dumm, oder erklären sich die Ungereimtheiten nur durch eine Verschwörung der Wissenschaft und Industrie, die das AIDS-Virus künstlich erzeugt haben, aber enttäuscht sind, daß die Krankheit sich nicht so schnell ausbreitet, wie erwartet, und daher ständig die Definition erweitert werden muß?

Ein Privatdetektiv aus einem bekannten Film arbeitete bei der Aufdeckung von Verbrechen nach dem Motto: „Look for the money." Er ging zu recht davon aus, daß die meisten Verbrechen aus Profitgier geschehen und es daher immer aufschlußreich ist, herauszufinden, wer finanziell von etwas profitiert.

Tatsächlich wird man auch da fündig. Denn die „Krankheit" AIDS, die es gar nicht gibt, wird heute in den meisten Fällen mit einem Mittel behandelt, das gar nicht hilft: Die britische Firma Wellcome hat bislang über eine Milliarde Dollar mit dem „Medikament" AZT verdient, obwohl noch kein einziger Mensch damit geheilt worden ist. Vielmehr hat es so viele Nebenwirkungen, daß selbst ein kerngesunder Mensch innerhalb weniger Monate an ihnen sterben würde, da es sämtliche schnellwachsenden Zellen abtötet, also gerade diejenigen, die dem Körper die Kraft zur Immunabwehr und Selbstheilung geben. In den ersten Behandlungsmonaten erreichen sie damit zwar eine scheinbare Besserung - was auch der Grund ist, weshalb die Testreihen mit AZT vorzeitig abgebrochen wurden, da man endlich ein Heilmittel gefunden zu haben glaubte und das Medikament freigab. Nach der anfänglichen Besserung tritt aber das langsame und qualvolle Sterben ein. Die Patienten klammern sich aber an das Medikament wie an einen Strohhalm und geben zig Tausende pro Jahr für die Behandlung aus. Während die Zulassung von Medikamenten normalerweise jahrelange Versuche erfordert, bekam AZT innerhalb von 6 Monaten das Okay. Und Deutschland ersparte sich praktischerweise die sonst erforderliche eigene Überprüfung ganz.

Während bei jemandem, in dessen Blut das HIV nicht nachgewiesen wurde, eine der 29 Krankheiten individuell behandelt wird, wird dieselbe Krankheit bei einem HIV-Positiven in den meisten Fällen mit Retrovir (AZT) und anderen AIDS-Mitteln behandelt und dem Patienten damit die Möglichkeit zur Selbstheilung genommen. Selbst eine Lungenentzündung kann nun zu einer Behandlung mit einem Zellgift führen, das früher oder später jeden Menschen langsam sterben läßt. Ein HIV-Test, der die Entscheidung bringt, ob so oder so behandelt wird, wird von den Ärzten meistens dann verordnet, wenn der Patient z.B. angibt, homosexuell zu sein.

Dabei macht schon die Angst vor dem Virus, vor dem positiven Testbefund, die Menschen krank. Wenn einem die Ärzte sagen, daß man nun eine unheilbare Krankheit im Blut habe, die irgendwann tödlich enden würde, und man den Gedanken an die Unausweichlichkeit des Todes über längere Zeit aufrechterhält, ist es kaum verwunderlich, wenn man schließlich tatsächlich stirbt.

Anfang März '94 tötete ein Mann seine Frau und zwei Kinder und versuchte, Selbstmord zu begehen, da er Angst hatte, sie angesteckt zu haben, obwohl es dafür überhaupt keinen Grund gab. Er war gar nicht HIV-positiv, hatte es nur geglaubt. HIV-positiven Schwangeren wird oft zur Abtreibung geraten, obwohl nur 10-20 Prozent der Kinder ebenfalls HIV-positiv geboren werden - bzw. als positiv getestet werden. Das Todesurteil steckt offenbar in den Köpfen, nicht im Virus.

Eine riesige Lobby verhindert offenbar eine objektive Berichterstattung. Wenn man bedenkt, daß Ärzte heute ihr Fachwissen auf Seminaren beziehen, die von Pharma-Firmen gesponsort werden, oder aus durch Pharma-Werbung finanzierten Fachzeitschriften, kann man tatsächlich zweifeln, ob sie da noch die Möglichkeit zu einer objektiven Meinungsbildung haben. Rock Hudson und Freddy Mercury könnten vielleicht noch leben, wenn sie die Möglichkeit gehabt hätten, sich umfassend und nicht interessengerichtet zu informieren.

Der amerikanische Schwulen-Aktivist John Lauritsen behauptet sogar, all die Fehlinformationen um AIDS würden bewußt verbreitet, um bestimmte Minderheiten ihrem fatalen Schicksal zu überlassen: Fixer und Homosexuelle im Westen, die auf einem Land mit reichen Bodenschätzen sitzenden Schwarzen in Afrika.

Christian Joswig schreibt dazu: „*Angeblich soll 'die Seuche AIDS' ja 1980/81 in den USA bei homosexuellen Männern begonnen haben. Das, was damals aber wirklich begann, war die Tatsache, daß man bei diesen kranken Männern behauptet hatte, daß sie zuvor gesund waren, auf einmal ganz plötzlich krank wurden und daß man sich nicht erklären könne, warum sie jetzt krank waren. Es wurde einfach behauptet, daß eine Mikrobe die Ursache sein müsse. Tatsächlich waren die Männer aber krank, weil sie jahrelang viele verschiedene Drogen in unglaublichen Mengen und Mischungen konsumiert hatten. Im Krankenhaus wurden sie obendrein noch völlig falsch behandelt, wodurch sie noch mehr geschädigt wurden, als sie es mit sich selbst schon getan hatten. Die katastrophale Unfähigkeit der Ärzte wurde dann dadurch vertuscht, daß die beiden Krankheiten Pneumocystis carinii Pneumonie und Karposi-Sarkom zu diesem ominösen Syndrom zusammengefaßt wurden und eben alle Schuld einzig und allein einer angeblich bösen Mikrobe in die Schuhe geschoben wurde.*

'Aids' als eine Entität, also als eine festumrissene Krankheit, gibt es gar nicht. Sondern es gibt lediglich eine konfuse wahllose Auflistung von 29 Krankheiten, Symptomenkomplexen und Diagnosekomplexdefinitionen, die die Bezeichnung 'Das erworbene Immunschwäche Syndrom' hat. Das ist keine Diagnosestellung, sondern eine AID-Syndrom-Falldefinition. Diese Definition

ist eine Abstraktion, mit der man sich nicht anstecken und an der man nicht erkranken und nicht sterben kann. AIDS, also 'Das erworbene Immunschwäche Syndrom', ist in Wirklichkeit nur eine zusammengelogene Seuchenhypothese. Würde es übrigens wirklich eine von HIV verursachte Immunschwäche beim Menschen geben, dürften auf der Liste, die 'Das erworbene Immunschwäche Syndrom' genannt wird, nicht nur diese 29, sondern dann müßten darauf korrekterweise alle Krankheiten aufgeführt sein, die ein Mensch überhaupt bekommen kann.

Aber selbst HIV existiert überhaupt gar nicht. HIV ist nur ein frei erfundenes Phantom! Als ab 1980 weltweit die Virusforscher nach dem vermuteten Virus suchten, das angeblich die Ursache für Immunschwäche bei Menschen sein sollte, erschien 1983 in der Wissenschaftszeitschrift Science, Nr. 220, auf den Seiten 868-871 eine Arbeit einer Forschungsgruppe von Frau Françoise Barré-Sinoussi am Pasteur Institut in Paris, dessen Leiter Professor Luc Montagnier ist. Der Titel der Arbeit lautet „Isolation of a T-Lymphotropic Retrovirus from a Patient at Risk for Acquired Immune Deficiency Syndrome (AIDS)". Das angeblich isolierte Virus wurde LAV (Lymphadenopathy Associated Virus) genannt. In einer folgenden Presseerklärung ließ Professor Luc Montagnier wissen, daß dieses LAV nicht die Ursache für AIDS sein könne.

Aber in Wirklichkeit hatten die französischen Virusforscher gar kein neues Virus isoliert bzw. entdeckt. Von korrekten Virologen wird erst dann ein wirklich neues Virus als entdeckt behauptet, wenn ein Virus, das vorher noch nicht bekannt war, korrekt als tatsächliches Isolat fotografisch dokumentiert wurde und man die viralen Proteine, die die Virushülle und die die genetische Substanz darstellen, korrekt dokumentiert hat. Und das war im Falle von LAV gar nicht geschehen. Man hatte lediglich die Aktivität des Enzyms Reverse Transkriptase festgestellt und daraufhin die Isolation eines neuen Virus behauptet. Wie es in Virologenkreisen üblich ist, wurden die LAV-Zellkulturen an Fachkollegen ins Ausland verschickt, um sie beurteilen zu lassen. Solch eine Sendung erhielt auch Professor Robert C. Gallo am Nationalen Krebsinstitut der USA (National Cancer Institute, NCI).

Am 23. April 1984 wurde auf einer groß angelegten internationalen Pressekonferenz der Weltöffentlichkeit von der amerikanischen Gesundheitsministerin Margaret Heckler verkündet, der US-Regierungsforscher Robert C. Gallo hätte das Virus HTLV-III (Human T-Lymphotrophic Virus Type III) entdeckt, und dieses Virus sei die wahrscheinliche (!) Ursache von AIDS (Später von der Weltgesundheitsorganisation WHO in HIV umbenannt). Doch auch Gallo hatte in den aus Frankreich erhaltenen Zellkulturen ebenfalls nur die Aktivität des Enzyms Reverse Transkriptase festgestellt und sonst keinerlei virale Strukturen isolieren können. Trotzdem wird seit 1984 weltweit die Existenz von HIV behauptet und auch geglaubt, obwohl bis heute kein einziger HIV/AIDS-Forscher das Foto eines isolierten HIV vorweisen kann. Kein einziger HIV/AIDS-Forscher kann beweisen, daß es HIV tatsächlich gibt!

Der angebliche Zusammenhang, daß HIV AIDS verursacht, ist also 100%ig gegenstandslos. Ein nicht existierendes Virus ist nicht die Ursache einer nicht existierenden Krankheit! Selbstverständlich gibt es Menschen, die krank sind und Menschen, die gestorben sind. Aber die wirklichen Ursachen für ihre Krankheiten, aus denen der AIDS-Symptomenkomplex gemacht wurde, sind z.B. immunsuppressive Blutprodukte bei Blutern, gestrecktes verdrecktes Straßenheroin bei Drogenkonsumenten, drogenschwangerer Lebensstil bei einer kleinen Gruppe Homosexueller sowie Hunger und Hygienemangel in der Dritten Welt. Bei Testpositiven reicht der ungeheure Psychoschock des Testergebnisses aufgrund der vermeintlichen Todesangst für ein Krankheitsgeschehen aus. Prinzipiell kann eigentlich jeder Mensch zu einem 'AIDS-Kranken' umdefiniert werden, wenn irgend jemand das unbedingt will.

Ganz besonders wichtig ist es, daß die Krankheiten in den meisten Fällen durchaus heilbar sind. Sie müssen allerdings ganzheitlich und natürlich behandelt werden. Dabei müssen vor allem die wirklichen Ursachen abgestellt werden. Solche Therapien, die wirklich das heilen können, was fälschlicherweise 'Aids' genannt wird, werden aber von den AIDS-Propagierern geleugnet. AIDS ist ja ein Milliardengeschäft mit der Angst von Menschen, das auf einem riesigen Haufen von Lügen aufgebaut ist. Und dieses Geschäft lebt vor allem davon, daß 'Aids' angeblich unheilbar ist. Dies ist die schlimmste Lüge von allen!

Viele der bisher gestorbenen 'Aids-Patienten' sind leider nur wegen der Hysterie um eine angeblich tödliche 'HIV-Infektion' zu 'Betroffenen' gemacht worden. Der sogenannte HIV-Antikörper-Test (noch falscher als Aids-Test bezeichnet) kann schon deshalb keine HIV-Antikörper und keine HIV-Infektion nachweisen, weil es HIV nicht gibt. Also kann es auch keine 'HIV-Antikörper' geben. Es werden bei diesen Tests nur Anbindungen von Partikeln aus dem Blutserum der Testpersonen an völlig unspezifische Proteine verschiedener Gewichte auf dem Teststreifen festgestellt. Manche dieser Blutuntersuchungen werden aufgrund von frei erfundenen Definitionen, von denen es weltweit auch noch verschiedene gibt, als angeblich „spezifisch positiv für HIV-Antikörper" bewertet.

An dieser Stelle setzt der Voodoo-Effekt ein, wenn ein Mensch mit solch einem positiven Testbefund praktisch zum Todeskandidaten erklärt wird. Wenn er diesen positiven Testbefund mental nicht verkraften kann und er dieses Todesdogma glaubt, wartet er fortan auf den Ausbruch der Krankheit 'Aids' und auf seinen Tod. Wenn er dazu noch das Pech hat, in die Fänge der AIDS-Mafia, sprich der 'orthodoxen Schulmedizin' zu kommen, kann es ihm passieren, daß er mit Zellgiften (AZT/Retrovir®, ddC/Hivid® & ddI/Videx®) regelrecht hingerichtet wird. Er bekommt z.B. das Zellgift Azidothymidin verschrieben, das in Deutschland als 'AIDS-Medikament' unter dem Namen Retrovir von der Firma Glaxo/Wellcome in Burgwedel vermarktet wird. Dieses Retrovir ist 1963/64 für die einzige Aufgabe und den einzigen Zweck hergestellt worden: Lebende Zellen zu töten! Genau das, und nichts anderes, macht AZT! Es unterbindet die Verdoppelung der Zell-DNS, was die grundlegende Voraussetzung für jede Zellteilung ist. Die Knochenmarkstammzellen, aus denen das Blut entsteht, werden geschädigt, was zu Anämien führt. Ebenso werden Darmepithelzellen, die für die Nahrungsaufnahme nötig sind, zerstört. Es wird die Fähigkeit des Blutes, Sauerstoff zu transportieren, zerstört. Es gibt starken Muskelschwund und Lungengewebeschäden. Unter AZT-Medikation ersticken und verhungern die Menschen praktisch. Diese Dinge sind auf dem Beipackzettel von AZT als mögliche Nebenwirkungen aufgeführt.

In Wirklichkeit sind es nichts anderes als die Hauptwirkungen dieses Zellgiftes, denn der Mensch besteht bekanntlich aus lebenden Zellen, die doch eigentlich alle weiterhin leben und sich teilen sollen. Mit diesen katastrophal falschen Pseudotherapien werden die belogenen Menschen, die oftmals sogar gesund und symptomfrei sind, von unfähigen Ärzten von innen heraus auf breiter Front vergiftet und vorschriftsmäßig zu AIDS-Toten gemacht.

An AZT sind schon Freddie Mercury, Arthur Ashe, der russische Tänzer Rudolf Nureyev und viele tausend andere Menschen nach fürchterlichen Qualen gestorben. Viele weitere glauben ja leider den ganzen AIDS-Schwindel und verlangen mit Nachdruck die Verschreibung dieser Zellgifte. Andere werden dazu gezwungen. So wird afrikanischen Frauen in England mit der Ausweisung gedroht, wenn sie ihre Kinder nicht in AZT-Programme geben, mit denen angeblich Prophylaxe erforscht werden soll. Das ist auch heute noch die brutale Strategie des Pharmakonzerns Glaxo/Wellcome (AZT-Hersteller). Ich nenne es Völkermord!"

Das plötzliche Auftauchen von AIDS scheint für ein künstlich erzeugtes Virus zu sprechen, und widerspricht nicht der These, daß Viren nicht die alleinigen Verursacher von Krankheiten sind, wenn man die Zusammenhänge kennt: Impfungen schwächen das Immunsystem immer. Bei Menschen, deren Immunkraft ohnehin schon durch ungesunde Einflüsse marode ist, kann eine zusätzliche Belastung durch eine Impfung das einstweilige „K.O." für die Gesundheit bedeuten. So blieben die gezielten Massenimpfungen bei den ohnehin belasteten Menschengruppen nicht ohne Folgen. Es kann Zufall sein, daß nur die unliebsamen Schwarzen, Fixer und Schwulen zu Opfern wurden, aber auch Absicht von jemandem, der um diese Zusammenhänge weiß.

Angenommen, es gibt tatsächlich ein künstlich erzeugtes „Killervirus" - ist es dann nicht phantastisch, daß die Selbstheilungskräfte des Menschen offenbar so stark sind, daß es den meisten Menschen gar nichts anhaben kann und nur diejenigen erkranken, deren Immunkraft durch andere Faktoren schon geschwächt ist?

Die AIDS-Vorsorge propagiert das Spritzen von Drogen mit sauberem Besteck, anstatt auf die Gefahren des Drogenkonsums aufmerksam zu machen. Sie erklärt dazu noch die Opfer des Rauschgiftkonsums zu AIDS-Opfern und beweist damit, daß sie ein merkwürdiges Verständnis gesundheitlicher Zusammenhänge hat. Das gleiche gilt für eine pauschale Behandlung von 29 verschiedenen Krankheiten mit einem Zellgift anstatt individueller Behandlung. Sowohl für Fixer als auch für Homosexuelle ist es natürlich bequemer, einem heimtückischen Virus die Schuld zu geben - dafür kann schließlich keiner was - anstatt das eigene Leben zu überprüfen und nach den Ursachen für eine Krankheit bei seinem eigenen Verhalten zu suchen. In der Tat sind diejenigen, die AIDS überwunden haben, genau die, die ungesunde Verhaltensweisen überprüft und abgelegt haben.

Wenn man zudem weiß, daß bei jedem Sexualakt auch eine Vermischung der Schwingungen der Partner geschieht, kann man nachvollziehen, daß häufig wechselnder Geschlechtsverkehr - egal ob homo- oder heterosexuell - immunschwächend ist. Daß fremde Eiweiße im Darm, z.B. durch Analverkehr, und der Gebrauch von Aphrodisiaka ebenso das Immunsystem belasten, wird bei der AIDS-Vorsorge nicht gesagt - ein Kondom erlaubt dort beliebige Freiheiten und verhindert so eine Beschäftigung mit den wahren Zusammenhängen.

Alternative Ansichten zu AIDS werden bewußt totgeschwiegen. 1993 zerstörten sogar gedungene Schläger vor dem ICC-Berlin Info-Stände von AIDS-Aktivisten. Erstaunlicherweise verteidigen selbst viele Schwulengruppen vehement die unabwendbare Schicksalhaftigkeit der „Krankheit" AIDS. Das ist aber weniger verwunderlich, wenn man weiß, daß die meisten AIDS-Hilfen von der Pharmaindustrie - besonders der AZT-Firma Wellcome - finanziell unterstützt werden. Der Geldhahn würde sofort zugedreht, wenn sie etwas anderes empfehlen würden als Kondome, „saubere" Spritzen und im Ernstfall die „Verlängerung" des Lebens durch pharmazeutische Produkte.

Jährlich werden ca. 2 Milliarden Dollar Forschungsgelder für die Forschung nach dem HIV vergeben. Institute, die auf dieser Schiene forschen, haben in den vergangenen Jahren immense Geldsummen bekommen, während Forschern, die nach anderen Zusammenhängen suchen, der Geldhahn zugedreht wird. Daß es AIDS-Patienten gibt, die die Krankheit völlig überwunden haben, indem sie die Verantwortung für ihre Krankheit übernommen und die Ursachen abgestellt haben, wird in den öffentlichen Medien mit keinem Wort erwähnt.

Inzwischen gibt es eine lückenlose Indizienkette, daß die schulmedizinische Vorgehensweise gegen AIDS die Krankheit nicht verhindert, sondern im Gegenteil aufrechterhält, sodaß sie sogar strafrechtlich relevant ist. Es wäre an der Zeit, daß betroffene Patienten oder deren Angehörige Anzeige gegen ihre Ärzte erstatten, wenn sie wider besseres Wissen mit der orthodoxen Behandlung der „sterbepflichtigen" Krankheit fortfahren. Denn inzwischen haben emsige AIDS-Rebellen den Verantwortlichen in den Gesundheitsministerien Briefe per Einschreiben und Rückschein zukommen lassen, sodaß diese nicht mehr behaupten können, von all dem nichts gewußt zu haben. Kann sein, daß sie eines Tages von einem Gericht, das nicht manipuliert ist, für ihre Unterlassung zur Rechenschaft gezogen werden.

Bis dahin werden immer noch Millionen in die AIDS-Aufklärung gesteckt, die man eher als AIDS-Verschleierung ansehen müßte, wird auf Wohltätigkeitsveranstaltungen für AIDS-Kranke der gute Wille von wohlmeinenden Menschen mißbraucht, damit die Betroffenen in den Krankenhäusern weiterhin gegen teures Geld totbehandelt werden können

Wir haben nun die Außenseiteransichten von drei verschiedenen Gruppen kennengelernt, die einiges gemeinsam haben; sie gehen davon aus, daß Krankheiten weniger durch Viren und Bakterien kommen, sondern die Ursachen in der Eigenverantwortung des Patienten liegen. Wenn er bereit ist, sich damit auseinanderzusetzen, hat der Körper genügend Selbstheilungskräfte, um die meisten Krankheiten zu überstehen. Wenn es Unterstützung durch Medikamente bedarf, dann sicherlich nicht durch solche, die ihrerseits wieder die Selbstheilungskräfte des Körpers schwächen. Sie wissen, daß die Natur für jede Krankheit ein Kraut hat wachsen lassen. Ursprünglich waren auch die Pharmazeuten auf der Suche nach diesen heilenden Wirkstoffen, um den Menschen zu helfen. Inzwischen ist jedoch ein gigantischer industrieller Komplex daraus entstanden, bei dem es mehr um Profit geht als um wirkliche Heilung. Die ursprünglich natürlichen Heilungsessenzen werden auseinandergerissen, verändert und synthetisiert. Die Pharmazeuten glauben, daß sie es noch besser machen können als die Natur, da sie offenbar nicht an einen Gott glauben, der für alle möglichen Krankheiten vorgesorgt hat.

Wir werden schon vor unserer Inkarnation auf diesem Planeten von den Segnungen der modernen Medizin - ungefragt - belästigt; daß sich Ultraschalluntersuchungen nicht gerade positiv auf eine unbeeinflußte Entwicklung des Ungeborenen auswirken, ist noch nicht wissenschaftlich bewiesen, wird aber von vielen ernstzunehmenden Wissenschaftlern angenommen. Denn das ungeborene Leben reagiert sensibel auf jedwede elektromagnetische Schwingung aus seiner Umgebung. Ultraschalltöne mögen zwar unhörbar sein, dennoch ist es Leichtsinn, sie einfach als harmloses „Nichts" anzusehen.

Kurz nach der Geburt geht es schon weiter, mit etlichen Impfungen, die angeblich vor späteren Krankheiten schützen sollen. Dabei gibt es ernstzunehmende Zweifel am Sinn von Impfungen. Statistische Kurven beweisen, daß die Krankheiten, gegen die geimpft wurde, oft gerade nach den Massenimpfungen verstärkt auftraten. In Deutschland stiegen die Fälle von Diphtherie nach Einführung der Impfungen 1940 von 50000 auf 240000. Als nach Kriegsende keine Impfstoffe mehr da waren, stiegen die Diphtheriefälle keineswegs an, sondern sanken rapide auf unter 10000. Von 1972 bis 1993 wurden in Deutschland über 14000 Versorgungsanträge wegen Impfschäden gestellt.

Die australische Forscherin Dr. Viera Scheibner fand heraus, daß der „plötzliche Kindstod" offenbar ursächlich mit Impfungen zusammenhängt. Sie ließ die Babies von einem Computer überwachen, der immer Alarm gab, wenn es erhöhte Werte gab. „Zufällig" gab es immer direkt nach den Impfungen Alarm.

Die Frischinkarnierten erhalten auch gleich nach der Ankunft die erste Dosis Zucker, einem Stoff, der süchtig macht. Der industriell raffinierte Zucker ist gesundheitlich sehr bedenklich und ist heute in fast allen industriell produzierten Lebensmitteln vorhanden, selbst dem Tomatenketchup.

Haben Sie sich schon mal gegen Grippe impfen lassen? Und wenn, gegen welches Grippevirus? Es gibt nämlich 300 verschiedene. Denken Sie einmal darüber nach, wie sinnvoll solch eine „Vorsorge" sein kann.

In der sehr hervorragenden ZeitenSchrift Nr.12 finden sich ebenfalls hochinteressante Artikel zum (bzw. gegen das) Impfen. Sie zeigen, wie schädlich und gefährlich Impfungen für Kinder sind und wie viele Langzeitschäden sich daraus ergeben. Daß zudem die Kinderkrankheiten einen Sinn haben und es nicht gut sei, sie zu unterdrücken, da sie die Immunkraft des jungen Körpers 'schulen' und stärker werden lassen.

Die „Impfwut" begann hauptsächlich durch die erfolgversprechenden Forschungen von Louis Pasteur. Kürzlich wurden jedoch seine persönlichen Tagebücher öffentlich gemacht. Aus ihnen geht hervor, daß seine Versuche keineswegs immer so erfolgreich verliefen, wie er das öffentlich darstellte. Genaugenommen kann man ohne Übertreibung sagen, daß er gelogen hatte. Die Pharmaindustrie verdient heute Milliarden mit diesem lukrativen - und oftmals von staatlicher Seite zwangsverordneten - Impfwahnsinn. Wenn es um so viel Geld geht, werden Zweifel am Erfolg von Impfungen gar nicht gern gesehen. Wissenschaftliche Studien, die von der Industrie in Auftrag gegeben werden, lassen natürlich keine Zweifel aufkommen, wie nötig Impfungen für die Volksgesundheit sind. Daß viele ernstzunehmende Ärzte und Wissenschaftler Bücher geschrieben haben, in denen sie den Impfschutz anzweifeln, sollte einem zu denken geben. Nun wird uns eine Impfung gegen AIDS in Aussicht gestellt, und die Öffentlichkeit wartet sehnsüchtig auf diesen neuen Segen der modernen Wissenschaft.

Aber so leicht scheint es nicht zu sein, einen Impfstoff gegen dieses Syndrom, das bei uns 29 verschiedene Krankheiten umfaßt, zu lancieren - denn wie anders soll man es bezeichnen, wenn man etwas anbietet, von dem man weiß, daß es das AIDS-Problem nicht beseitigen wird. Aber die Propaganda der gesteuerten Medien läßt keine Zweifel an den Erfolgen der modernen Medizin aufkommen.

Wenn ein Patient eines Alternativmediziners stirbt, wird dies sogleich in aller Breite der Öffentlichkeit kundgetan. Wäre die kleine Olivia in der Behandlung von Dr. Hamer gestorben, hätte die Öffentlichkeit ihn vermutlich gelyncht. Daß jedes Jahr mehr als 150000 Menschen in der Bundesrepublik unter den Händen der Schulmediziner an Krebs wegsterben - darunter befinden sich statistisch gesehen sicherlich einige kleine Olivias - wird mit keinem Wort erwähnt. Natürlich, darauf angesprochen, besteht noch Forschungsbedarf. Bedarf an Forschungsgeldern, der natürlich nur an die entsprechenden Forschungsinstitute fließen.

Allein schon durch die Tierversuche, bei denen täglich Millionen unschuldiger Tiere zu Tode gefoltert werden, obwohl die Ergebnisse der Versuche keineswegs auf Menschen zu übertragen sind, zeigen, daß diese Menschen kein Respekt vor dem Leben haben. Wie können sie da heilen? Contergan ist nur eines von vielen Mitteln, das durch Tierversuche genehmigt wurde und sich später als äußerst schädlich erwiesen hat. Ständig werden Medikamente vom Markt genommen, obwohl sie nach den Ergebnissen der Tierversuche unschädlich sein müßten, es dann aber doch nicht sind. Das Geschäft mit den Millionen Versuchstieren, die täglich „verbraucht" werden, hat sich zu einem Industriezweig entwickelt, der sich weitgehend verselbstständigt hat, und in der Menschen mit den entsetzlichen Qualen von lebenden Kreaturen Riesengeschäfte machen. Die Schwingungen der Angst sind mit den so getesteten Medikamenten verbunden und können keine positiven Auswirkungen haben.

Dieser medizinisch-industrielle Komplex hat natürlich nicht das geringste Interesse daran, daß den Menschen gesagt wird, sie könnten ihre Krankheiten selber heilen, indem sie die Ursachen abstellen, und ihnen beigebracht wird, wie sie ihre eigenen Heilkräfte einsetzen können. Nichts gegen Ärzte, aber bei mehreren Streiks von Ärzten in Krankenhäusern gingen die Sterblichkeitszahlen nicht, wie erwartet, in die Höhe, sondern sie fielen teilweise auf bis zu 50 Prozent. Das schreibt Hans Ruesch in seinem Buch „Die Pharma Story - der große Schwindel". Er schreibt ebenfalls: *„Einige Jahre, nachdem der fruchtbare* *und jungfräuliche Boden und die Nahrungsmittel in Ländern der Dritten Welt mit künstlichem Dünger und den Pestiziden der Industrieländer behandelt wurden, stiegen auch dort die Krebsraten gewaltig an. Magen- und Darmkrebs in einigen Fällen um bis zu 500 Prozent."*

Eines der sehr vernachlässigten Themen bei der Betrachtung der „modernen" Krankheiten ist die Ausstattung von ca. 90 Prozent der Menschen in unserer Zivilisation mit Amalgamfüllungen. Amalgam ist eine Legierung aus Quecksilber und anderen Metallen, wobei der Quecksilberanteil im Allgemeinen über 50 Prozent liegt. Es ist bekannt, daß Quecksilber schon in kleinsten Mengen das Nervensystem extrem schädigen kann, und eine direkte Aufnahme weniger Gramm schon unmittelbar tödlich ist. Daß solch ein hochpotentes Gift immer wieder in Menschen „eingebaut" wird, wo sie 24 Stunden am Tag damit belastet sind, und das ganze aus Kostengründen von den Zahnärzten und Krankenkassen immer noch als relativ harmlos bezeichnet wird, ist ein Verbrechen - entweder aus Fahrlässigkeit oder sogar mit der Absicht, die Menschen antriebsschwach und depressiv zu machen, was ein paar der zu beobachtenden Symptome von Amalgamgeschädigten sind.

Jedoch ist auch das spätere Entfernen dieser Zeitbomben höchst kritisch, da die Gifte bei dem Vorgang freigesetzt werden. Es gibt einige wenige Zahnärzte, die bei dieser Behandlung den Mundraum mit Gummituch (Kofferdam) auslegen und den Patienten über eine Sauerstoffmaske beatmen, damit das hochgiftige Material weder eingeatmet noch verschluckt oder über die Schleimhäute aufgenommen werden kann. Das ungeschützte Entfernen entspricht nach der Aussage von Experten eine zehnjährigen Liegedauer. Bevor man die Löcher dann mit Keramik- oder Goldkronen verschließen läßt, sollte man über lange Zeit Provisorien drin lassen - mindestens ein halbes Jahr - damit die Gifte nicht gleich wieder einbetoniert werden. Es gibt ein paar Medikamente, mit denen das Quecksilber wieder aus dem Körper ausgeleitet werden kann, was als begleitende Maßnahme angeraten wird. (z.B. DMPS-Injektionen oder DMSA-Kapseln, aber auch homöopathische Mittel wie Ginko biloba Hevert D 3.) Das Buch „Amalgam - in aller Munde" von Dr. Walter Abriel sei Menschen wärmstens empfohlen, die ihre Probleme in dieser Richtung vermuten. Die Liste der Symptome Amalgamgeschädigter ist nämlich ellenlang. Nur ein Auszug: Allergien, Alzheimer, Erstickungsangst, Blutarmut, Bronchitis, Ekzeme, Elektrosensibilität, Energielosigkeit, Erblinden, Ermüdung, Ertauben, Flechten, Gedächtnisstörungen, Gelenkschmerzen, Gesichtslähmung, Haarausfall, Herzrhythmusstörungen, Hustenreiz, Immunschwäche, Impotenz, Kindsmißbildungen, Kopfschmerzen, Krebs, Lähmungen, Leberschaden, Menschenscheu, Multiple Sklerose, Neurodermitis, Nierenschäden, Pilzerkrankungen, Prostatabeschwerden, Reizbarkeit, Rheuma, Schizophrenie, Schlaflosigkeit, Schwindel, Seh-/Sprechstörungen, Unfruchtbarkeit, Zittern etc.

Franz Konz, bekannt durch seine „1001 ganz legalen Steuertricks", befaßte sich nach eigener, langer Krankheit mit der Medizin und findet inzwischen kein gutes Haar mehr an ihr. Er ist überzeugt, daß die Urzeitmenschen kerngesund waren, weil sie sich gesund ernährten, also von dem, was die Natur ihnen ohne große Bearbeitungsmöglichkeiten bot, weil sie sich viel an der frischen Luft bewegten und weil sie keine Ärzteschaft hatten, die ihnen für alle möglichen Wehwehchen irgendein teures Mittel anboten. Er hat ein - leider viel zu dickes - Buch herausgegeben, in dem er massenweise abschreckendes Material über die moderne Medizin gesammelt hat, das allein schon hochinteressant ist. Es ist unter dem Pseudonym Chrysostomos erschienen und nur bei einer Mitgliedschaft der „Interessengemeinschaft Zurück zur Natur" erhältlich. Ich habe ein paar prägnante Formulierungen rausgezogen, die freilich die detailierteren Kenntnisse aus dem Buch nicht ersetzen können.

„Wenn die Menschen früher nicht krank waren - und wir wissen, daß sie es nicht waren - dann verdanken sie es dreierlei: Der Urzeiternährung, der Urzeitbewegung und der Urzeitlebensweise. (...) Sich nicht behandeln zu lassen, heißt schließlich nicht, untätig zu sein; von Ärzten behandelt zu werden heißt, untätig sein. (...) Die Mediziner bilden sich ein, Krankheiten heilen zu können, weil sie in einigen Fällen die Natur ausgetrickst haben. (...) Sie setzen z.B. einem Menschen ein fremdes Organ ein, was der Körper normalerweise abstoßen würde. Durch starke Gegengifte kämpfen sie nun diese Abwehr nieder, was nicht ohne Schädigung des Körpers abgeht. (...) Die Arztkunden erhielten plötzlich Leiden mit feinen Namen, die nicht mehr im Geringsten an die wahre Ursache ihrer Übel erinnerten. (...) Ein damals berühmter Lehrmeister der Medizin, Villovanus, schrieb zu der Frage der Diagnose: Weißt du bei Betrachtung des Urins nichts zu finden, so sage, es sei eine Obstruktion der Leber zugegen, (...) weil sie so nicht wissen, wovon man spricht. (...) Doch wie wir wissen, tummeln sich gerade in den Krankenhäusern die meisten Krankheitskeime und führen bei abwehrschwachen Menschen sogar oft zur sogenannten Hospital-Krankheit. (...) Denn im Krankenhaus gab es schließlich spezielles Untersuchungsgerät; Hörrohre, Vaginallöffel, später Ultraschallgeräte und Herztöneabhorcher, die aus kleinen, unbedeutenden Abweichungen gleich Risikoschwangerschaften machten, wo man ja besonders schnell mit Kaiserschnitten zur Hand ist, die Krankenhaus und Chefarzt erheblich was einbringen. (...) Mit dem Arsengemisch Salvarsan wurde er (Paul Ehrlich) berühmt und als Begründer der modernen Chemotherapie für das

Überbringen von millionenfachem, nutzlosen Leid an die Krebskranken mit 300000 Mark Nobelpreis fürstlich belohnt. (...) Nimm nur das moderne Gift Cortison: auch das dämpft, betäubt, läßt einen wie das vormalige 'Medikament Kaffee' leichter und beschwingter fühlen - aber es heilt nicht die Bohne. (...) Cortison-Behandelte nehmen stark zu, werden anfällig für Infektionen, ihre Knochen werden brüchig, sie bekommen Magengeschwüre oder grünen Star und das typische Vollmondgesicht. (...) Als geheilt sehen diese Volksverdummer jemanden an, der fünf Jahre nach der Krebserkennung ihre Behandlungsmethoden überleben konnte. (...) Kein mit Chemotherapie behandeltes leukämiekrankes Kind wurde jemals volljährig! (...) Ja, warum meinst du wohl, daß die Ärzte ihre Kinder nicht impfen lassen? Die wissen, daß man davon binnen 24 Stunden bis zu sechs Monaten gelähmt zurückbleiben oder später krebskrank werden kann. (...) Also wärest du mit der ärztlichen Behandlung um 1690 einverstanden gewesen? (...) Oder mit der Therapie des Jahres 1790, als man dagegen mit Klistieren vorging? Oder 1890, als man mit Quecksilber und Arsen die Menschen malträtierte? (...) Die Medizinmänner machen, seitdem es sie gibt, (...) nichts als schlimmsten Mist. Und du glaubst fest daran, daß sie ausgerechnet in diesem Jahre perfekt und richtig handeln? (...) Begreife doch; als die Ärzte überhaupt noch nicht in den Unterleibern der Frauen wühlten und schnitten, war die Sterblichkeitsrate der Mütter und Kinder kaum nennenswert. Erst als die Ärzte die Geburtshilfe schließlich an sich rissen, schnellte sie gewaltig an. Nachdem sie sich nach langem Zögern endlich die Hände und Instrumente in Chlorlösung wuschen, gingen die Todesraten wieder zurück, blieben aber immer noch über denen der Vergangenheit. (...) Wäre ärztliche Kunst so erstrebenswert und so zu empfehlen, dann müßten sich doch gerade die am meisten Behandelten am besten fühlen. (...) Bei allen Krankheiten, selbst bei Krebs, gibt es mehr oder minder häufig Fälle, in denen der Organismus ohne jede Hilfe von außen mit dem Leiden fertig wird. (...) Ja, wenn sich dein Körper nicht spontan heilt, dann verdankst du dies dem 'Heilmitteldreck' in deinem Körper oder deiner zerstörerischen Lebensführung. (...) Wußtest du, daß das Bundesgesundheitsamt nach eigenen Angaben jährlich die Zulassung von rund 400 Medikamenten widerruft, die - obwohl alle in Tierversuchen auf Verträglichkeit getestet - erhebliche und sogar tödliche Nebenwirkungen verursachen, daß in der BRD mehr Menschen an Arzneimittelschäden sterben als im Straßenverkehr; etwa 15000 im Jahr, daß Medikamente laut Protokoll des Wiesbadener Internisten-Kongresses 1976 6 % aller Krankheiten mit Todesfolge, 25 % aller organischen Krankheiten, 61 % aller Mißgeburten und 88 % aller Totgeburten verursachen? (...) Die durchschnittliche Überlebenszeit nach einer Gehirntumoroperation liege derzeit bei 6 bis 8 Monaten. (Ärztliche Praxis v. 28.7.87) (...) Denn Krebs tritt nach der Amputation eines Organs anderswo im Körper auf. (...) Beispiel Brustkrebs: Die betroffenen Frauen werden nie erfahren, daß ihnen die Brüste für nichts entfernt wurden. Dafür wird die Heilungsstatistik der Klinik verbessert; jeder operierte Krebs, der kein Krebs war, darf als sicherer Erfolg verbucht werden. (Bunte v. 2.10.86) ... daß 95 % aller brustamputierten Frauen später kein vollwertiges Sexualleben mehr führen können und orgasmusunfähig werden.

Die Schulmedizin ist eine Institution wie die Kirche. Sie duldet keine Abweichler. Sie hält halsstarrig und eisern an ihren Dogmen fest. Jeder ideell eingestellte Arzt, der seine Patienten nicht weiter vergiften und auf Dauer krank machen will, wird schnellstens fertiggemacht. (...) Mir persönlich sagen alle, die einmal eine Krebsbehandlung im Krankenhaus durchgemacht haben: Ich würde diese Quälerei nie mehr mitmachen. Ich will wenigstens noch etwas leben. Es nützt ja doch nicht das geringste. Das wird allen Schwerkranken mit der Zeit immer klarer. (...) So was wie ein krebskranker Mensch - das ist schon zum Gotterbarmen. Ich habe noch keinen erlebt, der wirklich tapfer gegen seine schreckliche Krankheit gekämpft hätte. Ich fand sie alle weinerlich, wehleidig, sich an die Kittel der Ärzte und mitleidheischend an die Angehörigen klammernd. (...) nicht im geringsten bereit, wirklich von sich aus etwas aktiv gegen den Krebs zu unternehmen, etwa das Rauchen oder Trinken aufzugeben., oder kein Fleisch mehr zu essen. (...) Wenn du einmal die Lebensgeschichte von wirklich alt gewordenen Menschen ansiehst, so haben sie alle eins gemeinsam: sie haben stets einen großen Bogen um jede Arztpraxis gemacht. (...)

In der Schmerzmittelforschung werden Tiere entsetzlichen Qualen ausgesetzt. Wird zum Beispiel die Wirkung von Schmerzmitteln gegen Verbrennungen getestet, werden die Tiere langsam verkohlt - ohne Narkose. (...) Hamburger Politiker wollten sich informieren und besichtigten ein Versuchslabor. Nach ihren Aussagen gerieten sie „in eine Hölle auf Erden". (aus „Das Tierbuch", 2001-Verlag) (...) Untersuchungsergebnis einer USA-Universität: Wer sich der schulmedizinischen Behandlung verweigerte, lebte im Durchschnitt 12½ Jahre länger." Er zitiert Hacketal aus Quick, 23/87: *"Deutsche Ärzte sind reine Theoretiker, die nur ständig an Symptomen rumexperimentieren, aber von Gesundheit nichts verstehen. Sie sind rein quantitativ orientiert, wollen Leben verlängern um jeden Preis, schneiden ein Organ nach dem anderen ab und fragen nicht nach dem Wohl des Patienten. In Wirklichkeit ist in der Medizin wissenschaftlich nur sehr wenig erwiesen.*

Wir wollen die Ärzte richtig sehen, denn sie sind ja nicht böswillig. Es geht ihnen wie vielen von uns; sie sind darauf geschult, ihren Job zu tun. Sie müssen ihre Brötchen verdienen und kommen trotz vieler Mißerfolgserlebnisse nicht darauf, ihre Tätigkeit in Frage zu stellen. Sie sind fest davon überzeugt, daß es nichts Besseres als ihre Schulmedizin gibt. Was man verstehen kann, denn andere Heilmethoden werden ihnen nicht gelehrt. Sie glauben, daß alles technisch, bzw. physikalisch-chemisch zu lösen sei. Sie glauben nicht mehr an die Natur. (...) Sieh im Arzt keinen Übermenschen, der schaffen kann, was du zu tun versäumst.

In der „Bunte" Nr. 14/85 schrieb Dr. Schmidsberger zur Chemotherapie: *„Danach hat diese Form der Krebsbehandlung zur Zeit noch weitgehend experimentellen Charakter.(...) Mit Chemotherapie behandelte Krebspatienten haben keine verlängerte Lebenszeit. Aber ihre Lebensqualität ist erheblich beeinträchtigt."*

Die empfohlenen Methoden von Konz sind zwar radikal, da sie jegliche menschlich behandelte Nahrung und medizinische Behandlung vollkommen ablehnen, dennoch ist Vieles von ihm nachdenkenswert.

Ein schöner Gesundheitstip kursiert, ohne daß man den Ursprung genau lokalisieren kann: Indem man den Mund mit Sonnenblumenöl ausspült, kann man viele Gifte aus dem Körper holen. Dabei nimmt man einen winzigen Schluck von dem Öl in den Mund und bewegt ihn 10-15 Minuten hin und her. Nicht runterschlucken; das Gemisch enthält nachher so viel Gift, daß man es tunlichst ausspucken und etliche Male den Mund ausspülen sollte.

Wenn man die Welt wieder aus der Sicht betrachtet, daß Materie nichts weiter ist als Energie, die durch Geist zu einer bestimmten Form manifestiert wird, daß wir alle Lebensströme sind, die in einen physischen Körper kamen, um in einer Welt der Trennung Erfahrungen zu sammeln, dann wird klar, daß Krankheiten niemals zufällig und unabwendbar zu uns kommen, sondern daß sie uns etwas sagen wollen, uns Zeichen dafür geben, daß wir etwas in unserem Leben ändern müssen. So können Pickel bedeuten, daß für unseren Körper Schokolade oder Eiskreme nicht besonders gut sind, oder daß wir psychische Probleme mit unserem Aussehen oder unserer Sexualität haben. Geschlechtskrankheiten können bedeuten, daß die Art, wie wir mit Sex umgehen, nicht zuträglich für unseren Fortschritt ist. Bestimmte Dinge, die uns krank machen, müssen wir also ändern, wenn wir gesund werden wollen. Wie oben beschrieben, müssen wir uns vielleicht von liebgewonnenen Zahnfüllungen trennen, vom Rauchen, vom Trinken, oder auch überprüfen, welche schädlichen Einflüsse in unserer Umgebung vorkommen, wie z.B. Elektroanschlüsse unmittelbar am Schlafplatz, Funksender in der Nähe, Gifte bei der Arbeit oder am Wohnort.

Wichtig sind dabei auch die Gedanken, da sie die Kraft haben, sich auf unserer Physis auszuwirken. Daher kann Angst vor dem unabwendbaren Schicksal einer Krankheit keinen positiven Einfluß auf die Gesundheit haben. Wie Dr. West schon schrieb, wirken sich negative Gefühle, wie Haß, Neid oder Eifersucht, auch gesundheitlich negativ aus. Es ist schön, wenn man eine Krankheit als liebevollen Hinweis des Körpers annehmen kann, daß man etwas ändern sollte, und diesen „Wink mit dem Zaunpfahl" ernst nimmt und somit das Ganze als positive Erfahrung ansehen kann. Wenn ein Patient zum Arzt kommt, weil er Würfelhusten hat und ihm der Arzt sagt, daß er mit dem Rauchen aufhören müsse, antwortet der vielleicht: „Herr Doktor, das können Sie nicht von mir verlangen. Verschreiben Sie mir irgendetwas. Tablette, Spritzen, meinetwegen Zäpfchen." Wer ist dann der Scharlatan? Der Arzt, der zum Rezeptblock greift oder jener, der sagt: „Wenn Sie nicht bereit sind, auf die Signale Ihres Körpers zu hören und etwas in Ihrem Leben zu ändern, dann kann ich Ihnen auch nicht helfen."

Wenn Sie also krank sein sollten, überlegen Sie sich, ob Sie Streß haben, negative Gefühle in sich hineinfressen, sich selber schädigen, Ihnen etwas „an die Nieren geht" oder „auf den Magen schlägt".

Ärzte sollen hier nicht diffamiert werden. Jene, die in Krankenhäusern mit ihrem Können und aufopfernden Einsatz täglich Leben retten, sowie die meisten Hausärzte, verdienen unseren vollen Respekt. Die Erfolge der Medizin bei schweren Verletzungen sind wirklich erstaunlich. Gerade jedoch in der Behandlung langwieriger Krankheiten werden viele Ärzte beeinflußt von dem, was als wissenschaftlich anerkannt und durch die - von der Pharmaindustrie bezahlten - Fachpresse verbreitet wird. Zudem gibt es Ärzte, denen es nur um das schnelle Geld geht, die Kassenpatienten fürchten wie der Teufel das Weihwasser.

Die Schulmedizin befaßt sich immer noch zu wenig mit den Ursachen und der Vermeidung von Krankheiten und statt dessen mit der Behandlung der Symptome. Es ist so ähnlich, als, wenn bei Ihrem Auto die Ölkontrolleuchte blinkt, der Mechaniker die Birne herausdrehen und dann die Rechnung schreiben würde. Dann wird sicher bald ein neuer - und vermutlich schlimmerer - Schaden auftreten.

Die Selbstheilungskräfte des Menschen sind enorm leistungsfähig, sind aber bei Bewegungsarmut und schwacher Atmung oft schon geschwächt. Viele Krankheiten haben psychische Ursachen und können durch Gespräche - zu denen die Menschen in unserer Leistungsgesellschaft oft kaum noch Zeit finden - eine Besserung erfahren.

Es sind in unserer Welt oft die Außenseiter, die uns sagen wollen, daß wir selber die Verantwortung für unsere Krankheiten haben. Wenn Sie das nächste also Mal in den Medien von einem Scharlatan hören, fragen Sie sich mal, welche Hintergründe das haben kann. Man merkt oft an der Art, wie die Dinge dargestellt werden, daß einseitig diffamiert und lächerlich gemacht wird, weil die Journalisten wissen, daß sie für ein Medium arbeiten, das durchaus bestimmte Interessen verfolgt. (Zu Risiken und Nebenwirkungen lesen Sie...)

Mord und andere Kleinigkeiten

Wir in Deutschland können froh sein, daß wir kein solches Trauma erlitten haben wie Amerika am 22. November 1963 - durch die Ermordung John F. Kennedys. Mehr als der Mord an sich ist die Erkenntnis schockierend, daß diejenigen, die erfolgreich das amerikanische Volk bezüglich der Tatumstände belogen haben, nicht irgendwelche Außenseiter sind, sondern Teil der amerikanischen Regierung.

Natürlich hat es keinen Präsidentenmord dieser Art in Deutschland gegeben. Aber die Attentate an Leuten wie Herrhausen, Beckurts und Rohwedder sind auch nicht ohne. Aber bei uns ist die Welt noch in Ordnung, da weiß man wenigstens, wer's war: Die bösen Terroristen der RAF - oder gibt es auch hier Zweifel?

Wie konnten Terroristen es schaffen, ganz in der Nähe des ständig unter Observation stehenden Deutsche-Bank Chefs Herrhausen unbehelligt eine raffinierte Bombe mit komplexer Lichtschrankenzündung zu installieren, ohne daß sie gesehen wurden? Sicherheitsbeamte der Polizei und des Grenzschutzes sind darauf trainiert, jede verdächtige Aktivität in der Nähe der Wohnungen der zu sichernden Personen sofort zu untersuchen. Ja, warum reagierten sie nicht einmal auf die Hinweise eines Zeugen, dem die Baustelle am Tatort und die verlegten Kabel verdächtig erschienen waren und der dies gemeldet hatte? Genauso, wie Anrufer, die die Ermordung von JFK ankündigten, nicht erst genommen wurden.

Angeblich hatte sich die RAF in einem Brief zu dem Attentat bekannt. Doch vielfach gehen mehrere solcher Selbstbezichtigungen bei der Polizei ein. Immer gibt es Leute, die sich mit solchen Aktionen wichtig machen wollen. Angeblich kann man die Authentizität der RAF-Briefe kriminologisch beweisen. Doch Zweifel erheben sich, wenn man sich genauer damit befaßt, woran man eigentlich einen echten Bekennerbrief erkennt. Was unterscheidet ihn von einem unechten? Keineswegs ist es so, daß alle „authentischen" RAF-Briefe mit derselben Schreibmaschine geschrieben wurden. Nein, es kamen auch Thermodrucker, Letraset-Anreibebuchstaben und andere Schreibwerkzeuge zum Zuge. Auch der berühmte RAF-Stern liegt in mehr als zehn verschiedenen Versionen vor, die als „echt" angesehen werden. Ob der merkwürdige Schreibstil eindeutige Schlüsse zuläßt, ist ebenfalls fraglich. Nicht mal bei berühmten Schriftstellern kann man immer eindeutig unverkennbare Stilmerkmale unterscheiden. Doch die Bundesanwaltschaft erklärt die Selbstbezichtigungen der RAF für authentisch.

Der Kampf der RAF gegen imperialistische Kräfte in der BRD wird in den Bekennerschreiben beschworen, aber so was kann sich nun jeder ausdenken.

Überhaupt - war Herrhausen eigentlich Teil dieser imperialistischen Kräfte? Nun, als Chef der Deutschen Bank auf den ersten Blick ja. Wenn man sich aber seine Aktivitäten genauer ansieht, werden Zweifel deutlich. Er hatte sich zuletzt sehr dafür eingesetzt, daß den Ländern der Dritten Welt ihre riesigen Schulden erlassen werden. Denn, wie jeder, der sich etwas mit Zinsrechnung befaßt, unschwer nachvollziehen kann, wachsen die Schulden durch Zins und Zinseszins ins Unermeßliche. Die meisten Länder der Dritten Welt sind heute defakto bankrott, nicht in der Lage, ihre Schulden zurückzuzahlen. Herrhausens Vorschlag, ihnen ihre Schulden zu erlassen, wäre immerhin dazu angetan gewesen, erhebliche Probleme aus der Welt zu schaffen. Die Abrechnung wird nur immer wieder hinausgeschoben, weil die einzige Möglichkeit für die westlichen Banken darin besteht, die Kredite zu verlängern. Nun war die Deutsche Bank in der glücklichen Lage, ihre Kredite an Entwicklungsländer fast vollständig abgesichert zu haben. Im Gegensatz zu fast allen anderen Banken in der Welt. Diese waren durch den Vorschlag von Herrhausen in arge Bedrängnis bekommen. Nur Herrhausen konnte sich solch einen Vorschlag ohne Risiko leisten. Er würde damit die Position der Deutschen Bank gegenüber den anderen Banken erheblich verbessert haben, da viele Mitbewerber bei der Durchführung dieses Vorschlags pleite gegangen wären. Die Deutsche Bank hätte dann die eine oder andere Bank billig aufkaufen können. Ohnehin hatte Herrhausen sich bemüht, die Deutsche Bank zum „Global Player" zu machen, zu einer der ganz großen im internationalen Finanzgeschäft. Es gab viele in der internationalen Finanzbranche, die das gar nicht gerne sahen.

Fragt man nun danach, wer ein Interesse daran haben konnte, Herrhausen zu beseitigen, ist die RAF-These nur bedingt glaubwürdig. Denn Herrhausens Schuldenerlaß für die Dritte Welt war etwas, das einem Anti-Imperialisten sicherlich gefallen hätte. Eher unbequem war Herrhausen für die Mitbewerber in der eigenen Geldbranche. Ja, mehr als unbequem. Sein Vorschlag war eine existentielle Bedrohung für viele internationale, besonders US-amerikanische und jüdische Banken - ja, die Karten im weltweiten Monopoly wären gänzlich neu gemischt worden; die Deutsche Bank hätte die Parkstraße schon in der Tasche gehabt. Wer konnte bei Herrhausens Tod also klammheimliche Freude empfinden? Antiimperialistische Terroristen oder internationale Banker, die ihre Felle davonschwimmen gesehen hatten?

Nach Herrhausens Tod war in der Deutschen Bank von einem Schuldenerlaß für Entwicklungsländer keine Rede mehr. Auch die geplanten Aufkäufe ausländischer Banken als internationale Sprungchancen wurde von Herrhausens Nachfolger nicht mehr verfolgt.

Auch die anderen Anschläge, die der sogenannten Dritten Generation der RAF in die Schuhe geschoben wurden, die Ermordung von Rohwedder, Beckurts usw., bewirkten gänzlich andere Dinge, als eine antiimperialitische Terrorgruppe im Sinn gehabt haben könnte. Tatsächlich hat niemand mal jemanden dieser 3. Generation zu Gesicht bekommen. Abgesehen davon, daß die Polizei schon seit zehn Jahren trotz verbesserter Technik und Logistik keinen einzigen Terroristen mehr dingfest machen konnte. Die RAF schaffte es, gänzlich unbehelligt ihre Bomben zu basteln und zu installieren, Schüsse auf sensible Objekte abzugeben. Und, obwohl sie der Polizei eigentlich auf der Nase rumtanzte, hat diese nicht einmal besonders gute Fahndungsfotos zustande gebracht.

Da war dann der in die Schlagzeilen geratene Zugriff am Bahnhof von Bad Kleinen ein willkommener Anlaß für die Polizei, der Öffentlichkeit zu zeigen, daß man durchaus in der Lage sei, erfolgreich gegen Terroristen vorzugehen. Doch dabei kam es zu erheblichen Pannen.

Vielen Menschen wurde bewußt, daß die Behauptung, der angebliche Terrorist Grams habe sich selbst erschossen, wenig glaubwürdig ist. Ähnlich wie beim Kennedy-Attentat wurde mit Beweismitteln am Tatort recht leger umgegangen. Noch Tage nach dem Fall fand man im Schotter der Bahngleise Patronenhülsen, andere verschwanden. Es fanden sich auch Teile von Maschinengewehrmunition, obwohl im offiziellen Bericht der Bundesanwaltschaft keine solchen Waffen vorkamen. Die Waffe, die Grams angeblich zum Selbstmord benutzte, lag an einer Position, wo sie kaum zu liegen gekommen wäre, hätte er sich den Todesschuß selbst gesetzt. Ja überhaupt, warum hatte die Polizei, die die drei mutmaßlichen Terroristen schon stundenlang auf dem Bahnhofsgelände beobachtet hatte, nicht schon vorher, z.B. im Bahnhofscafé zugegriffen, sondern gerade zum ungünstigsten Zeitpunkt, nämlich in der Unterführung? Warum wurde die festgenommene mutmaßliche Terroristin von den Beamten des Sonderkommandos nicht nach Waffen durchsucht, was selbst ein krimierfahrener Laie als erstes getan hätte? Warum blieb die Zeugin aus dem Bahnhofskiosk bei ihrer Aussage, ein Polizist habe auf den zwischen den Gleisen liegenden Grams geschossen? Warum wurde dieser Zeugenaussage kein Glauben geschenkt? Erinnert das alles nicht sehr an die Ergebnisse der Warren-Kommission bei der Untersuchung des Kennedy-Mordes?

Die Autoren der Bücher „Das RAF-Phantom" und „Operation RAF" fragen sich, ob die gesamte Dritte Generation der RAF überhaupt real existiert, oder ob sie nur von den Geheimdiensten benutzt wird, um unliebsame Personen verschwinden zu lassen und die Schuld den bösen Terroristen in die Schuhe zu schieben.

Die Gefahr der linken Terroristen wird immer dann beschworen, wenn der Polizeiapparat aufgerüstet werden soll, Bürgerrechte im Zuge der Fahndung nach den skrupellosen Gewalttätern beschnitten werden sollen.

Und auch die angeblichen RAF-Nachfolger, die AIZ (Antiimperialistische Zellen) stehen im Verdacht, von der Regierung „gesponsort" zu sein; am 1. Oktober 1995 veröffentlichte die „Bild am Sonntag" einen Bericht, wonach in den Bekennerschreiben der AIZ interne Details aus vertraulichen Sitzungen des Verteidigungsausschusses enthalten seien. Wie sollte die AIZ an diese Interna kommen, wenn es nur „gemeine" Terroristen sind?

Diese kleine Exkursion soll nur zeigen, daß auch bei uns in Europa Dinge geschehen, bei denen die öffentlichen Verlautbarungen einer genaueren Untersuchung nicht immer standhalten. Die Bemühungen, ein Vereintes Europa zu schaffen, sind im Grunde begrüßenswert. Wenn aber die gleichen Kräfte dahinter stehen, die die Eine-Welt-Regierung haben wollen, dann sollten wir vorsichtig sein.

Besonders in der Landwirtschaft ermöglichen die gleichmachenden Bestimmungen der EG, daß große Ungerechtigkeiten geschehen. Daß Schlachtvieh in Lastwagen über Tausende von Kilometern gekarrt wird, da skrupellose Geschäftemacher irgendwelche Subventionen abkassieren wollen und sich die EG nicht darauf einigen kann, bestimmte Höchsttransportzeiten festzulegen, zeigt, daß teilweise auch die Regierungen kein Interesse an humaneren Regelungen haben, weil ihnen das Geld wichtiger erscheint. Es würde den Rahmen dieses Kapitels sprengen, all die unseligen Beschlüsse der EG aufzuzählen, die der Natur schaden und kleine Bauern bewußt in den Ruin treiben.

Natur im Würgegriff

Während die Natur während Millionen von Jahren eine üppige Vegetation hervorgebracht hat, scheint die Landwirtschaft heute ohne die Segnungen der Industrie, nämlich künstliche Düngung und Insektenvertilgungsmittel, nicht mehr auszukommen. Anbau im Einklang mit der Natur ist heute nicht mehr erwünscht, denn selbstverständlich läßt sich mit Düngemitteln und Insektiziden mehr Geld verdienen, als mit einfach in Sonne und Regen „dahinvegetierenden" Pflanzen. Dabei haben einige außerhalb dieses Paradigmas stehende Gruppen bewiesen, daß die Natur erstaunliche Dinge hervorbringen kann, wenn sich die Menschen mit ihr verbinden und nicht gegen sie stellen. So haben einige Menschen an einer kargen Küste Schottlands, an der fast nichts wuchs, blühende Gärten erschaffen, indem sie sich das jahrtausendalte Wissen der Mystiker zu eigen machten, das hinter jedem Baum und Strauch ein bewußter Geist steht. Indem sie diesen um Mithilfe baten, schufen sie ein botanisches Wunder, den Findhorn-Garten, dort, wo sonst nichts wachsen will. Man kann selber ausprobieren, welche Pflanzen besser wachsen, diejenigen, welche mit Liebe und Dankbarkeit gepflanzt und gehegt, oder jene, die industriell „produziert" werden.

Politiker entscheiden nur zu oft gegen die Segnungen von Mutter Natur und schaffen Grundlagen für das Abscheffeln der Industrie. So wurde eine sehr nützliche Pflanze in der Öffentlichkeit verteufelt, da sie sich nicht monopolisieren läßt. Die Hanf-Pflanze könnte eine Menge der ökologischen Probleme unserer Erde lösen, da man sie zur Erzeugung von umweltfreundlichen Treibstoffen, für Textilien, für Kunststoffe, Medikamente und zur Papierherstellung verwenden kann. Es sind eindeutig wirtschaftliche Interessen, die in den fünfziger Jahren dafür gesorgt haben, den Anbau von Hanf zu verbieten, unter dem Vorwand, daß daraus auch ein leichtes Rauschmittel hergestellt werden kann. Während ganze Wälder zur Zellstoffgewinnung abgeholzt werden und heute 80 Prozent des weltweiten Waldbestandes bereits abgeholzt ist, könnte man mit Hanf eine wesentlich bessere Ausbeute erzielen. Mit dem Hanf, das auf einem Hektar angebaut wird, kann man 5 mal soviel Papier erzeugen wie mit einem Hektar Wald. Es wächst schneller nach, und es benötigt noch nicht einmal Insektenvernichtungsmittel, da es gegen die meisten Schädlinge resistent ist. Leider läßt sich der Hanfanbau nicht monopolisieren. D.h. jeder könnte ihn anbauen und nicht nur einige große Firmen daran verdienen, nicht mal an Insektiziden. Inzwischen ist der Hanfanbau teilweise wieder zugelassen.

Ein Modewort der 90er Jahre ist sicherlich Ozon. Oben soll's fehlen, unten gibt's im Sommer zu viel. Aber schickte man früher die Leute nicht zur Kur in die ozonreichen Höhenlagen? Was ist dran an der Ozonpanik? Die Menschen haben nun Angst vorm Sonnenbaden - oder nicht? Eigentlich sind die Strände immer noch voll von sonnenhungrigen Menschen, die knackige Bräune mit Gesundheit und Jugend gleichsetzen. Sind ihnen schon die Hirnzellen weggebrutzelt oder ahnen sie einfach intuitiv, daß das, was man ihnen einreden will, nicht wahr sein kann? Ist nicht Sonne etwas Wundervolles? Sie soll uns krebserzeugende Strahlen auf den Pelz brennen? Ist es nicht ein Verbrechen, seinen Kindern zu sagen, daß sie bei Sonne nicht rausgehen sollen? Fühlt man sich nicht bei Sonnenschein wohler als bei Regen und grau verhangenem Himmel? Wer will uns Angst vor der Sonne machen? Die gleichen Leute, die uns mit dem Angstauslöser AIDS die Liebe verderben wollen? Nun, dort sind es die Pharmaindustrie und Forschung, die an dem HI-Virus Milliarden verdienen. Wer verdient bei der Angst vorm Ozon?

Nach der offiziellen Kenntnis der Wissenschaft ist es so, daß bestimmte, von den Menschen erzeugte Gase die Ozonschicht in der Stratosphäre dünner machen, so daß mehr UV-Strahlung auf die Erde gelangt und man leichter Hautkrebs bekommen kann. Als Konsequenz des angeblich beobachteten Rückgangs der schützenden Ozonschicht wurde eine weltweite Ächtung des FCKWs eingeleitet. Bei näherer Betrachtung gibt es aber Zweifel an der offiziellen Darstellung.

Als 1978 in der Atmosphäre der Antarktis Chlor festgestellt wurde, meinte man, den Übeltäter dingfest gemacht zu haben. Man bastelte ein Gedankenmodell, nach der die Zerstörung der Ozonschicht durch Chlor zustande kommen könnte. Könnte - bewiesen hat das bisher noch keiner. Zumal das große Ozonloch über der Antarktis wahrscheinlich nicht daher kommt, daß am Südpol so viele Kühlschränke und Klimaanlagen betrieben werden. Es hat freilich auch keiner bemerkt, daß das Chlorvorkommen in der Atmosphäre über der Antarktis auch von dem 15 Kilometer von der Meßstation im McMurdo-Sund entfernten Vulkan Erebus kommen könnte. Tatsächlich spuckt ein einziger Vulkanausbruch hundert mal so viel Chlor aus wie die Industrien der gesamten Menschheit durch FCKW in hundert Jahren erzeugen könnten.

In der Tat wird ein Vielfaches der Menge an Chloremissionen durch natürliche Vorgänge ausgelöst. Wenn es tatsächlich so wäre, daß Chloratome die Ozonschicht zerstören, so wäre sie schon längst nicht mehr vorhanden und hätte auf die bösen FCKWs gewartet. Zudem stellt sich die Frage, wie die FCKW-Moleküle, die 4-8 mal schwerer sind als Luft, es schaffen, zig Kilometer in die Stratosphäre aufzusteigen. Benutzen sie Flugzeuge? Die Wissenschaftler basteln zwar komplexe Theorien, die aufzeigen, wie die FCKWs doch in die oberen Atmosphärenschichten diffundieren sollen, aber überzeugend kann es nicht sein, daß einfache, physikalische Gesetze plötzlich nicht gelten. Tatsächlich sind Erklärungen, die mit normalem Verstand nicht mehr nachvollziehbar sind, oft fadenscheinig. Wir haben uns aber daran gewöhnt, daß wir die Sprache der Forscher nicht mehr verstehen. Sie verstehen sich ja untereinander selbst nicht mehr, je mehr sich die Wissenschaften spezialisieren.

Die viel wahrscheinlichere Erklärung für die Zerstörung des Ozons in der Atmosphäre ist radioaktive Strahlung. Die Forscher sind sich durchaus bewußt, daß in einer ionisierten Luft kein Ozon entstehen kann. Nicht nur die weltweiten Atomversuche und Emissionen der Kernkraftwerke tragen zu diesem gefährlichen Zustand bei. Auch die Flugzeuge tragen radioaktive Strahlung in die oberen Schichten der Atmosphäre, da besonders das aus Rußland stammende Flugbenzin in riesigen, unterirdischen Höhlen aufbewahrt wird, die mit Hilfe von nuklearen Sprengungen geschaffen wurden.

Das Atomtestmoratorium in den 60er Jahren wurde tatsächlich deswegen beschlossen, weil sich die Wissenschaftler weltweit einig waren, daß Radioaktivität die Schuld am „Verdünnisieren" der Ozonschicht ist - zwanzig Jahre, bevor man das FCKW zum Verursacher machte. Leider haben sowohl die Franzosen, als auch Russen, Amerikaner und Chinesen trotz des Moratoriums Atomversuche durchgeführt. Da nun die FCKW´s als Ozonkiller gelten, werden Atomtests nicht mehr mit dem Ozonschwund in Verbindung gebracht.

Daß durch das Zunehmen der UV-Strahlung mehr Menschen an Hautkrebs sterben, läßt sich bei genauerer Betrachtung nicht belegen. UV-Licht ist ein natürlicher Bestandteil des Sonnenlichts. Die Idee, daß Gott uns krebserregende Strahlen auf den Pelz brennt, ist geradezu grotesk. Tatsächlich nimmt die UV-Strahlung sehr stark zu, je näher man dem Äquator kommt. Die Hautkrebsfälle müßten statistisch also immer mehr zunehmen, je näher man dem Äquator kommt. Zieht man also von Hamburg nach München, hat man im Grunde schon eine Zunahme der UV-Strahlung, wie sie durch das Ozonloch angeblich entstehen soll. Außerdem tritt Hautkrebs oft gerade an den Körperstellen auf, die am wenigsten von der Sonne beschienen werden. Das zeigt, daß der Zusammenhang mit dem Hautkrebs nicht eindeutig feststeht.

Für die meisten Menschen ist FCKW nun ein Synonym für tunlichst zu vermeidendes Gift. Dabei ist diese Verbindung ein recht wirkungsvoller Stoff, der nicht so leicht zu ersetzen ist. FCKW hat viele positive Eigenschaften, die es als ideales Kältemittel, aber auch wegen sinnvoller Anwendungen in Schaumstoffen, in der Brandbekämpfung und auch im medizinischen Bereich eigentlich unentbehrlich machen.

So muß man sich fragen, warum wir heute auf diesen sinnvollen Stoff verzichten müssen. Ist es einfach so, daß sich ein Gedankenmodell eines Wissenschaftlers verselbstständigt hat, von der Öffentlichkeit begierig aufgenommen wurde und später niemand mehr an der Richtigkeit der zugrundeliegenden Theorien gezweifelt hat, oder bedarf es schon etwas gezielterer Manipulation, um die ganze Welt hinters Licht zu führen?

Wenn man sich ansieht, wer von dem FCKW-Verbot profitiert, kann man feststellen, daß große multinationale Konzerne ihre Gewinne vervielfachen, seit das FCKW geächtet wird. Kleine Unternehmen, die nicht die Mittel zur Forschung nach einem Ersatzstoff haben, verschwinden fast völlig von der Bildfläche. Tatsächlich kam die FCKW-Hysterie zufällig (?) genau zu der Zeit auf, als die Patente für FCKWs ausliefen. Die Herstellerfirmen hatten die Pläne für Ersatzstoffe, die heute mehrfach teurer verkauft werden, bereits in der Schublade. Die ersten Aktionen gegen FCKWs kamen überraschenderweise nicht von den Grünen oder sonstigen Umweltorganisationen, sondern von Chemiefirmen wie DuPont, Hoechst und ICI. Das FCKW-Verbot sollte eines der größten Kartelle der Wirtschaftsgeschichte hervorbringen, da die beteiligten Chemiefirmen ihre Gewinne an den jetzt noch erlaubten FCKW´s vervielfachen, gleichzeitig die viel teureren Ersatzstoffe anbieten, und ebenfalls verhindert werden sollte, daß kleinere Firmen auf dem Gebiet der Kühlmittel irgendeine Chance haben.

Entwicklungsländer könnten nicht mehr mit billigen Kühlschränken ihre ohnehin knappe Nahrung besser nutzen. So soll den Ärmsten der Armen noch mehr Geld aus der Tasche gezogen werden, sodaß ihre ohnehin schon davongalloppierenden Schulden noch größer werden, und dabei Millionen sterben, weil sie nichts haben, das sie dieser Entwicklung entgegensetzen könnten. Dabei sind die von den Chemieriesen angebotenen Ersatzstoffe keineswegs gesünder als FCKWs: das von Du Pont patentierte Mittel HFCKW steht im Verdacht, krebserregend zu sein. Du Pont präsentiert sich heute in der Öffentlichkeit als „Öko-Unternehmen", weil es sich im Kampf gegen das FCKW besonders hervorgetan hat. Schaut man sich die Firmenspitze an, so stößt man auf die (jüdischen) Namen Edgar und Charles Bronfman, die ihr Vermögen dem Whiskeyschmuggel während der Prohibition in den

184

USA verdanken. Heute verdienen sie wieder unvorstellbare Summen, indem sie die Nachfrage nach Ersatz für verbotene Stoffe befriedigen. Und nur durch das Verbot - das sowohl bei der Prohibition als auch bei der FCKW-Ächtung kräftig unterstützt wurde - steigen die Preise und wird die Konkurrenz ausgeschaltet.

Gleichzeitig wird die Aufmerksamkeit der Weltöffentlichkeit wirkungsvoll von der Gefährlichkeit der Radioaktivität für die Ozonschicht abgelenkt. Dahinter steht die weltweite Atommafia, die sich ihre viele Billiarden teuren Kernkraftwerke von den Steuerzahlern subventionieren läßt und verhindert, daß sinnvollere - und billigere - Möglichkeiten zur Stromerzeugung ausgeschöpft werden.

Nun zum Sommerozon, weswegen wir die Autos stehen lassen sollen. Zu allen Zeiten gab es bei Hochdruckwetterlagen und hohen Temperaturen hohe Ozonwerte in der Luft. Vor noch nicht allzulanger Zeit galt das als gesund, und man schickte die Leute zur Kur in die Höhenlagen der Berge, wo es viel Ozon gibt. Heute fühlen die Menschen sich von Ozon belästigt. Alles nur Einbildung? Vielleicht. Forscher machten kürzlich einen interessanten Versuch; sie brachten Leute in einem Raum unter, der angeblich eine erhöhte Ozonkonzentration aufwies. Anschließend klagten die Versuchspersonen über Augenreizungen und Kopfschmerzen. Dabei war die Luft in dem Raum in allerbester Ordnung. Wie leicht doch läßt sich das Befinden der Menschen durch Einbildung manipulieren. Das Beispiel zeigt aber auch, wie sehr positive Einbildung besseres Befinden erzeugen könnte.

Allerdings gibt es durchaus einen Unterschied in der Qualität des Ozons. Obwohl der atomare Aufbau eines Ozonmoleküls immer gleich ist, gibt es ungiftiges und giftiges Ozon. Tatsächlich sind die von den Menschen geschaffenen chemischen Stoffe immer von einer anderen Qualität als die natürliche Vorkommen. Eine einfache Überlegung kann das veranschaulichen: Natürliche Gifte, wie die des Fingerhut oder von Giftschlangen können bei sehr starker Verdünnung sehr wirkungsvoll als Heilmittel eingesetzt werden. Digitalis und Lachesis sind zwei Gifte, die in der Heilkunde erfolgreich eingesetzt werden. Künstlich geschaffene Gifte haben die Qualität nicht, in der Verdünnung heilend zu wirken. Es ist also schon ein deutlicher Unterschied zwischen den uns von der Natur in Liebe gegebenen Stoffen und den von den Menschen aus Habgier und Zerstörungssucht geschaffenen.

Hohe Ozonwerte treten bevorzugt dort auf, wo die Natur am unberührtesten ist. In den Ballungszentren der Industriestädte sucht man die Ozongefahr vergeblich. Dennoch verabschieden die Politiker aller

Parteien nun Sommerozon-Verordnungen, wonach der Autoverkehr bei solchen Bedingungen eingeschränkt werden kann. Eine merkwürdige Logik; als im Sommer 1994 in einigen Bundesländern Fahrverbote wegen des Ozons verhängt wurden, gingen die Werte nicht zurück, sondern stiegen.

Es wird in dieser für mit einfacher Hausfrauenlogik ausgestattete Menschen nicht nachvollziehbaren Diskussion der Politiker auch erwogen, Autos ohne Katalysator bald ganz zu verbieten. So kann sich jeder Politiker rühmen, für den Umweltschutz zu sein... Oder doch nicht? Was aus einem Katalysator „hinten raus kommt", ist keineswegs umweltfreundlicher als die ungereinigten Abgase. Im Gegenteil: Schwefeltrioxid, Schwefelwasserstoff, das Nervengas Phosphorsäureester, Phosgen und Blausäuregas kommen aus dem Kat. Dazu gelangen Platinatome in die Atmosphäre, die ebenfalls hochgiftig sind. Außerdem darf das Bleifreibenzin bis zu 5 % Benzol enthalten. Als wäre das nicht genug, treten im Innenraum von Kat-Autos auch noch elektromagnetische Felder auf. 50 Nanotesla sind nach Ansicht von Strahlenmedizinern gerade noch zu vertreten, wobei deren Einschätzungen eher wohlwollend sind. Bei einem Kat-Automobil treten aber bis zu 500 nT auf.

So ist mit dem Sommerozon also verbunden, den Autoverkehr einzuschränken und die gefährlichen Katalysatoren zu propagieren. Natürlich schaden Autoabgase der Umwelt, aber sie haben nichts mit dem Ozon zu tun. Und Schuld an den Abgasen sind weniger die unvernünftigen Autofahrer als vielmehr die Industrie, die die Möglichkeit hätte, umweltfreundliche Motoren zu bauen, es aber nicht tut. Denn noch werden am Erdöl unvorstellbare Summen verdient, bei der eine Einflußnahme der Lobby auf Politiker und Medien leicht vorstellbar ist.

Bei dem Wettbewerb „ECO-Tour of Europe" 1993 um die sparsamsten Automobile gewann ein mit einem Elsbett-Motor ausgestatteter Mercedes 190, der nur 3,76 Liter umweltfreundliches Rapsöl verbrauchte. Dieses wurde in der Presse nicht erwähnt, so daß diese segensreiche Erfindung der breiten Öffentlichkeit nicht angemessen vorgestellt wurde. Für die ECO-Tour 1994 wurde der Elsbett-Mercedes gar nicht erst zugelassen. So werden sinnvolle Erfindungen totgeschwiegen. Auch, wenn es wahrscheinlich nicht möglich wäre, den gesamten Treibstoffverbrauch der Autofahrer mit Raps zu befriedigen, könnte doch ein großer Teil der Fahrzeuge umweltfreundlich fahren, wenn die Autolobby wirklich an Umweltschutz interessiert wäre.

Der Elsbett Motor verbrennt kaltgepresstes Pflanzenöl, und aus seinem Auspuff kommt kein Ruß, kein Schwefeloxid, keine Dioxine und Furane, und die Kohlendioxid-Bilanz ist ausgeglichen. D.h. es wird nicht mehr CO^2 freigesetzt, als bei der Erzeugung (Pflanzenwachstum) verbraucht wird. Das ist übrigens nicht dasselbe wie Biodiesel. Dieser muß industriell raffiniert werden, damit normale Dieselmotoren damit betrieben werden können, und setzt bereits wieder erheblich mehr Schadstoffe frei. Außerdem ist Biodiesel auf die industrielle Infrastruktur angewiesen und kann nicht vom Bauern selber erzeugt werden, wie der Pflanzentreibstoff des Elsbettmotors. Natürlich wollen bestimmte Kreise die Unabhängigkeit der Bauern zerstören und können solch eine Entwicklung, die den Monopolen entgegenläuft, nicht zulassen.

Ozon ist in aller Munde. Aber kann man nun noch glauben, daß die Leute wissen, wovon sie reden? Ist es einsichtig, daß Autoabgase Ozon erzeugen können, wenn doch Ozon eigentlich einzig und allein aus Sauerstoff entstehen kann?

Wir sollten keine Angst vor der Sonne haben, auch wenn sie uns heute intensiver vorkommt als früher. Das „Mehr" an Sonnenlicht kann nur der Dunkelheit schaden. Vielleicht wollen uns finstere Kräfte Angst vor den gesunden Strahlen der Sonne machen, verhindern, daß wir „erleuchtet" werden. Denn die Sonne macht nicht nur die Haut braun, sondern sendet auch Energien, die uns geistig fördern. Allerdings ist die Strahlung durch Umweltgifte und Radioaktivität in der Luft inzwischen durchaus nicht mehr so rein, wie sie es sein sollte. Man sollte jedoch vorsichtig sein, bevor man sich von der öffentlichen Hysterie Angst machen läßt. Denn nichts anderes wollen bestimmte Kräfte, die uns gezielt manipulieren, erreichen; wer Angst hat, ist nicht frei. Wer Angst hat, ist leichter zu kontrollieren. Angst ist der Mangel von Liebe. Wer sich Angst vor der Sonne machen läßt, folgt den modernen Rattenfängern in die Dunkelheit.

Aber auch geheime Militärprojekte können die Atmosphäre der Erde beeinflussen. So steht im Norden Alaskas eine militärische Anlage mit riesigen Antennenfeldern, über die elektromagnetische Wellen der verschiedensten Frequenzen mit vielen Gigawatt Leistung abgestrahlt werden können. Es nennt sich HAARP. (HighFrequency Active Auroral Research Project.) Wenn man sich die Patente ansieht, auf denen die Anlage basiert, kann einem angst und bange werden; durch eine Erhitzung der Ionosphäre kann das Wetter beeinflußt werden - mit unberechenbaren Konsequenzen. Zerstörung von Satelliten, Störung von Funk, ja sogar Gedankenbeeinflussung sind wahrscheinlich damit möglich. In der Raum&Zeit Nr. 83 findet sich umfangreiches Material darüber. Es ist unglaublich, was sich Wissenschaftler und Militärs einbilden, mit unserem Planeten anzustellen, ohne zu wissen, wie sich ihre „Spielereien" auswirken werden.

Nicht nur die Industrie und die mit ihr kungelnden Politiker verhindern Umweltschutz und lügen um ihres Profites willen. Selbst die Judikative entscheidet gerne im Interesse der Industrie: Ein Schweizer Gericht verbot dem europäischen Präsidenten des „Weltfundamentes für Naturwissenschaften" Dr. Hans Uli Hertel, öffentlich zu behaupten, daß Mikrowellenherde die Nahrung giftig machen, obwohl er in nachvollziehbarer wissenschaftlicher Forschung festgestellt hatte, daß das Blutbild nach dem Genuß von mikrowellenerhitzter Nahrung dem Blutbild im Vorkrebsstadium gleicht, die Hämoglobinwerte abnehmen, Leukozyten und Cholesterinwerte steigen. Obwohl in Australien die Medien offen über die Krebsgefahr aus dem Mikrowellenherd berichten, wurde es dem Schweizer Forscher verboten. Dr. Hertel meint übrigens auch, daß Brustkrebs bei Frauen auch darauf zurückzuführen ist, daß die modernen Mikrowellenherde von den Hausfrauen meistens in Brusthöhe bedient würden.

Auch die Ultraschalluntersuchungen von ungeborenen Kindern sind sicherlich nicht unbedenklich, da sich Abläufe im Körper auch auf elektromagnetischer Ebene vollziehen, so daß jede Beeinflussung von außen fatal sein kann, besonders bei dem noch nicht entwickelten Immunsystem der Ungeborenen.

Studien haben ergeben, daß Menschen, die unter Starkstromleitungen leben, sehr viel häufiger krank werden als der Bevölkerungsdurchschnitt. Und auch elektrische Geräte wie Radiowecker und Telefone in der Nähe des Schlafplatzes könnten sich negativ auf die Gesundheit der Menschen auswirken, da man gerade im Schlaf sehr viel empfindlicher und ungeschützter gegenüber äußeren Einflüssen ist. Viele Menschen erlebten rapide Verbesserungen von langwierigen Krankheiten, nachdem sie in ein anderes Haus mit weniger starker Belastung durch Elektrosmog zogen oder ihren Schlafplatz verlegten.

Bei Flugzeugstarts und Landungen müssen elektronische Geräte der Fluggäste seit einiger Zeit ausgeschaltet sein, da sie die Bordelektronik des Fliegers beeinflussen können. Die elektromagnetischen Abläufe im Inneren der Menschen spielen sich auf einem viel feineren Niveau ab als die in elektronischen Geräten. Wenn schon technische Geräte empfindlich auf elektromagnetische Felder reagieren, müssen wir uns dann nicht auch Sorgen um die Auswirkungen solcher Felder auf das Leben, auf Mensch und Natur machen?

In den letzten 50 Jahren sind Todesfälle durch Herzinfarkte um das 500-fache gestiegen. Die Schulwissenschaftler schieben die Schuld daran dem Cholesterin in die Schuhe und der Verstopfung - der Sklerose - der Herzkranzgefäße. Sowohl Cholesterin als auch Sklerosen gab es jedoch schon immer. Denkbar ist allerdings, daß dies mit der Ausbreitung der Funkwellen zusammen hängt, da wir heute ein unendliches Wirrwarr allgegenwärtiger Funksignale haben. Satellitensender bestrahlen ungefragt sogar die entlegendsten Winkel der Erde.

Auch das Baumsterben ist im Einflußbereich von Sendern und Radaranlagen verstärkt zu beobachten. Was für Bäume schädlich ist, kann für Menschen nicht harmlos sein. Die Menschen, ebenso wie Tiere und Pflanzen, haben selber elektromagnetische Funktionen. (Sonst könnte man kein EEG oder EKG messen.) Im zellulären Bereich wird der Stoffwechsel durch die Zellmembranen durch elektrische Signale von sehr schwacher Intensität ausgelöst. (trilliardenstel Wattsekunden). Daher ist einleuchtend, daß elektromagnetische Felder von außen sich auf die EM-Felder im Menschen auswirken. Mikrowellen-Herde erhitzen die Nahrung, indem sie die Zellen in eine rasche Bewegung versetzen. Die Emissionen des mobilen Telefonnetzes liegen auf der gleichen Wellenlänge im Zentimeter-Bereich. Durch militärische Forschung weiß man, daß man biologisches Gewebe durch Sender verändern, verformen und schädigen kann. Im Extremfall bis zur Auflösung des Gewebes! Die Sicherheitsabstände, die von den Betreibern um die Sendeanlagen eingehalten werden müssen, sind nur auf thermische Auswirkungen ausgelegt und betragen nur wenige Meter.

Dr. Lebrecht von Klitzing von der Uni Lübeck fand u.a. heraus, daß die beim D-Netz verwendeten Frequenzen meßbare Veränderungen in den Hirnströmen auslösen. Inwieweit Erbinformationen und damit das noch ungeborene Leben durch die digitale Dauer-Bestrahlung betroffen sind, ist noch nicht erforscht. Aus ganzheitlicher Sicht muß man diese Sendeanlagen jedenfalls als nicht kompatibel mit dem Leben bezeichnen. Sensitive Menschen empfinden digitale Funksignale als große Belastung und leiden sehr unter dem forcierten Ausbau der Mobilfunknetze. Schließlich baut jeder sein eigenes, möglichst lückenloses Netz auf, um der Konkurrenz immer einen Schritt voraus zu sein.

Das digitale Telefonnetz soll flächendeckend ausgedehnt werden, um mit der Bequemlichkeit der Benutzer Milliarden zu verdienen. (Sehr häufig ist es nur Status-Symbol.) Der Fall, als eine Amerikanerin durch die ständige Benutzung ihres „Cellular Phone"-Handys einen Gehirntumor bekam und ihr Mann erfolgreich Schadenersatz einklagte, ist durch die Weltpresse gegangen.

Elektromagnetische Felder aller Art sind heute aus dem täglichen Leben nicht mehr wegzudenken. Ein Mann, der wegen Alzheimer nicht mehr lesen oder schreiben konnte, stellte fest, daß am Kopfende seines Bettes auf der anderen Seite der Wand der Hausanschluß für den Strom lag. Seine Beschwerden verschwanden völlig, als er seinen Schlafplatz verlegte. Er hält heute Vorträge zum Thema Elektrosmog.

Im Unterschied zu den Strahlungen normaler Funkanlagen, deren Schwingungsformen analog sind, wie sie in der Natur vorkommen (Schallwellen), sind die gepulsten Schwingungsformen der digitalen Netze in der Natur völlig unbekannt. Die Auswirkungen auf die sensiblen Abläufe in biologischen Systemen sind noch nicht erforscht. Dennoch wird der Ausbau dieser Netze mit gigantischem Aufwand ohne Rüksicht auf eventuelle Schäden vorangetrieben.

Die Menschen werden nicht gefragt, ob sie die „Segnungen" der modernen Mobilfunktechnik haben wollen. Die flächendeckende Bestrahlung durch mehrere Mobilfunknetze wird ungefragt durchgeführt, obwohl den Betreibern genügend Material vorliegt, das beweist, daß die Strahlung gesundheitsschädlich ist. Dadurch, daß die Telekom nun Aktien herausgibt, kann sie die in Zukunft zu erwartenden Regressforderungen auf die Aktionäre abwälzen.

In dem kleinen Ort Vollersode östlich von Bremen starben schon mehr als 10 Menschen an Gehirntumoren. Der ortsansässige Dr. Kutz hat auf einer Landkarte Kreise um den im Ort stehenden Funkturm der Telekom und die Radarstellung der Bundeswehr gezogen. Fast alle Todesfälle liegen im Schnittfeld der beiden Kreise. In der Samtgemeinde Hambergen starb jeder 676 an Hirntumoren. In Vollersode jeder 263. Im übrigen Gemeindebereich jeder 1810. Durchgeführte Messungen zeigen, daß die elektromagnetische Belastung unterhalb der gesetzlich vorgeschriebenen Grenzwerte liegen. Niemand kommt darauf, daß die Grenzwerte also geändert werden müßten, da trotz der Werte die Menschen sterben. Jüngste Entscheidung der Politiker: es wird eine Langzeitstudie in Auftrag gegeben. Was heißt das? Wenn in einer langen Zeit weniger als 10 Personen an Leukämie und Krebs sterben, sind die elektromagnetischen Emissionen in Ordnung, oder was? Vielleicht sind auch Politiker von Hirntumoren betroffen. Immerhin scheint die Denk- und Urteilsfähigkeit bei einigen schon arg angegriffen zu sein.Welcher Loge mögen diese Herren wohl angehören?

Rolf Dodenhoff von der ITL sagt dazu: *„Durch die Aussendung elektromagnetischer Impulse unterschiedlichster Frequenz und Stärke in Form von Radar, Satelliten und Mobilfunk werden Resonanzen in sämtlichen belebten und den (scheinbar) unbelebten Dingen der Erde erzeugt. Die genauen Wirkungen sind nur einer Wissenschaft zugänglich, die die universellen Gesetzmäßigkeiten anerkennt und die mit Offenheit der Natur gegenübertritt. Die unbestrittene Tatsache, daß die elektrischen Impulse der menschlichen Nervenleitung bereits mit geringerer Energie ablaufen als viele der exogen auf den Menschen einwirkenden technischen elektromagnetischen Energien, zeigt ja, daß äußerste Vorsicht bei der Emission von Esmog geboten ist.*

Weniger oder gar nicht bekannt ist, daß elektromagnetische Wellen Einfluß auf Beton und Bäume haben. Bäume z.B. haben eine lebenswichtige Funktion für das System der Erde. Sie erhalten das Magnetfeld des Planeten für den Menschen und alles Leben hier aufrecht. Das vegetative Nervensystem des Menschen ist in ständiger, intensiver Wechselwirkung mit der Vegetation in seinem Milieu, insbesondere zu Bäumen. Ohne Bäume haben wir keine Chance zu überleben. Das Haus, in dem Sie leben, hat eine intensive Wechselwirkung mit den Bäumen in der Umgebung und zu den natürlichen und künstlichen elektromagnetischen Energien im Umfeld. Sie bekommen also die stabilisierende Wirkung des Erdmagnetfeldes genauso in Ihr Nervensystem wie Wirkungen des Teilchenbeschleunigers in 500 km Entfernung, des Radars, der Satelliten und des Mobilfunks. Dabei werden viele der Belastungen noch von den Bäumen abgefangen. Das Waldsterben hat mehr mit Elektrosmog zu tun als mit irgend etwas anderem. Die Bäume werden durch diese Energien regelrecht versklavt, da sie in Resonanz zu ihrer Umgebung stehen und jede Energie aufnehmen müssen, die ihnen angeboten wird. Bei jeder Anregung durch Sender oder Licht schicken sie die gespeicherte Energie wieder in die Umgebung, und Baum und Mensch werden davon betroffen.

Die Bäume als Umgebung des Menschen sind Lichtspeicher (Photosynthese). Da sie wie alle Materie nicht nur Licht aufnehmen, sondern auch zurückwerfen, wirkt auf uns auch das Licht, das von den Bäumen zurückgeworfen wird. Dieses Licht wurde verändert! Das wurde bei optischen Polarisationsversuchen ermittelt. Es ist nachweisbar, daß die Polarisationsebene des Lichtes bis zu unglaublichen 120 Grad gedreht wird. Die Stärke der Drehung und die Drehrichtung hängen von der Art des Einflusses ab, der auf den Baum oder das Bauwerk einwirken. Besonders stark wirken Radar und Mobilfunk, Teilchenbeschleuniger wie CERN, DESY etc. sowie Belastung durch diese Apparate, die auf elektromagnetischem Weg transportiert werden z.B. über Sender, Bildschirme und Telefone. Die dadurch hervorgerufenen Lichtveränderungen sind toxisch. Die Folge sind Krebs, Leukämie, sowie Schwächung der Immunabwehr.

Die Giftigkeit toxischer Photoeffekte ist meßbar durch biologische Resonanzeffekte. Der retino-hypothalamische (energetische) Anteil der Sehbahn ist der Leiter für Lichtqualitäten im Organismus. Lichtqualitäten sind verantwortlich für Gesundheit und Krankheit im Organismus. (siehe: Prof. Dr. F. Hollwich, "Augenheilkunde" u.a.) Jedes DNS Molekül ist eine Antenne, Haut und Augen reagieren auf Lichtqualitäten. Licht ist genauso wichtig für den Menschen wie Luft und Wasser. Die aufgenommenen Lichtqualitäten umfas-

191

sen nicht nur sichtbares sondern auch Infrarot- und UV-Licht und andere Teile des elektromagnetischen Spektrums. Das von Baum, Gebäude oder Menschen zurückgeworfene Licht gibt Aufschluß über seinen Belastungszustand.

So wie man Belastungen von Mensch und Natur feststellen kann, kann man diese auch wieder aufheben. Auf der Grundlage der Synergetik kann man betreffende Objekt harmonisieren, d.h. seine Ganzheit wieder herstellen. Die BAUM UND LICHT INITIATIVE GLOBAL (ITL) untersucht durch Fernerkundung elektromagnetische Belastungen in Gebieten von besonderem Interesse und stabilisiert und harmonisiert diese, wenn die Bedingungen es ermöglichen. Die Bedingungen sind unter anderem Einsicht des Menschen in seine Wechselwirkung mit der ganzen Natur, sowie die Bereitschaft, ihr zu Hilfe zu kommen und die die Natur störenden Einflüsse zu stoppen. Wenn Geld verdient wird mit diesen Anlagen, kann man oft schwer die Wahrheit akzeptieren. Aber Geld kann man nicht essen.

Zur Beachtung: Die Russen haben große Mengen radioaktiven Abfall außer, wie bekannt, in der Arktis auch im Pazifik versenkt, von wo diese ebenfalls in die Atmosphäre strahlen und das Ozonloch auf der Südhalbkugel verstärken. Die Lage des Atommülls: 110 - 140 Grad westl. Länge und 40 - 55 Grad südl. Breite, sowie in der Antarktisbucht 20 - 60 Grad westl. Länge. Dies wurde eindeutig festgestellt bei der Auswertung von Infrarotsatellitenaufnahmen! Es ist ausschließlich Atommüll aus russischen Quellen.

Außerdem stehen alle Atomkraftwerke und Teilchenbeschleuniger auf der Nordhalbkugel der Erde. Deren Emissionen induzieren (offenbar ohne Wissen der Betreiber) ausgedehnte geoelektrische Leiter auf der Südhalbkugel mit unglaublich schädlichen Auswirkungen auf die dort lebenden Menschen und Ökosysteme. Diese mit unverantwortlich hohem Energieeinsatz betriebenen Anlagen geben ungeheure Verseuchungen an Transuranen an bestimmte geologische Formationen ab. Die Energien dieser zerstörerischen Apparate werden in den Boden abgeleitet - sie müssen ja irgendwo hin! Nur völlige Gedankenlosigkeit kann davon überzeugt sein, daß diese Energien einfach zu Nichts verschwinden und keine Schäden anrichten! Diese Energien gehen angereichert mit hochtoxischen Transuranen in den Boden und werden von den fossilen Lebensformen (z.B. der magnetotaktischen Bakterien) eingelagert, um durch Bäume, Bergspitzen, Gletscher, Wasseroberflächen und andere Energieleiter wieder nach oben geschleudert oder gespiegelt zu werden, wo sie dann alles Leben u.a. durch Lichttoxizität schädigen und auch die Ausbreitung des Ozonlochs beschleunigen. Siehe Hautkrebs in Australien und Neuseeland. Wir leiten unseren Dreck einfach dorthin ab.

Beton ist eine Mischung verschiedener Stoffe, z.B. Kalk und Hochofenschlacke. Schlacke besteht u.a. aus ring- und spiralförmigen Molekülen, die eine ausgezeichnete Antennenfunktion haben. Die Kugelmühlen der Zementfabriken hinterlassen mikroskopisch feine Eisenteilchen im Zement, die jeden Beton - nicht nur stahlarmierten - zu einem Resonator für elektromagnetische Energie machen. Diese Resonanz führt zu einer erhöhten Korrosion, die zu der bisher unerklärlichen Beschleunigung des Zerfalls von Betonbauten führt, verbunden mit hohen Kosten und Regressansprüchen an Planungsbüros. Diese durch ferromagnetische Elektrodenresonanzen erzeugte Stimulation galvanischer Prozesse führt zu einer Freisetzung von Radioaktivität und Radon *um Betonbauten herum. Einfach gesagt, die Sender induzieren und zerstören den Beton auf dem Induktionsweg. Die Freisetzung von Radioaktivität und Radon bewirkt eine meßbare Drehung des Lichtspektrums durch Photoeffekte."*

Das Reich von Wilhelm

Noch ein Beispiel, das einem zu denken geben sollte. Etwas, das es in unserer demokratischen, freiheitlichen Zivilisation eigentlich nicht geben dürfte: Bücherverbrennungen in den USA vor nicht mal vierzig Jahren: Im Oktober 1957 drangen US-Agenten in die Räume der Orgone Institute Press in New York City ein, beschlagnahmten alle Bücher, die dann in der Müllverbrennungsanlage in der Vandivoort-Street verbrannt wurden. Die Bücher waren Veröffentlichungen eines Allround-Wissenschaftlers namens Wilhelm Reich.

Eine große Zahl seiner Bücher wurde per Gerichtsbeschluß verboten! In einem demokratischen und freien Land. Wenn solch eine himmelschreiende Ungerechtigkeit geschieht, kann man davon ausgehen, daß so jemand etwas ganz besonderes entdeckt haben muß.

Er hatte etwas entdeckt, das das Leben besser erklären könnte als die meisten anderen, wissenschaftlich anerkannten Theorien. Bei der Untersuchung von Zellkulturen entdeckte er, daß sie Licht absonderten. Er ging der Sache auf den Grund und konnte nicht nur um Zellen und Pflanzen herum, sondern auch in leeren, dunklen Räumen ein leichtes, bläuliches Licht sehen. Daraus entwickelte er die These, daß es eine Art Energie geben müsse. Und zwar nicht gleichmäßig verteilt, wie man sich vielleicht den Äther vorstellen mochte, sondern diese Energie bewegte sich und konnte sich konzentrieren. Er entdeckte sie überall in der Natur, untersuchte ihr Vorkommen bei Wetterphänomenen ebenso wie bei Menschen im Zustand sexueller Erregung.

Sex schien diese Energien besonders heftig fließen zu lassen. Andererseits führt Unterdrückung von sexuellen Gefühlen seiner Ansicht nach zu Energieblockaden - etwas, das nicht selten ist, sondern von dem er schätzte, daß 99 Prozent aller Menschen davon betroffen sind und keinen wirklich freien Orgasmus erleben können.

Diese Lebensenergie, die den fernöstlichen Energien Prahna oder Chi ähnelte, nannte er Orgon, was von Organismus und Orgasmus abgeleitet war. Er stellte fest, daß man diese Energie sammeln konnte, und baute verschiedene Geräte, mit denen man das Orgon gezielt verstärkt anwenden konnte. Der Orgon-Akkumulator ist ein Kasten aus mehreren Schichten Eisenplatten und Naturstoffen wie Holz oder Wolle, in den man sich setzen kann, um die verstärkten Energien aufzunehmen. Daß Menschen in diesem Kasten eine leicht höhere Temperatur als außerhalb empfinden, beweist, daß dort etwas vorgeht. Aber darüber hinaus finden in diesen Kästen sogar erstaunliche Heilungen statt. Wunden verheilen schneller und problemloser, und sogar Krebs läßt sich damit behandeln. Für Reich ist Krebs ein extremer Mangel an dieser Energie durch Blockaden im Körper.

Reich, der von einem Wissenschaftsgebiet zum nächsten sprang, befaßte sich mit der Gefahr des Faschismus durch unterdrückte Energien, konnte mit einem „Cloudbuster" Wolken auflösen oder Regen in Trockengebieten erzeugen. Manchmal wurden auch UFO´s durch seine Versuche angelockt. Mit seinen Forschungen, die die meisten Erkenntnisse der etablierten Wissenschaft über den Haufen warf, machte er sich viele Feinde. Während die Schulwissenschaften alles distanziert und sachlich betrachteten, ohne sich gefühlsmäßig zu involvieren, forderte Reich, daß Wissenschaftler sich nicht nur auf Meßwerte verlassen könnten, sondern sie müßten selber quasi als Meßgerät dienen, ihren Gefühlen und Empfindungen mehr Beachtung schenken. Denn das Leben sei nun mal voller Emotionen und nicht tot, wie die Wissenschaftler es darstellten. Besonders seine Untersuchungen von orgastischen Vorgängen waren zu seiner Zeit und besonders auch im puritanischen Amerika für viele Menschen schockierend. Dabei forderte er, daß nur durch den freien Umgang mit Sexualität ein Verstehen des Lebens möglich sei. Daß die Lebensenergie eindeutig beim Sex am intensivsten war, bewies für ihn, daß Sex dem Leben besonders zuträglich sein muß.

Möglicherweise hat er sich aber auch damit befaßt, wie man diese Orgonenergie, die offenbar überall vorhanden ist, nutzen kann. Daß solch eine Erfindung für die Energiekonzerne, die mit fossilen Brennstofen und nuklearer Energie viel, viel Geld verdienen, nicht gerade wünschenswert wäre, ist klar. Er kam ins Gefängnis, wo er und einer seiner Mitarbeiter starben. Über die Todesursachen gibt es unterschiedliche Versionen. Er wurde verhaftet wegen seiner wissenschaftlich nicht anerkannten Forschungen. Und zwar nicht im Zeitalter der Inquisition oder einem faschistischen Staat, sondern in den USA 1957!

Bis heute werden Reichs Forschungen gezielt lächerlich gemacht, obwohl viele tausend kranke Menschen nach seinen Methoden geheilt worden sind, seine Wetterbeeinflussungen nachvollziehbar sind und seine Theorien Erklärungen für viele Dinge bieten, für die die orthodoxe Wissenschaft keine befriedigenden Antworten hat. Lange verboten, entwickelt sich wieder ein Interesse an Reichs Forschungen. In Berlin gibt es das Wilhelm Reich Institut, und in Worpswede baut einer fleißig Orgonakkumulatoren. In Amerika findet man kaum Menschen, die sich damit befassen, da Reichs Werke verboten sind. In Deutschland gibt es allerdings schon etliche Ärzte und Kliniken, die mit den Orgongeräten arbeiten.

Wie wir gesehen haben, ist Vieles von dem, was uns als „wissenschaftlich anerkannt" dargestellt wird, bei näherer Betrachtung voller Löcher. Man muß nicht mal an „höhere Schwingungsebenen" und Geistheilung glauben, um erhebliche Widersprüche in den schulwissenschaftlichen Weisheiten zu sehen. Woran liegt das? Sind die Forscher zu dumm, oder belügen sie uns einfach?

Die Wissenschaftler der Erde zerlegen die Materie in immer kleinere Teilchen, um dem Ursprung des Lebens auf die Spur zu kommen. Kann man aber einen Baum verstehen, indem man ihn in winzige Splitter zerlegt und unter dem Mikroskop angestrengt beobachtet?

Die Forscher machen den Fehler, alles, für das sie keine Meßgeräte haben, zu ignorieren. Dabei übersehen sie jedoch den Geist, der in allem steckt, die Schöpferkraft und Intelligenz, die all dieses formt. Indem sie sich von der kosmischen Intelligenz getrennt betrachten, haben sie das Vertrauen in eine ordnende Kraft verloren und ein Weltbild voller Unsicherheit und Angst geschaffen, und folglich eins, in dem man alles beliebig ausnutzen und mißhandeln kann. Und auch die Religionen, diejenigen, die uns beruhigend erklären könnten, daß wir uns keine Sorgen zu machen bräuchten, wenn wir uns an die göttlichen Gesetze hielten, verfolgen ihre eigenen Machtinteressen und reden den Menschen Angst und ein schlechtes Gewissen ein.

Dennoch; viele Menschen glauben immer noch an „Hirngespinste" wie Gott oder Engel, immer mehr ziehen Naturheilkunde der Apparatemedizin und den chemischen Produkten der Pharmaindustrie mit ihren vielen Nebenwirkungen vor. Immer mehr sind auf der Suche nach den inneren Wahrheiten, die die Wissenschaftler auch mit dem größten und teuersten Teilchenbeschleuniger nicht liefern können. Sie spüren, daß die weltweiten Naturkatastrophen, die Brände und Erdbeben, die Tankerunfälle, die Überschwemmungen, das ganze aus dem Gleichgewicht geratene Wetter, ja sogar die Zivilisationskrankheiten „selbstgemachte Leiden" der Menschheit sind, Zeichen dafür, daß die Natur, die Schöpfung sich gegen die skrupellose Ausbeutung unseres Planeten wehrt. Sie ahnen, daß die Erde ohne die Menschheit auskäme, die Menschheit aber nicht ohne die Erde.

Wasser zum Beispiel hat die erstaunliche Eigenschaft, daß es sich selber reinigt, wenn es in natürlichen Kreisläufen fließt. In der Natur gibt es keine liniengeraden Flüsse oder Rohre, sondern unregelmäßige Ufer, Wasserfälle und Höhlen. Das Wasser bildet immer Wirbel, wenn ihm Gelegenheit dazu gegeben wird, zum Beispiel im Ausfluß einer Badewanne. Daß diese Wirbel die erstaunliche Eigenschaft haben, das Wasser zu reinigen, wird von der Wissenschaft völlig ignoriert, obwohl Victor Schauberger das in einleuchtenden Experimenten immer wieder bewiesen hat. Da werden Flüsse begradigt, worauf die Wasserqualität rapide abnimmt, und Wasser in Rohre geleitet, wo es auch keine Möglichkeit hat, sich zu reinigen. Dafür müssen dann wieder aufwendige Kläranlagen gebaut werden, die völlig überflüssig wären, wenn die technischen Wasserkreisläufe die Verwirbelung anregen würden. Durch Rohre, die hyperbolische Formen hätten, könnte das Wasser ohne jeden Aufwand gereinigt und energetisiert werden.

Auch die Staudämme, mit denen die Menschen das Wasser besser nutzen wollen, stellen eine gigantische Verschwendung da. Abgesehen davon, daß fließendes Wasser viel mehr Energie zum Antrieb von Turbinen erzeugen könnte als gestautes Wasser, wirken sie sich auch hemmend auf die Natur aus. Während das Niltal vor dem Bau des Assuan Staudamms regelmäßig überschwemmt wurde und kilometerbreite fruchtbare Regionen um den Nil entstanden, fängt heute schon nach wenigen Metern die Wüste an. Die Gebiete müssen nun künstlich gedüngt werden, was früher durch den Schlamm von alleine geschah.

Diese wenigen Beispiele zeigen, daß die Menschen offenbar nicht erkennen, welch wundervolle Ordnung in der Natur steckt. Sie meinen, sie können alles besser machen und zerstören die natürlichen Kreisläufe. Menschen, die Staudämme bauen oder Flüsse begradigen, sind stolz auf ihre Schaffenskraft, und verdienen läßt sich auch prächtig damit.

Ist es nicht traurig, Aufkleber zu sehen, wie: „Mein Auto fährt auch ohne Wald"? Nichts wird mehr gehen ohne die Natur, ohne Wald!

Nach diesen betrüblichen Aussichten sollten wir unsere Schwingung wieder etwas anheben. Daher folgt ein kurzes Kapitel, das sich der wissenschaftlichen Forschung etwas augenzwinkernd annimmt.

Die Gefühle von Topfpflanzen

Wie viele erstaunliche Phänomene sind die Forschungen von Professor Dobig, der mit den Pflanzen redete, leider wissenschaftlich bis heute nicht anerkannt, weswegen sie hauptsächlich in esoterischen Kreisen kursieren, und das nicht zu schlecht. Er war der Mann, der herausfand, daß Pflanzen Gefühle haben, und darüber hinaus recht interessante Ansichten über Brahms.

Es begann damit, daß Professor Dobig eines Morgens feststellte, daß eine seiner Stechpalmen sich offenbar bemühte, mehr Sonne zu bekommen, und daher in eine absonderliche Form gewachsen war. Da er nicht sicher war, ob dies nur ein Zufall war, testete er weitere seiner Topfpflanzen, indem er Schirme zwischen ihnen und dem Fenster aufbaute, so daß sie quasi um die Ecke wachsen mußten, was sie dann auch taten. Diese Anordnung hatte den Vorteil, daß sie wissenschaftlichen Anforderungen entsprach, da sie reproduzierbar war, aber auch den Nachteil, daß er die Pflanzen nicht mehr auf dem Flohmarkt verkaufen konnte.

Da ihn die Idee, es nicht nur mit einfach dahinvegetierenden Pflanzen, sondern offenbar bewußt lebenden Wesen zu tun zu haben, sehr faszinierte, suchte er nach einer Möglichkeit, ihre Ausdrucksmöglichkeiten zu erweitern, da es immer recht lange dauerte, bis sie in eine bestimmte Richtung wuchsen und er ein überaus ungeduldiger Mensch war. So verfiel er auf eine Tomatenpflanze - er nannte sie Brenda - da man an ihren Früchten ihre Reaktionen ablesen konnte.

Er spielte Brenda Platten von unterschiedlichen Interpreten vor. Und siehe da; Mozarts kleine Nachtmusik wurde von der Pflanze offenbar mit Begeisterung aufgenommen, während die Pet Shop Boys einen eher schalen Geschmack der Tomaten hinterließen. Tschaikovsky erzeugte große, pralle Tomaten, während Zwölftonmusik nur eine Art Ketchup hervorrief.

Von den Ergebnissen dieser Versuche ermuntert, baute er einen Apparat, der mit leichtgängigen Tasten ausgestattet war, in der Hoffnung, daß die Pflanzen mit ihrem Wachstum eine von ihnen betätigen könnten. Dann stellte er ihnen Fragen nach dem Multiple-Choice-Verfahren. So z.B. die Frage: Ist die Idee von der Wiedergeburt richtig? Die möglichen Antworten waren: A: ja, B: nein, C: vielleicht; man sollte sich vorsichtshalber seine Sozialversicherungsnummer einprägen.

Jedoch war diese Versuchsanordnung offenbar zu komplex, da die Antworten kein bestimmtes Muster erkennen ließen.

Also baute Professor Dobig einen Apparat, der in der Lage war, feine elektrische Ströme zu messen. Ähnlich wie bei einem EEG gaben sie Auskunft über die Intensität von Gefühlen. So schlugen die Zeiger der Apparatur heftig aus, als er sich eine Zigarette anzündete. Dieser Versuch bewies eindeutig, daß Tomatenpflanzen nicht viel vom Rauchen halten, besonders nicht beim Essen oder im Auto. Später reichte sogar das Herausholen eines Feuerzeugs oder das Öffnen einer Zigarettenpackung, was zeigte, daß Brenda lernfähig war und von der Ursache auf die Wirkung schließen konnte.

Er baute sogar einen Lautsprecher an den Apparat, der die Schwingungen in Töne umsetzte und half, die Reaktion akustisch zu verstehen, bevor die Meßdaten des Schreibers ausgewertet wurden.

In einer anderen Versuchsanordnung zeigte er Brenda verschiedene Tapetenmuster, was bei grellen, abstrakten Mustern eine sehr negative, bei ruhigen, gedeckten Tapeten eine positive Reaktion zeigte. Bei einigen Mustern stieß Brenda gar ein Geräusch aus, das einem spitzen Schrei ähnelte. Auf diese Weise konnte Professor Dobig seine Räume mit sehr hübschen Tapeten ausstatten, was von der wissenschaftlichen Kommune lobend erwähnt wurde.

Seine Forschungen wurden leider nie von der breiten Masse anerkannt, was hauptsächlich auf einen Druckfehler in der Überschrift der Londoner TIMES zurückzuführen war, wo es heißen mußte; „Tomaten haben auch Gefühle", aber zu lesen war: „Automaten haben auch Gefühle."

Aufschlußreich ist sein Briefwechsel mit Albert Schweitzer, der einer der wenigen war, der an die Forschungen des Professors glaubte, allerdings wohl hauptsächlich, weil er ihm eine Menge Platten geliehen hatte. Am 3.5.1943 schrieb ihm Dobig: „Brenda entwickelt sich großartig. Ihr Geschmack ist sehr treffsicher und übersteigt den von meiner Haushälterin, die rosa Strumpfhosen für schick hält. Dabei hat sie Wasser in den Beinen."

Leider haben Dobigs Forschungen nie eine angemessene Würdigung erfahren, und er starb verarmt, woraufhin auch Brenda einging, ein Zeichen großer Treue und Zuneigung.

Es gab jedoch Nachahmer, von denen besonders Dr. Joshua Braun hervorgehoben werden muß, der herausfand, daß Cannabis-Pflanzen sehr ausgeprägte Reaktionen zeigten, besonders bei psychedelischer Musik. Er wurde jedoch wegen Drogenbesitzes verhaftet und ins Gefängnis gesteckt, wo er seine Versuche mit Moos fortführte, die er aufgrund fehlender Diktiermöglichkeiten jedoch nicht aufzeichnen konnte, sodaß sie wissenschaftlich keine Bedeutung haben.

Trotz des geringen internationalen Erfolgs muß man den Pionieren auf diesem Gebiet für ihre Erkenntnisse danken, die später erfolgreich von Modedesignern angewendet wurden, um stilistische Fehlentscheidungen zu vermeiden. Dem treffsicheren Geschmack von Tomatenpflanzen haben wir es unter anderem zu verdanken, daß lange, fettige Haare bei Männern nur für kurze Zeit modern waren.

All dies zeigt uns, daß die Natur nicht seelenlos und tot ist, sondern vielmehr bewußt und belebt und recht konkrete Vorstellungen von einem Leben nach dem Humus hat.

Was Sie schon immer über Sex wissen wollten

Obwohl Sex eigentlich das natürlichste von der Welt sein sollte, gibt es doch größte Verwirrung darüber, selbst bei spirituell fortgeschrittenen Menschen. In der christlichen Welt ist Sex etwas so peinliches, daß es gerade noch zur Zeugung angemessen ist - daß Meister Jesus Himself durch einen Sexualvorgang gezeugt worden sein soll (Igittigitt!) kann nach Ansicht von Kirchenleuten natürlich nicht sein. Deshalb mußte eine "unbefleckte Empfängnis" her.

Doch immer mehr Menschen haben mit dieser Art von Glauben ihre Schwierigkeiten. Denn ist Sex tatsächlich etwas derart Widerwärtiges, daß Gott es sich bei der Zeugung "seines eigenen Sohnes" gespart hat, aber wir normalen Sterblichen uns lustvoll in den Betten wälzen müssen, wenn wir kleine Geschöpfe Gottes in die Welt setzen wollen?

Ist Sex nicht ein Ausdruck totaler Lebensfreude, der Freude an unserem physischen Körper, die Fortsetzung der Liebe mit anderen Mitteln? Tatsächlich kommt das deutsche Wort "geil", bei dem anständige Menschen verschämt den Blick senken, da sie wohl vor dem inneren Auge einen erregten Penis sehen, aus dem Bereich der Botanik und bedeutet soviel wie das Knospen einer Pflanze, die sich hervorreckt, um sich in ihrer ganzen Pracht zu zeigen. Ist dieser Ausdruck der Lebensfreude tatsächlich etwas, bei dem wir schamvoll das Thema wechseln müssen oder nicht doch vielmehr ein Lob der Schöpfung? Da ist es überaus erfrischend, wie unbefangen junge Leute heutzutage den Ausdruck "geil" benutzen.

Kann es im Sinne eines liebenden Gottes sein, daß Frauen sich in einigen Ländern der Erde nur in einer Verhüllung, die gerade mal die Augen freilassen, (damit sie nicht gegen die Bäume rennen?) in der Öffentlichkeit sehen lassen dürfen?

Daß die mit Schuldgefühlen beladene Sexualität einiger großer Weltreligionen nicht im Sinne eines liebenden Gottes sein kann, ist wohl den meisten Menschen klar. Genaugenommen ist Sex, also Geschlechtlichkeit, eine elementare Kraft im Universum. Der amerikanische Philosoph und Allround-Wissenschaftler Walter Russel beschreibt in seinem Buch "The Universal One", daß ohne Sex, also das Bestreben von plus und minus, sich wieder zu vereinen, keinerlei Bewegung, keinerlei Kraft möglich wäre. In unserer Welt der Dualität ist alles zu bestimmten Anteilen männlich und weiblich. Da in allem eine Polarität überwiegt, versucht sie, einen Ausgleich zu finden, sehnt sich also nach einem "Zusammenprall" mit der anderen Polarität, nach Sex.

Sex ist nicht nur zur Fortpflanzung da, sonst würden wir nicht viel häufiger sexuelle Gefühle verspüren als das zur Zeugung nötig ist. Es kann auch nicht Sinn sein, diese Anwandlungen zu unterdrücken, denn was immer wir unter den Teppich zu kehren versuchen, wird irgendwann zu einem Problem werden.

In der katholischen Kirche schreiben Männer, die der Sexualität abgeschworen haben, dem Rest der Menschen vor, wie sie damit umzugehen haben. Ein freiwilliges Zölibat, um sich geistig zu entwickeln, kann durchaus eine gute Entscheidung sein. Aber ein erzwungenes kann nur dazu führen, daß es zu Problemen kommt. Beispiele von Priestern, die sich an den ihnen untergebenen Ministranten vergangen haben, gibt es wie Sand am Meer.

Wilhelm Reich, der sich besonders auch mit der Lebensenergie in ihrem Ausdruck bezüglich der Libido befaßt hat, vermutet, daß kaum ein Mensch in der Lage ist, einen wirklich freien Orgasmus zu erleben. Aufgrund der gesellschaftlichen Tabus, der Erziehung und Kindheitserlebnisse im sexuellen Bereich lernen wir schnell, unsere Libido nicht allzu freizügig auszuleben, da das offenbar nicht akzeptiert wird. Dadurch, daß wir die Lebensenergie, die ihren höchsten, schöpferischen Ausdruck in der Sexualität findet, unterdrücken, schaffen wir seiner Meinung nach energetische Blockierungen, die sich sehr schnell körperlich auswirken. Diese Auswirkungen gelten in unserer Gesellschaft als normal, so daß wir sie kaum noch als etwas falsches ansehen. Z.B. ist er überzeugt, daß die meisten Menschen die Orgon-Energie in der freien Natur nur nicht sehen können, da wir aufgrund solcher Blockaden nicht mehr entspannt genug schauen können, unsere Augen also immer viel zu angestrengt sind, um diese Energien wahrzunehmen.

Wäre also das Gegenteil, die freie Liebe, wie sie in den sechziger Jahren propagiert wurde, die bessere Lösung? Die Befreiung von sexuellen Zwängen kann erst mal nur einleuchten, da bei Unterdrückung nie etwas Gutes herauskommt. Aber dann kommen wieder Zweifel; sind es nicht doch niedere Gefühle, die wir zugunsten einer spirituellen Reifung ablegen sollten? Müssen wir nicht erst innerlich rein werden, bevor wir unseren Aufstieg in höhere Reiche erhalten können?

Nun, die Sexualität ist eine ganz besondere Energie - nicht umsonst ist sie in der Lage, neues Leben zu schaffen. Mit einer solch mächtigen Energie muß man schon etwas bewußter umgehen, als mit der Energie einer Taschenlampenbatterie. Es ist wichtig, zu wissen, daß bei jeder sexuellen Vereinigung auch eine Vermischung der Energien stattfindet.

Das kann bei einem lieben Partner eine Potenzierung sein, bei häufig wechselnden Partnern auf der Suche nach schnellem Sex resultiert das aber in einer Verunreinigung der Aura, einem Verschwenden und Zerstören von Energien. Es ist, als würde man eine Batterie ständig mit anderen völlig unterschiedlicher Kapazität zusammenschließen. Wie schnell wäre sie dahin. Es ist weniger ein moralischer Zeigefinger, die den häufigen Partnerwechsel verbieten, als das Bestreben, seine Energien rein zu halten.

Wenn wir uns in einer Menschenmenge befinden, können wir unterscheiden, was mit einer positiven Vereinigung und wahllosem Sex gemeint ist. In dieser Menschenmenge sind uns die meisten Menschen wohl erst mal egal. Dann ist da jemand, bei dem es knistert. Eine gemeinsame Wellenlänge scheint da zu sein. So jemand kann in einer liebenden Partnerschaft unsere sexuellen Energien und damit auch die Schöpfungskraft auf allen Gebieten erhöhen. In der Menschenmenge können wir aber auch Personen begegnen, die äußerlich attraktiv sind, vielleicht sogar "einen rotierenden Unterleib" haben. Die Verlockung zu einem schnellen Ausleben sexueller Triebe ist leicht da, besonders wenn die Bereitschaft desjenigen da ist, es mal zu versuchen, dem erotischen Drängen nachzugeben. Dieses kann und wird aber auf unsere Energien wie der besagte Kurzschluß mit einer völlig anderen Batterie wirken. Und Menschen mit häufig wechselnden Geschlechtsverkehr wirken nicht umsonst irgendwann "verlebt". Wenn die Wellenlänge nicht stimmt, wirken sich solche Kontakte viel verheerender aus als es im Sinne von Weltoffenheit und Toleranz wünschenswert wäre.

Die Zurückweisung unserer Sexualität in frühester Kindheit ist für sehr, sehr viele Menschen in unserer westlichen Zivilisation ein Trauma, das unser ganzes Leben beeinflußt. Haben wir als Kinder nicht empfunden, daß eine sexuelle Erregung etwas ganz wundervolles ist, eine Lust am Leben, die mit sonst kaum etwas zu vergleichen ist? Wenn wir das dann voller Stolz vor unseren Eltern oder sonstigen Erwachsenen präsentierten, ist eine peinliche Berührtheit noch die harmloseste Reaktion. Wenn unsere Eltern uns in dieser Situation zurückwiesen, so fühlten wir uns verraten, zutiefst beschämt und bestürzt, daß das, was wir als toll empfunden haben, offenbar nicht akzeptiert wurde. Das kann dazu führen, daß wir von da an Zeit unseres Lebens vermeiden werden, die Lust am Leben auszuleben. Wir beschließen in dieser Situation, daß das, was in höchster Weise lebenswert ist, zurückgehalten werden muß.

Die Sexualfeindlichkeit des Christentums hat einen zweitausendjährigen Schuldkomplex aufgebaut, der nur sehr schwer wieder zu durchbrechen ist. So müssen wir zunächst wieder werden, wie die Kinder: die Lust am Leben - egal, ob nun sexuell oder sonstwie lustvoll - wieder zulassen. Das erfordert manchmal viel Arbeit, da sich das Kindheitserlebnis oft dermaßen fest eingebrannt hat, daß wir uns nicht mal mehr an die Situation erinnern.

Im Idealfall findet man einen Partner, den man liebt und mit dem man die Lust am Leben in jeglicher Form, die gemeinsam Spaß macht, ausleben kann.

Für religiöse Fundamentalisten ist außerehelicher Geschlechtsverkehr eine Sünde. Jedoch ist die Ehe nur eine menschliche Institution und hat in der Praxis nicht immer nur mit Liebe zu tun. Eine wirkliche Liebe kann man aber auch mit einer ehelichen Verpflichtung untermauern. Doch was oft angebliche Liebe war, zeigt sich erst, wenn sie schwächer wird - wieviele machen sich dann das Leben zur Hölle und beweisen damit, daß sie den Partner nicht wirklich geliebt sondern ihn nur als ihren Besitz angesehen haben.

Man kann sehr leicht von einem Körper mit bestimmten Merkmalen sexuell angezogen werden oder von Sex mit einem Menschen mit dem "perfekten Body" träumen. Wenn es sich jedoch um sexuelle Kontakte auf dieser rein äußerlichen Ebene handelt, wird die Befriedigung nie so groß sein, wie mit einem liebenden Partner. Man kann den perfekten Körper für den schönsten Sex suchen, aber ihn zu finden, wenn es nicht mehr Gefühle zwischen den Partnern gibt, ist tatsächlich eine Illusion. Die modernen Medien verführen uns leicht mit ihren sexy Fotomodellen, nach diesem Ideal Ausschau zu halten, und tatsächlich ist es heute schwer, keine hohen Ansprüche an das Aussehen zu stellen. Da man mit diesen Ansprüchen heute nicht ohne Weiteres einen Partner findet, der diesen Vorstellungen entspricht, darf man Personen, die auf der Suche nach diesem Ideal sind, ihre "Fehlversuche" nicht ankreiden. Bestimmt steht kein Gottvater hinter einem und winkt mit dem Zeigefinger, wenn man sexuelle Befriedigung sucht und dann doch wieder festgestellt hat, daß es nicht das Ideale war. Man sollte aber auch aus seinen Erfahrungen lernen. Denn jeder "Versuch" hinterläßt seine Spuren in unserem Ätherkörper.

Selbstbefriedigung ist einem Ausleben mit schnellem, anonymen Sex vorzuziehen, da man dabei seine Energien nicht verunreinigt. Man kann dabei auch lernen, seinen Körper zu lieben, was immens wichtig ist - genauso wichtig, wie einen anderen Körper zu lieben.

Unser Körper ist ein bewußtes Wesen. Wenn wir denken, daß wir unseren Körper nicht mögen, wird es wenig Lust haben, den perfekt geschaffenen Körper, den wir als Kind hatten, noch weiter in Perfektion aufrechtzuerhalten. Wie schnell wird ein Körper häßlich, wenn die Freude an seiner Schönheit nicht auch lustvoll vom Eigentümer angenommen wird.

Selbstbefriedigung kann aber auch zum Selbstzweck werden, genauso wie andere Angewohnheiten wie Rauchen oder Alkoholkonsum. Dann bilden sich geistige Entitäten aus den Gedanken, die die Kontrolle übernehmen und oft schwer wieder loszuwerden sind.

Wenn wir uns verlieben, spüren wir sehr deutlich, welche positive Energie in unser Leben strömt. Alles wirkt auf einmal schöner, freudiger. Gemeinsam macht das Leben viel mehr Spaß. Und in der Tat ist der Zustand des Alleinseins unbefriedigend. Manchmal ist er aber nötig, da man sein Glück sonst leicht davon abhängig macht, daß man mit jemandem zusammen ist. Und geht dann diese Beziehung zuende oder gibt es Krisen, dann stürzt man leicht ab, wenn man nicht gelernt hat, das Leben an sich zu lieben.

Wenn man verliebt ist, erhebt man leicht etwas außerhalb von sich über sich selbst. Man empfindet sich als getrennt. Man spürt, wenn man verliebt ist, wie einem von dem Partner Energien zufließen. Dieser Zustand kommt dem Glücklichsein sicherlich sehr nahe. Aber dieses Gefühl läßt meistens mit der Zeit nach, und dann fängt man an, um diese Energien zu kämpfen, die nicht mehr so ganz von alleine kommen wie zu Anfang. Und dann wird es wirklich problematisch. Wenn man den anderen als seinen Besitz betrachtet, ihn nicht loslassen will, kämpft man um seine Aufmerksamkeit und greift zu allen möglichen Mitteln, um wieder an diese Energien zu kommen. Dann kommen leicht negative Gedanken hinein. Und ist das dann noch Liebe, wenn man dem Partner nach einem Seitensprung die Augen auskratzt? Nur das Ego, die menschlich geschaffene Persönlichkeit, kann "beleidigt" sein, wenn der Partner mit jemand anderem seine Lust ausgelebt hat. Der Göttliche Lichtfunke in einem hat genug Liebe für alle Menschen und kann nicht beleidigt werden. Man kann zwar von dem Partner erwarten, daß er auf die Gefühle Rücksicht nimmt, aber die Reaktionen, die bei einem

Seitensprung häufig zu beobachten sind, sind reines, egoistisches Besitzdenken und haben mit Liebe nichts zu tun.

Wenn man weiß, daß man die Energien, die man vom Verliebtsein kennt, jederzeit aus einer ganz anderen Quelle bekommen kann, nämlich von da, wo alle Energie herkommt, dann brauchen wir um sie nicht zu kämpfen. Wenn wir eins mit allem sind, können wir unseren Partner auch noch lieben, wenn er uns nicht mehr liebt, wollen wir, daß er glücklich ist, auch wenn es mit einer oder einem anderen ist.

Die ewige Treue ist zwar ein schöner Gedanke, aber sie ist keineswegs zwingend für jede Beziehung. Wenn eine Beziehung zuende zu gehen droht, kann es sein, daß man von dem Partner nicht mehr so viel lernen kann, wie von einem anderen Partner. Vielleicht kann unser Partner von jemand anderes jetzt mehr lernen als von uns.

Zu was für Auswüchsen Unterdrückung sexueller Wünsche führen, können wir an einem speziellen "Mikrokosmos" beobachten: da Homosexualität immer noch mit einem besonderen Stigma versehen ist, ist es für die Betroffenen schwierig, natürliche Partnerschaften in der Gesellschaft zu bilden. Wenn sie sich verlieben, ist es für sie nicht so einfach wie für andere Menschen, ihre Liebe auszuleben. Daher werden Homosexuelle in eine Ghetto-Situation gedrängt, in der die Abläufe stärker konzentriert sind als in der übrigen Gesellschaft. Auf der Suche nach Liebe gelangt man dort sehr leicht in eine Szene, in der man schneller Sex findet als Liebe. In extremen Fällen kann dieses zu sehr häufig wechselndem Geschlechtsverkehr führen, obwohl das nur für einen Teil der Homosexuellen gilt, aber in der Ghetto-Szene gesellschaftlich toleriert wird. AIDS ist besonders in diesem extrem verselbstständigten Ghetto ein besonderes Problem. Nicht, weil sich Viren besonders schnell ausbreiten, sondern weil die manchmal extrem häufigen Partnerwechsel - vielleicht in Zusammenhang mit Drogenkonsum und Medikamentenmißbrauch - die Immunkraft schwächen.

Die homosexuellen Menschen, die genauso auf der Suche nach einem liebenden Partner sind wie alle anderen, werden durch die Gesellschaft also in eine Randsituation gedrückt, in der sich die Beziehungen nicht mehr natürlich entwickeln können.

Aber ist Homosexualität eigentlich natürlich? Nun, vom körperlichen her ist schon klar, daß es "Kompatibilitätsprobleme" gibt. Und auch der Austausch von männlicher und weiblicher Energie kann hier natürlich nicht so problemlos vonstatten gehen, obwohl jeder Mensch natürlich beide Polaritäten in sich trägt.

Es nützt aber nicht das geringste, einfach zu sagen, Homosexualität sei unnatürlich, denn es ist die Natur von Hundert Millionen Menschen auf der Welt. Sie sind genauso auf der Suche nach Liebe und Zärtlichkeit wie andere. Wenn sie durch die Menschenmenge gehen, knistert es bei ihnen halt auch und es hilft dann nicht, zu sagen, sie sollten dieses Knistern einfach ignorieren und sich eine Frau suchen.

Egal, was die Ursachen sind; ob sich eine weibliche Seele entschieden hat, in einem männlichen Körper zu inkarnieren, oder ein Lebensstrom, der im vorigen Leben einen gegengeschlechtlichen Körper hatte, sich noch an eine wunderschöne Liebe erinnert - jeder hat sich letztlich für eine bestimmte Verkörperung unter bestimmten Umständen entschieden. Im Allgemeinen stimmt die Veranlagung mit dem Körper überein, in den man inkarniert. Man kann sich aber auch bewußt für eine gleichgeschlechtliche Ausrichtung entscheiden, um dort bestimmte Dinge zu lernen, z.B. muß man sich als Homosexueller viel stärker damit befassen, was Gerechtigkeit und Toleranz bedeuten, da man häufiger in diesen Bereichen gefordert sein wird. Wer heterosexuell liebt, braucht sich nicht dafür zu rechtfertigen. Als Homosexueller wird man den Wunsch haben, daß auch diese Form der Liebe anerkannt wird, und man wird sich vielleicht besonders stark für Gleichbehandlung einsetzen. Eine solche Veranlagung kann für eine Inkarnation also absichtlich gewählt worden sein, um die Menschen mit ihrer Intoleranz zu konfrontieren.

Wenn ein Betroffener den Wunsch hat, seine Ausrichtung umzuwandeln, kann er versuchen, herauszufinden, ob sie durch eine Zurückweisung in frühester Kindheit ausgelöst wurde und sie evtl. rückgängig gemacht werden kann. Es hat aber keinen Zweck, jemanden dazu zu drängen, da man meint, er könne glücklicher sein, wenn er "normal" liebe. Jeder Lebensstrom muß schließlich lernen, alle Menschen - sowohl männlich, als auch weiblich - zu lieben. Homo- und Bisexualität können Schritte auf diesem Weg sein.

Zu den Weltverschwörungsthesen gehört auch, daß eine abartige Sexualität propagiert werden soll, und daß Freimaurer etc. tolerant gegen Homosexualität sind. Nun, vielleicht kann man sexuelle Verhaltensmuster beeinflussen. Wir dürfen aber nicht vergessen, daß es auch Menschen gibt, die genauso eine starke Liebe für Personen des eigenen Geschlechts haben wie ein Mann für eine Frau und umgekehrt. Und eine "abartige" Liebe zu propagieren, die dann auch tief empfunden wird, geht sicherlich über die Einflußmöglichkeiten der Verschwörer hinaus.

Wichtig ist für alle Menschen, die eigene Sexualität voll anzunehmen, denn alles, was wir ablehnen, wird uns so oft begegnen, bis wir es akzeptieren können. Wir müssen aber mit den besonderen Energien der Sexualität verantwortungsbewußt umgehen. Es gibt Übungen, die man mit einem Partner machen kann, wie Tantra oder Karezza, in denen man die Sexualenergien nicht schnell verpulvert, sondern durch bewußte Anwendung der Kenntnisse über Sexualität unsterbliche Momente erzeugt, in denen sich die Energien der Partner potenzieren.

Viele alte Menschen, die man gefragt hat, was sie in ihrem Leben anders gemacht hätten, wenn sie es kurz vor dem Tode rückblickend betrachten, bereuen, daß sie bestimmte sexuelle Wünsche nicht ausgelebt haben.

Das ganze Leben besteht nur aus unterschiedlichen Ladungen, die ständig auf der Suche sind, sich auszugleichen. Daher ist Sexualität - oder Geschlechtlichkeit - die treibende Kraft im Universum. Sie zu verteufeln führt dazu, daß sich die Energien anderswo austoben. Letztlich sind möglicherweise auch Kriege, Diktaturen und Faschismus Ausdruck unterdrückter Sexualenergien, wie Wilhelm Reich das behauptet hat.

Filme, in denen sich zwei Männer die Köpfe einschlagen, werden von unserer Gesellschaft immer noch leichter akzeptiert als wenn zwei Männer zärtlich zueinander sind. Stellen Sie sich vor, daß die Muskelmänner Arnold Schwarzenegger und Sylvester Stallone in einem Film ein Paar spielten, das sich an seinen durchtrainierten Körpern lustvoll erfreut. Ein solcher Film wäre in unserer Gesellschaft absolut undenkbar. Ein Film, in dem sie sich jedoch gegenseitig bekämpften, ob im Boxring oder sich mit Maschinengewehren bekämpfend, wäre vermutlich ein Kassenschlager. Wenn da kein erotischer Reiz drin läge, müßte man fragen, warum sie bevorzugt mit freiem, schweißglänzendem Oberkörper kämpfen. Inszenierungen von Kämpfen sind in unserer Zivilisation die einzigen gesellschaftlich anerkannten Möglichkeiten, die Schönheit männlicher Körper zu bewundern. Wir sollten wirklich darüber nachdenken, was "perverser" ist. Was immer wir uns sexuell wünschen - es ist sicherlich weniger anstößig als all die Gewalt, die um uns herum geschieht.

Allerdings wandeln sich die gesellschaftlichen Normen rapide. Vor zwanzig Jahren war es für ein unverheiratetes Paar noch fast unmöglich, eine gemeinsame Wohnung zu bekommen. Die ersten Aufklärungsfilme der damaligen Zeit wirken heute lachhaft. Das Tempo, mit dem sich diese Vorstellungen wandeln, ist erstaunlich. Doch sie müssen sich rasch wandeln, da sich die Menschheit auf einen enormen Evolutionsschub vorbereitet. Dabei ist die Möglichkeit der freien Entfaltung nötig. Natürlich ist in der Befreiung immer die Möglichkeit, daß sie sich ins Gegenteil verkehrt und die Freiheit mißbraucht wird, um wiederum gegen das Leben zu verstoßen. Die sexuelle Freizügigkeit hat aber nur für wenige Menschen zu einem Wildwuchs geführt. Treue und echte Gefühle sind, trotz der grenzenlosen sexuellen Möglichkeiten, heute wieder angesagte Tugenden.

Die Massenmedien haben die sexuelle Befreiung jedoch falsch verstanden; es wird heute über jede mögliche Sexualpraktik ausführlich geredet und mit entsprechenden Bildern untermalt. Der Aspekt der Liebe scheint jedoch dort nicht mehr eingeschlossen zu sein. Und so müssen wir uns fragen, ob diese Entwicklung nicht auch gesteuert ist, von den Leuten, die alle positiven Werte in ihr Gegenteil verkehren wollen, damit wir die wahre Liebe nicht in uns selber finden können. Über die Förderung der niederen Triebe der Goyim, um die Gesellschaft zu destabilisieren, findet man schon etwas in den Protokollen der Weisen von Zion.

Auch in der Sexualität schafft jeder Gedanke seine eigene Realität. Wir müssen lernen, unsere Lust zu beherrschen und uns nicht von ihr beherrschen lassen. Denn auch geistige Entitäten können uns immer wieder zu etwas verführen, das uns von unserem Weg abbringt. Wenn wir noch "alte Pornos" unterm Bett liegen haben, kann alleine das genügen, daß wir von dieser ätherischen Gegenwart immer wieder verführt werden. Nichts gegen schöne Darstellungen schöner Körper in lustvoller Betätigung. Leider findet man heute jedoch nur wenig Ästhetisches und Erhebendes in einem Wust von Abstoßendem. Bestimmte Gruppen wollen das so. Es genügt, wenn sie irgendwo zum ersten Mal eine Tabu-Schranke durchbrochen haben. Dann ergibt sich der Rest von alleine.

Wenn wir verantwortungsvoll mit unseren sexuellen Energien umgehen, sollten wir uns keine Sorgen darüber machen, ob sie im Einklang mit unserer spirituellen Entwicklung sind. Sexuelle Wünsche, die mit einem liebenden Partner in gegenseitigem Einverständnis ausgelebt werden, können unser Leben nur bereichern. Wir sind hier in einer physischen Verkörperung, um Erfahrungen zu sammeln. Niemand kann uns vorschreiben, welche Erfahrungen wir machen dürfen und welche nicht.

Es gibt keine Zufälle

Nichts von dem, was uns „zustößt", ist zufällig. Wir erhalten durch jede Situation oder Person, der wir begegnen, neue Möglichkeiten zu lernen. Oftmals „verpatzen" wir eine Lernsituation, weil wir einen Menschen, der uns scheinbar zufällig begegnet, ablehnen und nicht bereit sind, uns mit ihm zu befassen.

An Zufälle zu glauben, bedeutet, an eine Fremdbestimmung zu glauben, was bedeutet, daß wir es nicht in der Hand haben, was in unserem Leben geschieht. Wenn das so wäre, wäre unsere Schule aber eine ziemlich hinterhältige; wir könnten uns noch so sehr um gute Zensuren bemühen, wenn wir Pech haben, müssen wir trotzdem sitzen bleiben. Nein, ein solches Konzept wird in Weltanschauungen gelehrt, die kein Interesse an der Eigenverantwortlichkeit der Menschen haben. Wenn wir uns jedoch als Lichtströme auf diesem Planeten verkörpert haben, um zu lernen, dann müssen wir auch die Möglichkeit haben, unsere Lernerfolge zu beeinflussen. Wenn es immer irgendwelche Zufälle gäbe, die uns ständig davon abhielten, uns weiterzuentwickeln, wäre das doch ein höchst fragwürdiges Konzept. Nein, uns begegnen die Menschen und Situationen, von denen wir an dieser Stelle im Leben am meisten lernen können.

Da wir lernen müssen, selber Schöpfer zu werden - was letztlich das Ziel unseres Lernens ist - müssen wir auch lernen, die Dinge, die wir in unserem Leben haben wollen, selber zu erzeugen. Um so mehr gibt es keine Zufälle, als unsere Gedanken Wirklichkeit erzeugen. Das ist nicht etwas, was wir irgendwann einmal lernen können, wenn wir gaaanz weit fortgeschritten sind, sondern wir tun es beständig. Allerdings erzeugen wir meistens Wirklichkeiten der Beschränkung, indem wir z.B. denken, „das klappt ja doch nicht" oder „ich kann das nicht." Und entsprechend den Gesetzen, die geschaffen wurden, um uns zu lehren, selber Schöpfer zu werden, klappt es dann auch nicht.

Etwas Positives zu erzeugen, indem wir unsere Gedanken genauso beharrlich auf etwas Positives richten wie auf das Negative, erfordert eine gewisse Übung. Denn um wirklich etwas Konkretes zu erzeugen, müssen wir die Gedankenform auch in Reinheit aufrechterhalten. Und das ist etwas, was verdammt schwierig ist. Meistens sind unsere Gedanken so geradlinig, „wie ein Hund pißt". Dauernd taucht irgendwo ein neuer Gedanke auf, und es ist fast ausgeschlossen, nur mal fünf Minuten lang an etwas ganz Bestimmtes zu denken, ohne abzuschweifen. Aber es ist auch lohnenswert. Denn wenn wir einen Gedanken wirklich über längere Zeit aufrechterhalten können, dann kann dieser Gedanke sich wirklich manifestieren.

Es gibt die Geschichte eines Meisters, der in einer kalten Höhle eingeschlossen war und dem bereits ein Bein erfroren war. Er hielt nun einfach den Gedanken an die perfekte Form seines gesunden Beins aufrecht und heilte das erfrorene so. Das erfordert freilich eine Reinheit der Gedanken, die in unserer Welt wohl nur wenige aufbringen können. Meditation kann ein Weg sein, seine menschlichen Gedanken soweit zu reduzieren, daß schließlich Platz für einen einzigen klaren Gedanken ist, der im Einklang mit dem Göttlichen ist.

Es ist sicherlich für viele unvorstellbar, einmal eine solche Disziplin aufzubringen, um diese Erkenntnis umsetzen zu können. Doch wenn wir erst einmal aufhören, Beschränkung zu denken, sind wir dem Ziel schon einen Schritt näher.

Der französische Psychotherapeut Émile Coué erzielte vor 70 Jahren erstaunliche Heilerfolge, nicht nur bei psychischen Leiden, sondern auch bei physischen, indem er seinen Patienten die Kraft der Vorstellung klar machte. Er erklärte ihnen, daß sie sich erst mal von dem Gedanken lösen müßten, krank zu sein. Heute noch lehren seine Anhänger eine Methode der Autosuggestion, die WEG-WEG Methode genannt wird. Man sagt einfach „Die Schmerzen sind weg, weg, weg..." und wiederholt das „weg" bis zu einer Minute lang. Und zwar sehr schnell, daß es für den Verstand kaum noch verständlich ist und dieser somit auch keine Zweifel anmelden kann und die Botschaft direkt ans Unbewußte geht. Statt Schmerzen kann man natürlich auch andere Leiden heilen wie Schwerhörigkeit, Lähmungen, Grüner Star, Rheuma, Ekzeme, Asthma, Heuschnupfen, Depressionen, Stottern usw. Täglich morgens und abends 20 mal zu sagen: „Mein Leben wird jeden Tag besser, besser und besser", ist eine der Autosuggestions-Methoden von Coué.

Forscher, die die biologische Energie messen, die in der Nahrung vorhanden ist, haben festgestellt, daß es einen großen Unterschied macht, ob man die Nahrung mit liebevoller Aufmerksamkeit zu sich nimmt oder ohne. Mit kinesologischen Testmethoden konnten sie beträchtliche Unterschiede in der energetischen Wertigkeit der Nahrungsaufnahme feststellen. So kann man auch die schlechte „Qualität" industriell gefertigter Nahrung stark aufwerten, indem man sie mit bewußter, gütiger Aufmerksamkeit zu sich nimmt. Selbst Kaffee, der üblicherweise einen negativen Energiewert hat, kann man durch liebevolle Aufnahme zu positiver Wirkung verhelfen. Kaffee, der „mit Liebe gekocht" wurde, schmeckt uns zu recht am besten. Etwas, das man im Zeitalter des Instant-Kaffees mal wieder überdenken sollte.

Die kinesologischen Testmethoden sind übrigens für jeden nachvollziehbar: Man hält seinen Arm ausgestreckt und läßt ihn von jemand anderem runterdrücken. Dabei haben wir unterschiedlich viel Kraft, je nachdem ob wir etwas für uns Positives oder Negatives in der Hand halten. Während wir mit einem gesunden Apfel in der Hand viel Kraft haben, um sie dem Runterdrückenden entgegenzusetzen, wird diese Kraft mit einer brennenden Zigarette in der Hand kaum noch vorhanden sein. Auf diese Weise kann man selber für sich gesunde oder ungesunde Dinge austesten.

Ungesunde Ernährung liegt also nur zum Teil daran, wie die Nahrung entstanden ist, die wir essen, sondern wird auch, wie alles andere, von unseren Gedanken beeinflußt. Beim Frühstück Zeitung lesen und beim Abendessen fernsehen sind also Angewohnheiten, die wir uns im Interesse unserer Gesundheit und des Wohlbefindens besser abgewöhnen sollten. Auch ist es eine gute Sache, vor dem Genuß am Essen oder an den Getränken zu riechen. Wenn man sich dann darauf freut und einem „das Wasser im Munde zusammenläuft", kann sich der Körper über den ätherischen Anteil im Geruch auf die Nahrung einstellen und sie besser verwerten.

Wir müssen uns immer wieder bewußt machen, daß alles, was es gibt, bewußt ist. Es gibt keine tote Materie. Alles ist geformt aus der elektronischen Lichtsubstanz Gottes. Jedes dieser Elektronen hat ein Bewußtsein. Nicht in dem Sinne, daß wir uns mit ihm angeregt über die Beatles unterhalten und dabei köstlich amüsieren können. Aber es ist sich bewußt und trägt Liebe in sich.

Wenn man sein Auto beschimpft, weil es nicht anspringt, sollte man sich klar machen, daß auch dieses Auto aus bewußter Lichtsubstanz Gottes besteht. Und es wirkt sich anders aus, wenn wir liebevolle Gedanken anwenden, um es wieder zum Laufen zu bringen, als wenn wir es treten und verfluchen.

Wir können unser ganzes Leben verändern, indem wir alles mit etwas mehr Bewußtsein tun, positive Empfindungen bestärken und negative annehmen und loslassen. Während wir uns früher geärgert haben, daß alles so ungerecht ist und uns die schlimmsten Dinge zustoßen, können wir sie nun als sinnvolle Lernsituationen annehmen.

Eine gute Übung kann sein, einmal alle Dinge aufzuschreiben, die einem in seinem Leben negativ oder unnötig vorkommen. Dann kann man daraus positive Sätze formen. Wie z.B. „Es ist schön, daß ich hier mit dem Auto im Straßengraben liege, denn es gibt mir Gelegenheit, über meine Aggressivität im Straßenverkehr nachzudenken." oder „es ist schön, daß ich seit ewigen Zeiten keinen liebevollen Partner mehr gehabt habe, denn es gab mir Gelegenheit, mich spirituell zu entwikkeln, ohne mein Glück von einem anderen Menschen abhängig zu machen." oder „Es ist gut, daß mir mein Fahrrad geklaut wurde, da ich nun darüber nachdenken kann, wann ich zuletzt von anderen etwas genommen habe, was mir nicht zusteht." oder „Es ist gut, daß ich tausend Mark beim Rennen verloren habe, denn so lerne ich, nicht so schnell zu laufen, wenn ich viel Geld in der Tasche habe."

Tatsächlich sind unsere Lebensumstände nicht negativ. Alles hat den Sinn, uns spirituell zu entwickeln. Leider hilft uns kaum jemand, dies zu erkennen. Es wäre aber der erste Schritt dazu, glücklich zu werden.

Da wir in einer Schule sind, können wir jederzeit die Hilfe der Lehrer in Anspruch nehmen, die sich natürlich freuen, wenn unter all den desinteressierten Schülern, die Papierflieger durchs Klassenzimmer segeln lassen oder unter der Schulbank rauchen, einer ist, der wirklich lernen will. Kein Streber, der die anderen verpetzt, um gute Noten zu bekommen, sondern jemand, der erkannt hat, wieviele Möglichkeiten darin liegen, das Wissen, das die Lehrer vermitteln, auszuprobieren und anzuwenden. Es ist kein Zufall, wie schnell wir lernen. Wir können darum bitten, daß uns geholfen wird. Und das sollten wir durchaus auch tun. Denn da wir lernen müssen, unsere Fähigkeiten und Eigenschaften zu benutzen, wird uns nicht einfach alles in den Schoß gelegt.

Die Menschen, die mit dem Schicksal hadern und sich fragen, wieso die Welt so schlecht ist, wenn es einen Gott gibt, sollten sich überlegen, daß wir es selber in der Hand haben und wir nichts lernen würden, wenn Gott immer alles „gut" machen würde, egal, wieviel wir zerstören oder beschmutzen. Wie könnten wir da lernen, daß wir selber verantwortlich sind für den Zustand unserer Welt, unseres Lebens?

Wenn wir etwas Gutes in unserem Leben haben wollen, dann müssen wir darum bitten. „Bittet und Euch wird gegeben" wird uns in der Bibel gelehrt und will damit genau dieses sagen. Es steht alles zu unserer Verfügung. Man könnte das als Beten bezeichnen, aber der Begriff ist möglicherweise viel zu eng. Obwohl man ihn freilich auch viel weiter fassen und dann alles im Leben als Gebet bezeichnen kann; egal, ob man einen saftigen Pfirsich ißt oder eine Katze streichelt. Gebete sind keine Bettelei. Sie bedeuten lediglich, daß wir anerkennen, daß es eine Quelle für alles gibt und wir mit dieser Quelle verbunden sind. Wichtig ist aber auch, daß wir uns bewußt werden, daß wir selber die Fäden für unser Leben in der Hand haben.

Die Kirchen haben uns nicht beigebracht, daß unsere Gedanken Schöpferkraft haben und daß wir all das tun können - und noch viel größere Dinge - was auch Jesus getan hat. Er wollte den Menschen nur zeigen, was geschehen kann, wenn man die Gesetzmäßigkeiten anwendet. Aber anstatt sich selber zu bemühen, Meister der Schöpfungskraft zu werden, verlangten sie von ihm immer wieder: „Au ja, zeig uns noch ein Wunder!"

Jesus war kein Mensch, der sich durch besondere Künste oder einen speziellen „Draht nach oben" von uns unterschied. Er hatte genauso eine physische Verkörperung angenommen wie wir alle - mit all ihren scheinbaren Beschränkungen. Auch er vergaß bei der Geburt all das, was er wußte und mußte (in den Mysterienschulen der Essener) wieder lernen, die Beschränkung und die Trennung zu überwinden. All seine „Wunder" sind Dinge, die auch wir tun könnten, wenn wir es ernsthaft versuchen würden. Wir unterscheiden uns grundsätzlich nicht im Mindesten von Jeshua Ben Josef - zumindest wenn wir unser Haar offen tragen.

Es erfordert sicherlich Mut und eine starke Überzeugung, dem nächsten Kranken die Hand aufzulegen und zu sagen: „Du bist geheilt. Stehe auf und wandele." Aber wir haben nicht weniger Kräfte als Jesus. Wir würden nur niemals glauben, daß wir es tatsächlich könnten, da uns unsere Gesellschaft auf das Konsultieren von Ärzten und das Verschreiben bitterer Pillen als Basis des Heilens konditioniert hat. Man sollte also vorher üben. Denn die Heilkräfte, die man durch seine Hände fließen lassen kann, werden mit jeder Anwendung stärker.

Man kann aber bei sich anfangen und sollte beim nächsten Schnupfen, der einen „anfliegt", nicht mehr sagen „Ich bin krank", sondern „ICH BIN gesund. Ich benutze meinen Körper nicht zum Kranksein."

In dem Kapitel über die sogenannten Scharlatane wurde immer wieder darauf hingewiesen, daß das Massendenken, daß Krebs oder AIDS tödliche Krankheiten sind, gegen die es keine Heilung gibt, seine eigene Wirklichkeit erschafft. Wenn der Arzt uns diese „niederschmetternde" Diagnose mit Leidensmine vorträgt und wir uns fortan gedanklich damit beschäftigen, wie lange wir noch zu leben haben, dann wenden wir unsere Schöpferkraft äußerst zweckentfremdend an. Tatsächlich haben gerade diejenigen Menschen ihre „unheilbaren" Krankheiten überwunden, die den Gedanken an die Unausweichlichkeit nicht einfach hingenommen haben, sondern einen anderen Gedanken zur Wirkung brachten; den Gedanken an Heilung. Sie haben die Verantwortung für ihre Krankheit übernommen und sich nicht den Computertomographien und Tabletten überlassen.

Den meisten Lesern dieses Buches wird wohl klar sein, daß die Einstellung, daß man nur um Gutes für sich selber bittet und den Rest der Ganzheit ignoriert, nicht besonders weit fortgeschritten ist. Gläubige Menschen beten oft: „Oh Herr, wenn durch mein persönliches Opfer etwas Gutes in der Welt geschehen kann, dann bin ich bereit, diese Leiden für das Wohl von anderen auf mich zu nehmen." Aber auch diese Einstellung ist keineswegs sehr fortgeschritten. Gutes wird nicht durch Leiden erzeugt, und auch Jesus nahm nicht die Leiden auf sich, um die Welt zu erlösen.

Gutes wird durch Freude und Liebe in die Welt gebracht, nicht dadurch, daß wir leiden. Wenn wir in unserem Leben einen Zustand der Freude erreichen, indem wir uns selber Gutes tun und uns vergeben, können wir auch Liebe ausstrahlen und damit Licht in unserer Umgebung verbreiten. Nicht durch unser Leid erlösen wir andere Leidende, sondern durch Liebe. Und wir können soviel Liebe ausgeben, wie wir möchten. Dadurch schaffen wir kein Leiden.

Sicherlich, manche haben den Weg gewählt, leidenden Menschen, Alten, Kranken, Behinderten zu dienen, und müssen dabei durchaus Leid mit ansehen. Das Mit-Leiden hilft aber niemandem. Das Mit-Gefühl durchaus. Aber es ist in vielen Menschen, die derart dienen, noch die Vorstellung vorhanden, daß durch ihr Leid etwas Gutes geschieht. Diese Einstellung ist natürlich in Jahrtausenden von der Kirche geprägt worden. Und sicherlich haben Menschen dadurch, daß sie selber Leid auf sich genommen haben, Karma abgebaut. Aber allzu leicht schafft man damit doch wieder negative Gefühle und neues Karma, da irgendwo immer der Gedanke ist: „Eigentlich unfair, daß ich so leiden muß, aber Gott wird es schon sehen und mich dafür belohnen." Deswegen finden wir in Krankenhäusern und Altenheimen auch wenig Freude, obwohl die dort arbeitenden Menschen fest überzeugt sind, daß sie einen Liebesdienst tun. Aber sie müßten sich erst einmal selber vergeben und dann allen anderen Menschen, die ihnen Leid zugefügt haben. Dann könnten sie von diesen karmischen Verflechtungen erlöst werden und ihren Dienst wirklich in Freude und Liebe tun, ohne innerlich über ihr Schicksal zu klagen.

Tatsächlich gehört Vergebung zu unseren wichtigsten Aufgaben. Denn solange wir gegen jemanden, der uns Leid zu gefügt hat, einen

Groll oder nur eine Abneigung hegen, solange kann sich dessen Karma nicht erfüllen. Wir blockieren mit unseren negativen Gefühlen also, daß dieser Mensch die Lernsituationen bekommt, in denen ihm klar wird, was für einen Fehler er gemacht hat. Erst, wenn wir ihm vollkommen vergeben und ihn innerlich umarmen können, kann das Gesetz des Karma sich erfüllen.

Und genauso müssen wir uns selber vergeben. Denn wir haben bei vielen Dingen immer noch ein Gefühl der Schuld in uns. Wir müssen uns selber verzeihen können und akzeptieren, daß wir durch alles, was wir getan haben, etwas lernen mußten, und nichts von dem, was wir jemals getan haben, unverzeihlich ist. Selbst der dunkle Lord „Darth Vader" aus der Science-Fiction Trilogie „Krieg der Sterne" wechselte kurz vor seinem Tod von der „dunklen Seite der Macht" auf die helle.

Wir haben in dieser Verkörperung immer wieder die Freiheit der Wahl. Das heißt, wir müssen uns immer wieder entscheiden. Nicht immer sind die Entscheidungen schwarz oder weiß, Gut oder Böse. Was überhaupt ist das Böse? Das, was meint, getrennt von allem, also letztlich von Gott zu sein, und daher kein Interesse am Fortschritt von allem hat, sondern allenfalls an eigenen Vorteilen. Um diese eigenen Vorteile zu erlangen, muß es dem Rest des Lebens schaden, muß wegnehmen und lügen. Die Wahrheit zu sagen, ist immer ein Akt der Liebe und kann nur dem Ganzen dienen.

Die Entscheidungen sind selten so kraß, wie seine Seele dem Teufel zu verkaufen, um dafür vermeintliche Vorteile zu erhalten. Aber wenn wir zum Beispiel vor der Entscheidung stehen, als Pharmahersteller ein Medikament verkaufen zu können, von dem wir wissen, daß es mehr Nebenwirkungen hat als Heilkraft, sich aber gut vermarkten läßt, dann haben wir letztlich eine Wahl zu treffen zwischen Schwarz und Weiß, auch wenn es uns nicht direkt bewußt ist. Wenn wir nicht daran glauben, daß es kosmische Gesetze gibt, die registrieren, was für eine Entscheidung wir treffen, werden wir der Verlockung, viel Geld verdienen zu können, vielleicht erliegen. Wenn uns aber bewußt ist, daß alles Eins ist, und sich unsere Entscheidung auf alles, also letztlich wieder auf uns auswirkt, dann können wir uns nicht für den eigenen Vorteil entscheiden. Es wäre schön, wenn die Kirchen die Dinge einmal so klar erklären würden. Aber auch dort haben viele Menschen Entscheidungen getroffen, die nur ihnen und ihrem Ego dienen.

Die Entscheidungen sind manchmal noch viel banaler. Ob wir den BMW-Fahrer, der uns frech überholt hat, anschließend überholen und ausbremsen oder ihn seiner Wege ziehen lassen, ob wir dem Lebenspartner, der einen Seitensprung gemacht hat, vergeben oder wir anfangen, ihn zu hassen, was auch immer. Alle unsere Handlungen wirken sich auf alles, auf das gesamte Universum aus. Und somit wirken sie sich auch auf uns aus. Negative Gedanken machen uns krank. Der Haß, die Aggressivität, die Betrügereien, die Gewalt, das Verbreiten von Unwahrheit, all das, was wir in die Welt setzen, wird unweigerlich zu uns zurück kommen. Das zu lernen und zu erkennen, wäre eigentlich der Sinn von religiösen Lehren.

Wir müssen uns bewußt machen, daß wir aus einem Göttlichen Lichtstrahl bestehen, im Laufe unserer Verkörperung im Physischen aber ein eigenes, menschliches Bewußtsein geschaffen haben, das sich als getrennt von allem betrachtet. Diese Individualisierung ist für den Lebensstrom nötig, um eigene Erfahrungen zu sammeln. Wie jedoch kann man sich nun wieder mit dem Göttlichen verbinden? Nun, zunächst einfach, indem man sich bewußt macht, daß man keineswegs das menschliche Ego ist, das so ein schweres Leben hat, sondern daß man einen Göttlichen Ursprung hat, ja, daß man dieses ist. Deswegen nennt man es praktischerweise ICH BIN-Bewußtsein.

Es ist jedoch nicht so einfach, eins mit diesem ICH BIN zu werden, da das Leben ja aus allerlei verschiedenen Aspekten besteht. Sein menschliches ICH abzulegen, um das Göttliche ICH BIN zu werden, ist leichter gesagt als getan. Jeder hat jedoch schon viele Aspekte, die es zu lernen gilt, in irgendeiner Verkörperung gelernt und umgesetzt.

Jedoch gibt es Menschen, die sich als spirituell sehr fortgeschritten betrachten, aber dennoch eine schwere Erkrankung oder sonstige Leiden nicht loswerden können und dann mit ihrem Schicksal hadern. Da ist es gut, sich bewußt zu machen, daß man eine Menge verschiedener Eigenschaften verwirklichen muß. Es kann sein, daß man schon 90 Prozent aller Göttlichen Eigenschaften für sich verwirklicht hat, aber noch einige Aspekte lernen muß. Manchmal ist es für denjenigen schwer, diesen Aspekt selber zu erkennen, und es kann für ihn nötig sein, den Rat und die Hilfe von anderen zu akzeptieren, herauszufinden, welche Aspekte noch unerledigt sind.

Nun haben wir gelernt, daß wir nicht urteilen dürfen, daß Urteil die Trennung bedeutet. Das Einssein würde im Gegenzug bedeuten, daß man nichts beurteilt. Tatsächlich gibt es für das Göttliche kein Gut und kein Böse. Selbst Gott gesteht einem Massenmörder das gleiche Recht auf Leben zu wie einem spirituell hochstehenden Menschen. Wenn wir also urteilen, spielen wir uns als Richter auf, was nicht einmal Gott selber tut.

Vielleicht können wir uns ein Mischpult vorstellen, auf dem wir viele, viele Regler haben. Die Einstellungen dieser Regler entsprechen unserer Einstellung zum Leben. Das könnte vielleicht so aussehen:

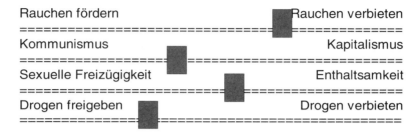

Jeder hat nun eine andere Einstellung auf seinem Mischpult, mit der er versucht, den perfekten Klang zu erzeugen. Nun kommen alle möglichen Leute und spielen an den Reglern rum. Der eine sagt „da müssen mehr Höhen rein" und der andere wiederum „Vorsicht, sonst knallen die Hochtöner durch." Der Dritte sagt, es müssen mehr Bässe rein. Wir sagen, nicht zu viel Bässe, sonst beschweren sich die Nachbarn. Aber je mehr wir für eine ausgewogene Mischung plädieren, desto mehr wird an den Reglern rumgezerrt; „Das muß wummern, Alter!"

So ist es mit unseren Einstellungen zum Leben; wenn wir auf eine Einstellung beharren, kommen immer Situationen, in denen die gegenteilige Einstellung ihre Anerkennung finden will. Der engagierte Nichtraucher wird erfahren, daß der Rauch immer „zufällig" gerade in seine Richtung zieht, egal wohin er sich setzt. Erst, wenn wir nachgeben, hört das Zerren an unseren Reglern - unseren Einstellungen auf.

Das Geheimnis dieses Mischpultes ist, daß es seinen perfekten Klang erzeugt, wenn alle Regler genau in Mittelstellung sind. Im Grunde ist so ein Pult eigentlich überflüssig, und die Hersteller wissen es auch. Aber jeder möchte natürlich so ein Pult haben, je mehr Knöpfe, desto besser. Dieses Mischpult ist unsere menschliche Persönlichkeit, die den Klang der göttlichen Symphonie verändern und durch die Lautsprecher in die physische Welt bringen will.

Es gibt ein paar Meister, die wissen, daß der perfekte Klang erst dann erzeugt wird, wenn alle Regler in Mittelstellung sind. Dann geht auf einmal „die Sonne auf". Die Musik wird so rein und klar, wie wir es nie aus diesem Mischpult erwartet hätten.

Da das höhere Ich, das ICH BIN, nicht urteilt, entspricht das der

Mittelstellung aller Regler auf dem Mischpult unseres Lebens. Es würde weder die Raucher verurteilen, sondern lediglich sehen, was sie noch lernen müssen, noch die Nichtraucher bevorzugen, sondern lediglich sehen, daß diese schon einen Aspekt gelernt haben. Würde dieser Nichtraucher jedoch gegen die rücksichtslosen Raucher hetzen, so würde das ICH BIN sehen, daß auch dieser noch etwas lernen muß. Das heißt nicht, daß wir nicht sanftmütig auf Mißstände hinweisen können oder manchmal auch durch ein deutliches Wort die Wahrheit auf den Tisch bringen müssen. Das ist heute sogar wichtiger denn je. Aber es sollte nicht mit Urteil und negativen Gefühlen geschehen. Wenn wir die Wahrheit über einen Zustand sagen, ist das ein Akt der Liebe, der immer dem Ganzen zugute kommt.

Das gilt natürlich auch für alle anderen Eigenschaften. Wenn wir uns also an das ICH BIN angleichen wollen, müssen wir sehen, daß wir unsere Regler ebenfalls alle möglichst auf Mittelstellung bringen, dorthin, wo wir nicht bewerten, sondern einfach sind. Wo wir nicht trennen, sondern Eins sind.

Das christliche Zeichen des Kreuzes bedeutet keineswegs das Kreuz, an das Jeshua Ben Josef genagelt wurde. Es gab dieses Symbol schon viel früher. Dort bedeutet der waagerechte Balken das menschliche Bewußtsein, in dem es die Dualität gibt, die Einstellung links oder rechts oder irgendwo dazwischen. Der senkrechte Balken bedeutet das Göttliche. Von dem Querbalken des menschlichen Ich gibt es nur einen möglichen Übergang: Wir können nur auf den senkrechten Balken kommen, wenn wir in der Mitte sind.

Wie auch immer - es ist kein Zufall, dorthin zu gelangen, wohin wir müssen. Wir können über alle möglichen Umwege zum Ziel gelangen oder selber daran arbeiten, schneller zum Ziel zu gelangen. Das Umsetzen all der Erkenntnisse und Lehren ist sicherlich nicht einfach. Aber wer erst einmal begonnen hat, sich mit den Aussichten zu beschäftigen, dem kommen die „zufälligen" Begegnungen und Situationen nun sehr gelegen. Er weiß nun: „Aufgemerkt! Es gibt etwas zu lernen."

Wir übertragen sehr gerne die Schuld an unseren Lebensumständen auf andere, auf ein Schicksal, das uns zustößt, auf etwas, das uns zufliegt, für das wir nichts können. Jedoch gibt es eine kosmische Ordnung, nach deren Gesetzen jeder selber sein Leben gestaltet, und das, was auf ihn zukommt, dadurch bestimmt, was er in die Welt setzt. So ist auch der christliche Glaube, daß ein Messias kommt, der einen erlöst, oder daß man letztlich erlöst wird, wenn man in den Himmel kommt, irreleitend; es erlöst einen niemand, es legt einem aber auch niemandem Prüfungen auf oder fordert Leiden von einem. Wir sind hier, um zu lernen. Zu lernen, daß wir das Leben in jeder Form respektieren und achten, daß wir mit Liebe mehr erreichen als mit Gier und Haß. Letztlich müssen wir auch lernen, daß wir selber Schöpfer sind, d.h. wir müssen lernen, nicht darauf zu warten, daß jemand für uns eine bessere Welt schafft, sondern wir müssen sie uns selber schaffen. Und jeder Weltverbesserer kann ewig fordern, daß dieser oder jener dies oder das anders machen muß. Wenn er die Welt verbessern will, muß er bei sich selber anfangen.

Leider werden wir in unserer Welt dazu erzogen, unser „Glück" immer irgendwo außen zu suchen. Ob wir einem Guru nachlaufen, auf einen Millionengewinn hoffen, ob wir ein Filmstar werden wollen oder auf einen Erlöser warten - immer machen wir uns abhängig von äußeren Dingen. Und diese Dinge werden uns dann angeboten: Fernsehen, Lotto, Religionen, scheinbare freie Wahlen, ein Gesundheitssystem etc. Das alles hält uns davon ab, in uns zu suchen und zu finden.

Wir alle haben die Tendenz, daß nur ein Arzt uns helfen kann, wenn wir krank sind, oder daß die Menschen netter zu uns sein müssen, damit es uns besser geht. Nein, wir müssen damit anfangen, die Dinge, die wir in unserem Leben haben wollen, in die Welt zu setzen. Und die Ursache für eine Krankheit liegt immer bei uns selbst, deswegen müssen wir *in uns* nach der Ursache suchen und uns möglicherweise ändern. Natürlich ist es einfacher, eine Tablette zu bekommen, damit die Krankheit verschwindet. Aber jede Krankheit will uns etwas sagen. Und wenn wir uns nicht ändern, wird sie wieder kommen, auch wenn wir noch so viele Tabletten schlucken.

Eine der größten Gefahren für junge Leute in der jüngsten Zeit bildet die Droge Ecstasy. Ecstasy zerstört die Schnittstelle vom Herzen zum Kosmos, erweckt dabei scheinbar spirituelle Eindrücke. Die Zerstörung ist jedoch fatal, da ein „Vakuum" entsteht, in das negative Kräfte einfließen und zur Besessenheit führen können. Man ist dann nicht mehr Herr seiner selbst! Der Konsum von Ecstasy beeinträchtigt die spirituelle Entwicklung einer Seele sogar für die nächsten Inkarnationen! Es ist unglaublich, welcher Schaden dabei den jungen Leuten angetan wird, ohne daß sie sich dieser gewaltigen Gefahr bewußt sind.

Wenn man versucht, durch chemische Substanzen Zustände zu erreichen, die man ohne sie nicht erreichen kann, dann ist man noch nicht bereit für diese Zustände! Bewußtseinserweiterung erreicht man am besten, indem man sein Bewußtsein durch Beschäftigung mit spirituellen Gedanken erweitert. Wer Drogen braucht, um gut drauf, lustvoll oder sonst was zu werden, sollte darüber nachdenken, ob es nicht besser ist, diese Zustände ohne Drogen zu erreichen. Sonst wird man immer von giftigen Stoffen abhängig sein, die von den negativen Kräften angeboten werden, die daran verdienen und einen von sich abhängig machen!

Daß auch über die Musik destruktive Kräfte versuchen, uns von einem Weg zum Licht und zur Freiheit abzuhalten, bestätigen einige Rockmusiker, die erkannt haben, daß ein paar Kollegen offen zugeben, satanische Ziele zu verfolgen. In ihren Texten und Bühnenshows rufen sie die Mächte der Finsternis an, und die Masterbänder von Platten werden „besprochen". Es geht nicht um persönlichen Musikgeschmack, aber einige Musik wirkt auf niedere Ebenen, andere auf höhere. Dabei ist Musik, die den Körper anspricht, also zum wilden Tanzen anregt, keineswegs schlecht. Die höhere und niederen Ebenen unseres Wesens sollten im Idealfall ausgeglichen sein. Klassische Musik, die die spirituellen Fähigkeiten fördert und geistig erhebend ist, sollte also nicht die einzige „Musiknahrung" für uns sein. Einiger Musik hört man jedoch ihren negativen, aggressiven und haßerfüllten Hintergrund an. Hellsichtige Menschen können die destruktiven Wesenheiten sogar sehen, die sich bei Konzerten von Heavy-Metal-Bands etc. einfinden.

Junge Leute scheinen es cool zu finden, zu rauchen, Drogen zu nehmen, okkulte Dinge zu praktizieren oder „ätzende" Musik zu hören. Aber wirklich cool ist, stärker zu sein als diese Verführer. Diese Kräfte zerstören unsere Welt, verpacken es aber in schön buntes Papier, so daß wir immer wieder darauf reinfallen.

Wir sind selber Schöpfer und nicht von außen abhängig, um unser Leben zu verändern. Was wir uns vorstellen können, wird wahr werden. Auch wenn wir uns das nicht vorstellen können. Das Universum versucht ständig, unsere Wünsche zu erfüllen. Da wir unsere Aufmerksamkeit jedoch leider meistens auf negative Dinge richten, geschieht auch allerhand scheinbar Negatives. Das, wovor wir Angst haben, wird uns begegnen, da wir unsere Aufmerksamkeit darauf richten. Wir können es nur erlösen, indem wir es ins Licht führen. Es gibt nichts, wovor wir Angst haben müssen, außer der Angst selber, da alles Eins ist und nichts wirklich zerstört oder getötet werden kann.

Alles ist eine Gelegenheit zum Lernen. Wenn uns etwas scheinbar Negatives zustößt, können wir die Gelegenheit nutzen, die geistigen Gesetze anzuwenden und es in etwas Positives umzuwandeln. Lektionen, die wir gelernt haben, begegnen uns dann nicht mehr. Wenn wir aber immer wieder falsch reagieren, kommen die Lernsituationen immer wieder.

Wir können das Licht in jeden Winkel unseres Lebens tragen, ohne daß wir dafür eine Stromrechnung präsentiert bekommen.

Nun gibt es verschiedene Hilfen, die man auf seinem Weg in Anspruch nehmen kann. Nicht die Telefonseelsorge oder die Anonymen Weltschmerzler, sondern die Anwendung geistiger Gesetzmäßigkeiten.

In der nicht sichtbaren, geistigen Ebene spielen sich viel mehr Dinge unseres Lebens ab, als wir glauben. So gibt es auch Geistwesen auf der ätherischen Ebene, die uns beeinflussen. Die Seelen von Verstorbenen, die wir nicht loslassen wollen und mit unserer Trauer festhalten oder auch menschliche Gedankenformen, die wir selber erzeugt haben. Geistige Wesenheiten erschaffen wir z.B. indem wir das Rauchen anfangen. Diese Entitäten leben davon, daß wir sie mit unseren Gedanken ernähren, und es ist schwer, sie wieder loszuwerden.

Aber wir können etwas dagegen tun. Den meisten Menschen ist nicht bewußt, daß sie mit unseren Gedanken und Vorstellungen etwas erschaffen können. Wir stehen in der geistigen Hierarchie über negativen Wesenheiten, die uns beeinflussen. Wenn wir also meinen, daß es negative Einflüsse in unserem Leben gibt, können wir uns schützen, indem wir uns einen geistigen Schutz um uns herum vorstellen. Das kann ein Schutzschild oder ein Lichtschutzmantel sein, den man sich visualisieren kann. Wir erschaffen mit unseren Gedanken Wirklichkeit. Wir können aber auch um die Unterstützung positiver Wesen bitten, die nur allzu bereitwillig helfen. Jeder hat zumindest einen Schutzengel, wenn er ihn nicht schon vertrieben hat, weil kein Zeichen für Fortschritt mehr erkennbar war. Aber dann kann man um einen Engel bitten, und wenn man den Kontakt regelmäßig „pflegt", bleiben sie auch gerne da.

Wir sind nicht alleine mit unseren Bemühungen. Wieviele Wesen der geistigen Hierarchie lassen einem ihre Hilfe angedeihen, wenn man auch nur den geringsten Ansatz für einen Fortschritt macht. Kann man sich das Jubilieren der Engel vorstellen, wenn auf einmal ein Mensch einen wichtigen Schritt vorwärts gemacht hat? Wenn er eine klare Entscheidung für das Gute getroffen hat, wenn er auf einmal die Liebe empfindet, die in allem Leben steckt, wenn er Tränen weint, weil ihm auf einmal bewußt wird, welche Gnade in allem steckt, wenn sein Herz zu bersten droht, weil er plötzlich spürt, wie wundervoll das Leben ist?

Zufälle gibt es nur in einer Welt, die per Urknall entstanden ist. Und so eine Welt gibt es nur in den Köpfen der Materialisten. (Wer an den Urknall glaubt, hat selber einen.)

Was bringt die Zukunft?

Menschen neigen dazu, sich Sorgen zu machen, und zwar hauptsächlich über die Zukunft. Sie freuen sich, wenn das eigene Horoskop Erfreuliches vorhersagt. Sieht man auf die Zukunft der ganzen Menschheit, treten die Sorgenfalten ziemlich stark hervor. Die Prophezeihungen der Bibel sprechen von einer nahenden Apokalypse, und der Zustand unseres Planeten gibt tatsächlich allerhand Anlaß zur Sorge. Nicht so bei spirituellen Menschen. Sie beschwören ein neues Zeitalter herauf, das in Bälde anbrechen und alles gut machen wird.

Was von all dem wird eintreffen? Nun, in gewisser Weise trifft sicherlich Beides zu. Der Zustand unseres Planeten ist beängstigend, und man braucht nicht mal an ein bewußtes Erd-Wesen namens Lady Terra zu glauben, um zu erkennen, daß die Vernichtung des Regenwaldes, die Vergiftung der Meere, nukleare Abfälle und Luftverschmutzung nicht mehr lange so weiter gehen können. Naturkatastrophen auf der ganzen Welt vermehren sich und scheinen darauf hinzuweisen, daß sich der Planet gegen den Raubbau des Menschen zur Wehr setzt. Andererseits zeichnet sich ein Bewußtseinswandel der Menschen ab. Menschen protestieren zu Millionen gegen Atomtests, und spirituelle Gruppen schießen wie Pilze aus dem Boden. Wenn das Universum nicht tot, sondern bewußt und belebt ist, wird sich der Wandel der Menschen sicherlich auch auf ihre Zukunft auswirken.

Die Parteien rechts von der Mitte werben schon mit Sprüchen wie: "Rote Karte für Zukunftsblockierer." Doch was verstehen sie unter Zukunft? Sie haben Angst, daß wir den Anschluß verpassen, wenn bei uns durch Rücksicht auf die Ängste der Bürger alle fortschrittlichen "Zukunftsmärkte" blockiert werden. Aber die Warnungen vor Gentechnologie, Elektrosmog, Atomwirtschaft und Mikrowellenherden haben nichts damit zu tun, daß die Menschen wieder auf Bäumen leben wollen, wie das oft dargestellt wird. Im Gegenteil; wenn wir mit diesen Zukunftstechnologien, die gegen alle kosmischen Gesetze verstoßen, weitermachen, werden wir der Steinzeit bald wieder näher sein als ohne diese Sachen - und vielleicht auch wieder Dinosaurier um uns haben, denn kann es nicht sein, daß sie durch Genexperimente früherer Kulturen entstanden sind?

Immerhin fand man Schuhsohlenabdrücke in den gleichen Gesteinsschichten wie Dinosaurierabdrücke.

Wie wird es kommen? Nun, prophetische Vorhersagen der Zukunft sollte man immer nur als Möglichkeiten ansehen. Die Zukunft steht nicht fest, deswegen sind Voraussagen, ob irgendwelche Überschwemmungen oder andere Katastrophen stattfinden, nie sicher, da die Menschen immer die Möglichkeit haben, sich für etwas Besseres zu entscheiden, und dann alles anders werden kann. Die Zeit läuft nicht so linear und eingleisig ab, wie wir es uns in unserem dreidimensionalen Denken vorstellen. Es gibt verschiedene Zukünfte, d.h. verschiedene Zeitläufe. Wir haben im Jetzt immer die Möglichkeit, uns neu zu entscheiden und damit in andere Zeitströme zu gelangen. Allerdings gibt es auch kosmische Abläufe, die nicht verändert werden können: Die Erde befindet sich vor einem Sprung in eine neue Entwicklungsphase, und die Menschen müssen sich beeilen, wenn sie mit der Erde ihren neuen Platz in der Evolution des Universums einnehmen wollen.

Voraussagen, die uns Angst vor der Zukunft machen und uns nahelegen, dieses oder jenes zu tun, sollten wir wenig Beachtung schenken. Denn für unsere neue Entwicklungsstufe ist es wichtig zu erkennen, daß wir selber die Verantwortung für unsere Zukunft haben. Zwar versuchen einige Wesen uns abhängig von sich zu machen, aber wir haben die besten Voraussetzungen, uns nun von ihren Manipulationen zu befreien, da sich das Wissen um ihre Machenschaften und die kosmischen Gesetze, die sie zurückhalten, im Zeitalter der Information wie ein Lauffeuer verbreitet. Den großen Manipulatoren wird immer mehr mißtraut, immer mehr Skandale geraten an die Öffentlichkeit, und bald werden sie keine Macht mehr über uns haben. Sie mögen die Pläne für den Zusammenbruch des Geldsystems und die Einführung der Debit-Karte schon in der Schublade haben. Aber wenn die Menschen es nicht zulassen, wird es nicht geschehen. Sie versuchen zwar noch, Bücher zu verbieten, die ihre Machenschaften aufdecken, oder unter dem Vorwand, Kinderpornographie im Internet verhindern zu wollen, den freien Informationsaustausch über das weltweite Computernetz zu zensieren. Aber gegen die Gesamtheit der aufgewachten Göttlichen Wesen auf der Erde können sie nicht mehr gewinnen.

Wir sollten uns von niemandem sagen lassen, was wir tun sollen. Aber oftmals begeben wir uns selber in die Unterdrückung, da wir zulassen, daß jemand uns seinen Willen aufzwingt. Wir sagen, es ist die Sucht, die uns an der Zigarette hält, oder es ist der Geldmangel, weswegen wir diesen fürchterlichen Job behalten müssen. Wir lassen uns allabendlich vom Fernseher einlullen und machen brav unsere Kreuzchen auf dem Wahlzettel zum Politiker des Jahres. Wir lassen uns von einem Guru sagen, was wir tun sollen oder warten auf die neue Wiederkunft des Erlösers, damit er uns befreie. Nein, diesmal müssen wir die Dinge selber in die Hand nehmen - oder wenigstens in den Kopf kriegen. Niemals zuvor in unserer Geschichte hatten die Menschen Zugang zu so vielen Informationen. Und obwohl die meisten dieser Informationen manipuliert sind, wird die Wahrheit sich in den Köpfen der Menschen durchsetzen.

Zukunftsvorhersagen sind keine festgeschriebene Wahrheit; schon öfters wurden Katastrophen vorhergesagt, die dann nicht eingetreten sind. So sollten viele Küstenstriche schon längst überschwemmt, Los Angeles schon der Vernichtung anheimgefallen sein. Aber wenn sich genügend positives Bewußtsein entwickelt hat, ist es möglich, daß solche Katastrophen ausbleiben, und statt einem zerstörerischen Erdbeben in Kalifornien z.B. ein Vulkan vor der Küste ausbricht, der nicht so viele Opfer fordert. Auch wenn wir denken, wir müssen all dem ohnmächtig zusehen, kann es genügen, daß eine ausreichende Anzahl Menschen den Gedanken an eine friedliche Zukunft aufrechterhält, um selbst den 3. Weltkrieg zu verhindern, der von den Illuminati für dieses Jahr geplant war. Ein einziger spirituell fortgeschrittener Mensch kann hundert andere aufwiegen. Die Illuminati müssen erkennen, daß es eine Mehrheit von Menschen gibt, die einfach in Frieden leben wollen.

Allerdings sehen diese Leute die Zukunft wesentlich weniger optimistisch. Schon zu Beginn der fünfziger Jahre trafen sich die hochrangigsten Entscheidungsträger der ganzen Welt in Huntsville, Alabama, zu einer streng geheimen Konferenz. Sie waren in großer Sorge um die Entwicklung auf diesem Planeten, wegen der Verschmutzung der Atmosphäre und des Treibhauseffekts. Anstatt jedoch zu der vernünftigen Entscheidung zu kommen, den Raubbau an der Natur zu stoppen, die giftigen Abgase zu reduzieren und den Abbau des Regenwalds zu verhindern, legten die Experten, die, ohne dafür gewählt zu sein, für die gesamte Menschheit entscheiden sollten, drei verschiedene Vorschläge vor. Einer sah vor, Nuklearraketen in der Atmosphäre zu zünden, damit die bedrohliche Wärme entweichen könnte, was bei nüchterner Betrachtung ein ziemlich behämmerter Vorschlag war. Der zweite Vorschlag betraf den Bau riesiger unterirdischer Städte, in denen große Teile der Bevölkerung auch überleben könnten, wenn die Oberfläche der Erde unbewohnbar werden sollte, und der dritte Vorschlag betraf das Besiedeln anderer Himmelskörper, um Teile der Menschheit zu retten. Die beiden letzten Vorschläge wurden laut dem Buch "Alternative 3" und Aussagen von Ex-CIA-Mitarbeiter Virgil Armstrong unverzüglich in die Wege geleitet. Demnach gibt es inzwischen in allen Teilen der Welt riesige unterirdische Städte, in die Zigtausende von Menschen passen. Es gibt sie in den USA hauptsächlich unter Indianerreservaten, wie Armstrong von befreundeten Indianern verraten wurde, und in Deutschland vermutet er solche Stellen z.B. unter dem Harz und anderswo. Auch die Schweizer Bevölkerung soll zum größten Teil in riesige Anlagen innerhalb der Berge passen, die demnach eine Struktur wie Schweizer Käse haben müßten.

Wie schon im Kapitel über UFOs beschrieben, gibt es inzwischen auch riesige Anlagen auf Mond und Mars, und die Leute, die sich für besonders wichtig halten, haben sich längst abgeseilt. Laut Armstrong hat der Mond eine wesentlich dichtere Atmosphäre, als uns weisgemacht wird. Es gebe riesige kuppelförmige Einrichtungen, die zum Teil auch als Durchgangsstationen für die Reise zu den neuen Territorien auf dem Mars dienten. Armstrongs Angaben zufolge ist die dunkle Seite des Mondes jedoch völlig im Besitz von Außerirdischen, so daß die geheimen Mondprojekte sogar im vollen Licht der Sonne gebaut werden. Auf verschiedenen Fotos der NASA und astronomischen Aufnahmen von irdischen Sternwarten kann man immer wieder ungewöhnliche Erscheinungen wie regelmäßig geformte Strukturen, Wolken und Objekte, die sich bewegen, beobachten. An all diesen Abenteuern wird der dumme Rest der Menschheit freilich nicht beteiligt, denn nur eine Elite soll nach den Vorstellungen der geheimen Machthaber hier überleben.

Bei dieser Einschätzung der Weltlage kann einem freilich angst und bange werden, denn danach ist die Erde schon längst aufgegeben worden, und die Ratten haben das sinkende Schiff verlassen. Diese Einschätzung basiert jedoch auf einem völlig materialistischem Weltbild. Bei spiritueller Sicht ist es natürlich von immenser Bedeutung, daß der Rest der Welt diesen Planeten nicht so leichtfertig aufgibt. Schon der Gedanke, den viele Menschen haben, daß sowieso alles den Bach runter geht, ist besorgniserregend. Aber immer mehr Menschen fangen an, das Leben auf diesem Planeten zu lieben, und es ist wichtig, daß der Gedanke bestärkt wird, daß dieser Planet sicher ist.

Denn dies ist unser Planet, und es liegt in unserer Macht, was mit ihm geschieht. Die Leute, die meinen, für die gesamte Menschheit entscheiden zu müssen, werden im "Himmel" keineswegs als Vertreter der Menschen angesehen.

Gestern standen wir noch am Rande des Abgrunds. Heute sind wir schon einen Schritt weiter. Nein, tatsächlich. Die Menschheit war vor noch nicht langer Zeit von dem Damoklesschwert der atomaren Vernichtung bedroht. Das dumpfe Gefühl, daß der Atomschlag jederzeit passieren könnte, war fast physisch zu spüren. Aber die ganz große Bedrohung ist nicht mehr da. Die Menschheit hat sich gegen sie entschieden.

Die millionenfachen Proteste gegen die jüngsten Atomtests der Franzosen im Pazifik haben gezeigt, daß die Mehrheit der Menschen diese lebensfeindlichen Waffen nicht haben will. Menschen aller Nationen haben sich gemeinsam engagiert, um die Versuche zu verhindern. Daß Chirac sich von all den Protesten nicht hat abbringen lassen, zeigt, daß den Machthabern - und auch er ist in einer Geheimloge - die Meinung der "dummen" Bevölkerung ziemlich schnuppe ist. Aber das Bewußtsein der vielen Menschen, die diese Versuche aus gutem Grund ablehnten, hat eine eigene Kraft, sodaß immer mehr Hoffnung für eine sanftere Zukunft besteht. Die negativen Kräfte können nur in dem Maße wirken, wie das gemeinsame Bewußtsein der Menschen es zuläßt. Und es scheint, daß inzwischen das Positive überwiegt. Die Entwicklung der Menschheit wird jedenfalls im ganzen Universum mit Spannung beobachtet.

In der Tat gibt es viel mehr Menschen, die Licht auf die Erde bringen, als wir uns vorstellen können. Denn natürlich berichten die Massenmedien nicht darüber. Sie spielen uns immer nur die Bilder von Gewalt und Krieg vor. Aber diese Bilder täuschen über das positive Potential hinweg und sollen uns nur Angst machen.

Die New Age Bewegung ist zum Teil auch von den negativen Mächten inszeniert, um die positiven Kräfte zu sammeln und unter ihren Einfluß zu bringen. Und tatsächlich tun viele Menschen, die sich für spirituell halten, Dinge, die nicht viel zum Positiven beitragen. Da wird gependelt, das Schicksal aus den Sternen gelesen und gechannelt, daß es nur so rauscht. Viele versuchen, per Reinkarnationsanalyse an Wissen über ihre früheren Leben zu kommen. Dabei ist es doch gerade eine Gnade, daß man unbelastet von negativen Erfahrungen aus früheren Leben in eine neue Verkörperung geboren wird. Astrologen können die Zeichen der Sterne nicht korrekt berechnen, da viele Sterne auf nicht sichtbaren Schwingungsebenen existieren und somit die wahre Deutung der Sternzeichen ohne solche Kenntnisse nicht möglich ist. Beim Channeln und Pendeln macht man sich offen für Geistwesen, von denen man nicht weiß, welche Absichten sie haben. Oft sind es Diskarnierte, Verstorbene, die den Aufstieg in höhere Reiche nicht geschafft haben und nun froh sind, durch die Aufmerksamkeit von Medien Energien zu erhalten. Man kann nicht wissen, welche Geistwesen einen da an der Nase herumführen. Sie mögen sich als Lichtwesen, ja sogar als Maria oder Jesus ausgeben, und doch haben sie nicht mehr Wissen als normale Räucherstäbchen-Esoteriker. Sie empfehlen einem, sein Haus zu verkaufen und nach Süden zu ziehen oder seinen Partner zu verlassen. Wir müssen uns immer bewußt sein, daß *wir* diejenigen sind, die die Verantwortung für unser Schicksal haben. Sobald wir uns von den Sternen oder den Durchgaben von Verstorbenen abhängig machen, verneinen wir unsere eigene Göttlichkeit, müssen wir noch lernen, daß wir Teil von Gott und von niemand anderem abhängig sind. Unsere Innere Stimme, unser Christ-Selbst sagt uns rechtzeitig, wenn wir umziehen müssen, weil vielleicht unser Land überschwemmt wird.

Es geht in diesem Kapitel weniger um unsere individuelle Zukunft - obwohl diese Abschweifung notwendig war - als um die Zukunft des ganzen Planeten. Es gibt bestimmte, kosmische Kreisläufe. Daß die Erde sich um unsere Sonne dreht, ist nur ein kleiner Teil davon. Auch unser Sonnensystem kreist mir mehreren Sonnen um eine Zentralsonne - die angeblich in den Plejaden liegt und Alcione heißt. Tatsächlich haben Wissenschaftler das erst kürzlich bestätigt. Diese Umkreisungen dauern natürlich viel länger als ein Erdenjahr. Zeiten, in denen sich ganze Zivilisationen entwickeln und selber zerstören können.

Peter O. Erbe schreibt in seinem Buch "God I Am", daß die Erde in dem Kreislauf um unsere Zentralsonne alle ca. 11000 Jahre in einen besonderen Partikelstrom eintaucht, und dieses Ereignis uns kurz bevor steht. Dieses Eintauchen werde alles verändern, was wir bislang als real ansehen. Die Erde wird in ihrer gesamten Schwingung angehoben und damit natürlich auch alles Leben auf ihr. Das bedeutet aber, daß alles Leben, das sich noch als getrennt von der Quelle des Lichtes betrachtet, nun vor die Entscheidung gestellt wird. Da gibt es kein Grau mehr, sondern nur noch Schwarz und Weiß. In der Tat läuft schon der "Endkampf" zwischen Licht und Dunkelheit, und wir spüren die Auswirkungen an allen Ecken und Enden. Alles scheint sich zuzuspitzen. Und wenn es auf den flüchtigen Blick zunächst aussieht, als würde alles immer schlimmer, so ist es doch nur die Kulisse, in der die Kräfte sich bekämpfen, damit eine Entscheidung herbeigeführt wird. Tatsächlich gab es selten so viele Skandale, kam so viele "schmutzige Wäsche" ans Licht. Und das alles wird in Zukunft noch viel häufiger geschehen.

Diejenigen, die jetzt noch glauben, die Erde sei ihre Sandkiste, und sie könnten mit der Menschheit spielen, werden sich bis zu der kommenden Transformation des Planeten entscheiden müssen. Denn die Dunkelheit wird im Neuen Zeitalter nirgendwo auf der Erde mehr herrschen können.

Wie die Transformation der Erde ablaufen wird, steht keineswegs fest. Es kann eine sehr sanfte Umwandlung geschehen, in der die Lebensströme, die das Eins-Sein noch nicht annehmen können, von der Erde entfernt werden und auf einen anderen "Schulungsraum" versetzt werden, oder es kann sein, daß gigantische Naturkatastrophen die Oberfläche der Erde ziemlich kraß verändern. Diejenigen, die jedoch bereit sind, das Licht anzuerkennen, werden die Umwälzungen, egal, wie kraß sie ausfallen, sicherlich überstehen. Niemand braucht sich Sorgen zu machen, daß er in den Schlund eines Kraters fällt, der urplötzlich unter seinem Eigenheim aufgeht. Die Erde wird sich nur von den Elementen befreien, die noch nicht so weit sind, ins Licht zu gehen.

Auch wenn wir durch die täglichen Nachrichten den Eindruck haben, daß es hauptsächlich Gewalt und Mißachtung des Lebens auf der Erde gibt, fallen wir nur auf die Manipulatoren rein, die diesen Eindruck erwecken wollen. Wenn ein Mensch unter Millionen plötzlich Amok läuft, dann wird darüber ausführlich berichtet. Über die Millionen, die in Frieden leben, wird nicht berichtet. Gewalttaten finden - wenn sie nicht gerade aus kalter Macht- oder Profitgier geschehen - sehr oft unter dem Einfluß von Alkohol oder Drogen statt. Daher sollte man diesen Nachrichten nicht allzuviel Bedeutung beimessen. Sie verzerren unsere Wahrnehmung von der Wirklichkeit. Den Fernseher wegzuschmeißen, ist eine ernstgemeinte Empfehlung, um sich vom Massenbewußtsein zu lösen.

Da unsere Gedanken Einfluß auf die Wirklichkeit haben, kann es nicht einleuchten, daß wir uns einerseits über eine immer gewalttätigere Welt beschweren und uns andererseits abends vor den Fernseher hocken und uns Krimis und Actionfilme, also kunstvolle Darstellungen davon ansehen, wie sich Menschen prügeln, beschießen oder irgendwie um die Ecke bringen. Solange wir dieses konsumieren, werden Fernsehmacher und Schriftsteller sich möglichst schreckliche Szenen ausdenken, um diese Wünsche zu befriedigen - und gleichzeitig auf der feinstofflichen Ebene Gewalt und Horror erzeugen, der sich wiederum auf unsere Wirklichkeit auswirkt. Jemand, der sich zum Schreiben oder Filmemachen berufen fühlt, sollte sich wirklich bewußt sein, daß er mit dem, was er in seinem Kopf formt, Wirklichkeiten schafft. Daß mehrere Beteiligte des "teuflisch" guten Spielfilms "Rosemaries Baby" auf schreckliche Weise umkamen, ist sicher kein Zufall; wenn man sich zu sehr in die dunklen Kräfte verliebt, werden sie einem irgendwann ihre zerstörerischen Qualitäten offenbaren.

Dabei kann man auch spannende und unterhaltsames Fernsehen machen, indem man zeigt, wie man Konflikte auf friedliche Weise löst und jeder Form von Leben ihre Daseinsberechtigung zuerkennt, wie das z.B. in den jüngeren Star Trek Serien der Fall ist. Da Film- und Fernsehhelden oft Vorbilder gerade für junge Menschen sind, sollten wir den Einfluß nicht unterschätzen und uns eher sanftmütige Helden wie die Leute von "Enterprise" und "Voyager" wünschen. Zudem bekommen wir dort auf unterhaltsame Weise eine gute Vorstellung davon, daß Materie keineswegs fest ist, sondern auf die unterschiedlichste Weise "weggebeamt" oder verformt werden kann.

Science-Fiction, wenn sie nicht zur reinen Gewaltverherrlichung dient, kann dazu dienen, unser Bewußtsein auf die neue Zeit vorzubereiten, in der Vieles wahr werden wird, was wir bis jetzt noch als Spinnereien von Phantasten abtun.

Sowohl Peter O. Erbe als auch einige Botschaften von Plejadiern, die von Menschen in Buchform gebracht worden sind, sagen, daß die DNS der Menschen sich in dieser Zeit verändern wird. Die bisherige Doppelhelix aus zwei Strängen werde sich zu komplexeren Helixes entwickeln und damit den Zustand der Verwirrung beenden, den die Menschen haben, da auch die in den DNS gespeicherten Informationen vor langer Zeit manipuliert worden sind. Doch nun entwickele sich alles zu einer neuen Stufe, die so phantastisch sein wird, daß wir sie uns kaum vorstellen können.

Überall auf der Erde gibt es spirituelle Menschen, die wirklich das Licht suchen. Auch gibt es viele Menschen, die, unabhängig von spiritueller Bildung, einfach nur leben. Und das ist vielleicht noch viel ehrenwerter als jede Bemühung eines Esoterikers. Ab und zu begegnen uns diese Menschen, die einfach fröhlich und in sich ruhend sind, bei denen wir uns wohl fühlen, die uns nicht dominieren, uns ihre

Vorstellungen aufzwingen wollen, sondern ruhig zuhören können und irgendwie einfach Sonnigkeit versprühen. Manchmal sind wir neidisch auf sie und denken, naja, die haben's ja auch einfach, gut zu sein. Denen stößt ja auch nie etwas Schlimmes zu, das sie verbittert macht. Wer so denkt, hat Ursache und Wirkung nicht begriffen. Diesen Menschen stößt nicht zufällig weniger Schlimmes zu als uns, sondern weil sie selber keine Ursache für Schlimmes in die Welt setzen.

Wir sollten die Liebe entdecken, wo immer sie sich offenbart. Ist es nicht Liebe, wenn der Postbote uns einen freundlichen Gruß oder der Schalterbeamte einen Scherz zukommen läßt? Ist es nicht Liebe, wenn uns jemand einen Tee kocht? Natürlich geschieht einiges mit kalter Berechnung, doch sollten wir das Positive sehen und bestärken.

Nun, leider werden die Wahrheiten, die kosmischen Gesetzmäßigkeiten, nicht über die Massenmedien oder die großen Kirchen verbreitet, so daß die Bedingungen in diesem Endkampf zwischen Dunkelheit und Licht nicht ganz fair zu sein scheinen. Aber der Eindruck täuscht; was zählt, ist das Bewußtsein. Es gibt so viele Bücher, in denen Wahrheiten stecken. Und jeder, der auf der Suche nach der Wahrheit ist, kann heute die Lehren finden, die er für seinen Fortschritt braucht.

Auf der Erde herrschen erhärtete Bedingungen. Es ist nicht leicht, auf dem Weg zum Licht nicht vom Pfade abzukommen. Zu viele Versuchungen lauern überall. Unsere erste Zigarrette haben wir vielleicht einfach aus Sympathie angenommen, ohne uns der Folgen bewußt zu sein. Aber jeder hat immer die Möglichkeit, sich der Quelle des Lichtes zuzuwenden. Selbst, wer seine Seele dem Satan verkauft hat, kann sich noch anders entscheiden. Denn es gibt nichts außerhalb von Gott. Das scheinbar Negative hat für uns die Aufgabe gehabt, an ihm zu lernen. Wir könnten uns nicht bewußt entscheiden, wenn alles positiv wäre.

Die Auslese findet statt, und jeder Lebensstrom bekommt Gelegenheiten, in denen er sich eindeutig für Furcht und Getrenntsein von Gott entscheiden muß, oder für Liebe und Einssein. Wer meint, schlimme Zustände seien Strafen oder Prüfungen von Gott, der irrt. Wer immer wieder verprügelt wird, bekommt immer wieder eine Gelegenheit und kann aus dem Teufelskreis dieser Erfahrungen ausbrechen, wenn er keine Ursache mehr für die nächste "Prügelszene" setzt.

Das neue Zeitalter ist tatsächlich so nah, daß sich viele Menschen gar keine Sorgen wegen ihrer Rente mehr zu machen brauchen. Denn unser Geldsystem wird in der neuen Zeit ohnehin nicht mehr gelten. Es macht auch wenig Sinn, viel Geld auf "der hohen Kante" zu haben, denn damit hält man Energien zurück, anstatt sie dem Leben zu geben.

Der Eintritt der Erde in den Partikelstrom um die Plejaden wird bis zum Jahr 2011 stattfinden. Die meisten von uns haben also noch eine gute Chance, diese Zeit zu erleben. Aber man sollte nun nicht den Fehler machen, sehnsüchtig auf diese Zeit zu warten und in der Zwischenzeit das Leben vergessen. Wir müssen ja gerade lernen, im Jetzt zu leben. Nicht in der Vergangenheit, wie die vielen Menschen, die immer von der guten alten Zeit träumen oder jemandem nachtrauern, oder in der Zukunft, wie viele, die meinen, daß irgendwann alles besser sein wird, oder Angst davor haben. Wir müssen im Jetzt anfangen, dieses Bessere zu schaffen. Und wir erschaffen viel mehr mit unseren Gedanken, als uns bewußt ist.

Wieviele Menschen beschäftigen sich aber ständig mit Negativem, meinen, sie müßten alte Sünden aufarbeiten. Deutschland hat es besonders schwer, denn es wird immer wieder dazu getrieben, sich mit seiner Nazivergangenheit zu beschäftigen. Aber führt dieses alles zu irgend etwas Positivem? Nein. Es hält die Menschen davon ab, sich mit Positivem zu beschäftigen. Und möglicherweise ist auch dieses so gewollt, da bestimmte Wesen Angst vor dem spirituellen Potential haben, das sich sonst in Deutschland entwickeln könnte. Tatsächlich ist das Umweltbewußtsein in Deutschland stärker ausgeprägt als in vielen anderen Nationen Europas. Anstatt uns dieses vorwerfen zu lassen, sollten wir stolz auf dieses Bewußtsein sein und auf unseren Vorstellungen zum Schutze der Umwelt und des Lebens in der EG beharren.

Aber auch jeder Einzelne sollte damit aufhören, sich dauernd mit der Vergangenheit, mit verstorbenen Bekannten oder sonstigen Begebenheit zu befassen.

Die Zeit um 2011 bis 2013 wird oft erwähnt für den Übergang in die neuen Dimensionen. Von Virgil Armstrong genauso wie von spirituellen Meistern. Und diejenigen, die an den geheimen Zeitversuchen des Montauk-Projektes teilgenommen haben, berichten, daß es Probleme gab, in eine Zeit jenseits des Jahres 2013 zu reisen. Umwälzende Veränderungen werden laut Virgil Armstrong und anderen aber schon vor der Jahrtausendwende beginnen.

Wir haben also nicht mehr viel Zeit, leben zu lernen, zu sein, Eins zu sein mit Gott. Wir müssen dabei jedes Urteil über andere und über uns selber ablegen. Denn Gott liebt uns so, wie wir sind. Warum sind wir kritischer? Haben wir das Recht zu urteilen? Sind andere Menschen besser oder schlechter als wir? Nein, sie sind allenfalls auf einer anderen Entwicklungsstufe.

Peter O. Erbe schreibt in seinem wundervollen Buch "God I Am": *"Wenn die gesamte Menschheit mit dem Urteilen aufhören würde, würden wir innerhalb von drei Tagen das Christusbewußtsein erreichen. Und zwar ohne daß auch nur eine einzige Kalamität stattfinden würde."* Noch ein schöner Satz von ihm zur Emanzipation der Geschlechter: *"Wenn der Mann der Frau erlauben würde, ihre Poesie in seine Geometrie zu weben, dann hätten wir einen Wandteppich von solcher Schönheit, wie ihn nie ein Mensch zuvor gesehen hat."*

Wir müssen uns von der Angst lösen, denn sie hält uns am meisten davon ab, unsere Göttlichkeit, unser Einssein zu erkennen. Wenn wir erkennen, daß wir eins sind, wie können wir da Angst haben? Wir können nicht sterben. Und es ist kein Zufall, was uns zustößt. Wir selber setzen die Ursachen für das, was uns begegnet. Und schon, indem wir dieses Buch lesen, haben wir - egal, ob wir viel davon glauben oder nicht - den Samen in uns gesetzt, das Getrenntsein zu überwinden.

Angst ist das Schloß, das uns gefangen hält, Liebe der Schlüssel. Alles, vor dem wir Angst haben, wird solange in unser Leben treten, bis wir es erlösen. Denn das, wovor wir Angst haben, lehnen wir ab. Alles Leben aber lechzt danach, anerkannt zu werden, geliebt zu werden. Und uns wird das, was uns Angst macht, so lange begegnen, bis wir es anerkennen und in Liebe freigeben.

Der bellende Hund, vor dem wir Angst haben, will im Grunde nur geliebt werden. Wir aber haben Angst, daß er uns beißt. Wenn wir aber wissen, daß er genauso Teil von Gott ist wie wir, wie können wir uns dann als getrennt von ihm betrachten? Wie können wir dann Angst haben? Dann haben wir Angst vor Gott. Wenn wir keine Angst mehr haben, spürt der Hund dies, und wir können das liebende Geschöpf in ihm erkennen und streicheln. Selbst der bösartigste, von haßerfüllten Menschen verdorbene Bluthund sehnt sich letztlich nach Liebe. Wenn wir diese Liebe ausstrahlen, wird er für uns mit dem Schwanz wedeln. Auch ein Halbstarker, der uns auf dem Oktoberfest zu einer Prügelei provozieren will, möchte im Grunde nur anerkannt werden und kann durch ein unbefangenes Lächeln von uns zum Freund werden.

Oftmals sind die Vorstellungen, die uns Angst machen, schlichtweg falsch. Wenn wir z.B. glauben, daß ein Krokodil uns sofort den Garaus machen würde, wenn wir in sein Gewässer fielen, täuschen wir uns gewaltig; Krokodile suchen meistens das Weite, wenn ein Mensch auf sie zukommt. Genauso ist es mit vielen anderen Dingen, vor denen wir Angst haben. Haifische fressen nur kranke Meeresbewohner. Sie erfüllen ihren Göttlichen Plan, und es ist schade, daß sie dafür mit Angst und Haß bedacht werden. Die wenigen Menschen, die von Haien angegriffen wurden, stehen in keinem Verhältnis zu den Millionen Haien, die Jahr für Jahr von den Menschen getötet werden.

Haß kann nur aus sich selbst bestehen. Liebe wird immer stärker sein, da sie eins mit der Liebe des Schöpfers ist und somit Unterstützung erhält. Wenn uns Satan persönlich begegnete, könnten wir ihm ins Gesicht lachen und mit Bestimmtheit sagen; "Hebe Dich hinweg von mir. Denn Du hast keine Macht über das Licht. Gehe dorthin, wo Du meinst, daß Du getrennt von Gott sein kannst. Bei mir kannst Du es nicht sein. Denn ICH BIN Eins mit Gott!"

In den Zeiten, die auf uns zukommen, wird alles anders sein. Möglichkeiten, die die kühnsten Science-Fiction-Geschichten wie dummes Geschwätz erscheinen lassen, werden sich auftun. Menschen werden Gedanken lesen können, Lügen wird es nicht mehr geben können, da die Menschen spüren können, ob uns jemand die Wahrheit sagt. Das Leben wird dann nicht mehr von Regierungen und Politikern abhängen, sondern von einfachen Menschen, die ihr Wissen in Liebe weitergeben, um den Menschen zu helfen, die verwirrt und ängstlich ob der Veränderungen sind.

Unsere menschlich geschaffenen Systeme der Trennung werden nicht mehr gelten. Die Materie wird nicht mehr so dicht sein. Wir werden auf eine höhere Schwingungsebene - die vierte und fünfte Dimension - gelangen. Obwohl es noch Menschen geben wird, die es vorziehen werden, auf dieser Ebene zu bleiben, weil sie sich nicht von den materiellen Dingen und dem Ego trennen können.

Die finsteren Mächte unserer Welt wissen, daß sie nicht mehr viel Zeit haben. Insgeheim ist ihnen klar, daß sie gegen das Licht nicht bestehen können. Aber unsere Beurteilung wird auch über ihr Schicksal entscheiden. Und das heißt, wir dürfen sie nicht verurteilen. Sie sind ebenso Teil von Gott wie wir. Sie haben in dieser Ecke des Universums, in der es das Gesetz des "freien Willens" gibt, die freie Entscheidung getroffen, etwas außerhalb von Gott zu versuchen. Das Recht dazu hatten sie. Es ist ihr Weg, der sie irgendwann auch zu der Erkenntnis führen wird, daß es nichts außerhalb der Quelle geben kann. Wir können ihnen nur helfen, indem wir auch sie als etwas anerkennen, das ein gleiches Recht auf Leben hat wie wir. Genau wie der bissige Hund können sie nur erlöst werden durch Liebe. Und wir müssen lernen, daß wir nichts Positives auf der Welt bewirken werden, indem wir etwas verurteilen und nichts damit zu tun haben wollen. Wir haben mit allem was zu tun, denn alles ist eins.

Haben Sie nicht oft gedacht, wenn Sie bestimmte Nachrichten gehört haben, daß es bald nicht mehr weitergehen kann? Nach Tschernobyl, den brennenden Ölquellen in Kuwait oder sonstigen Katastrophen. Wie oft dachte man, die Welt sei nicht mehr zu retten. Da gibt es Bomben, die die Menschheit hundertmal vernichten können, biologische und chemische Waffen, bei denen ein paar Gramm genügen, um alles Leben auf der Erde zu vernichten. Und die Regierungen, die unsere Geschicke lenken, sind in den Händen finsterer Wesen, die vorhaben, die Menschen zu versklaven und auszubeuten. Kann man da noch Hoffnung haben, oder ist nicht vielmehr der Umstand, daß trotz all dieser Horror-Szenarien unser Leben eigentlich immer wieder schön, ja wundervoll ist, der Beweis, daß die positiven Kräfte immer noch stärker sind? Wenn alles ohne einen Schöpfer nach dem Chaosprinzip verliefe, würde dann nicht die ständige Zerstörung wirklich inzwischen eine Hölle aus der Erde gemacht haben? Statt dessen regeneriert sich das Schöne immer wieder, wird der Mensch immer wieder gesund, wenn er krank ist.

Wir müssen lernen, dieses Leben, das so wundervoll und vielseitig ist, mit all seinen Aspekten zu lieben und zu achten. Jeder positive Gedanke trägt zum Wiederaufbau bei, wirkt den zerstörerischen Kräften entgegen.

Wenn man weiß, daß man in sich eine Göttliche Flamme trägt und die Macht hat, durch seine Gedanken die Energien in Bewegung zu setzen, weil einen die Quelle des Lichts mit der Macht ausgestattet hat, selber seine Energien zum Schöpfen anzuwenden, kann man vielleicht erkennen, daß man nun eine wunderbare Möglichkeit hat, das Licht auf der Erde zu verstärken und so dazu beizutragen, daß die Transformation unseres Planeten sanfter vonstatten geht, als die apokalyptischen Prophezeihungen es vorhersagen. Man kann nämlich seine Herzflamme durch bewußte Vorstellung und Visualisierung vergrößern und somit zu einem Lichtträger werden, der, wo er auch hinkommt, einen helleren Ort zurückläßt, als er ihn betreten hat.

Man braucht kein großer Redner zu sein, um das Bewußtsein zu erhöhen. Jeder Mensch ist verschieden und kann auf eine andere Art das Licht auf der Erde verstärken. Ganz viele Dinge geschehen auf unsichtbaren Ebenen. Es kann reichen, einfach irgendwo anwesend zu sein, um die Schwingung zu erhöhen oder nachts daran zu denken, daß wir die Bewußtseine der Schlafenden erhöhen. Wir können unsere Mitmenschen in unsere Herzflamme einhüllen. Manchmal brauchen wir nur ein paar Worte der Wahrheit zu sagen, die vielleicht erst in Wochen, Monaten oder Jahren etwas bewirken. Aber wer erst mal das Licht in unseren Worten erkannt hat, in dem wird sich etwas verändern, wenn sich seine menschliche Persönlichkeit auch noch so sehr dagegen sträuben mag.

Kann sein, daß wir auf anderen Ebenen arbeiten, wenn wir schlafen. Niemand sollte sich daher allzuviel Sorgen machen, wenn er manchmal mehr schläft, als das in unserer Leistungsgesellschaft üblich ist.

Weise Worte alleine genügen nicht, wenn wir das Wissen nicht umsetzen. Zwar ist das zugegebenermaßen schwierig, auch wenn man es verstehen und annehmen mag. Aber man bekommt alle mögliche Hilfe, wenn man sich bewußt entschieden hat, schneller zu lernen. In den unsichtbaren Reichen arbeiten Engelwesen, Elementargeister und aufgestiegene Meister, die unseren Fortschritt unterstützen. Und irgendwann werden wir anfangen, das Licht in jeden Winkel unserer Umgebung zu tragen. Wenn wir die Angst abgelegt haben und das Vertrauen in das Einssein wirklich gefunden haben, entwickeln wir eine große Gelassenheit, die uns in jeder Situation ruhig bleiben läßt. Und die Menschen werden dies sehen. Sie werden hören wollen, was wir zu sagen haben, da sie vielleicht zum ersten Mal jemanden erleben, der stets gelassen und voller Liebe bleibt, der ständig eine Art "inneres Lächeln" zu tragen scheint, der dennoch kein Softie ist, sondern fest für die Wahrheit einsteht.

Wir haben den Fahrschein für die Neue Zeit voller Wunder und Licht schon in der Tasche, es sei denn, wir verlieren ihn, weil wir nun anfangen, auf all die anderen zu zeigen, die sich unserer Meinung nach noch ändern müssen: auf die Raucher, die Umweltverschmutzer, die Vergewaltiger, die Kriegshetzer. Wenn wir meinen, die müßten noch eine Menge lernen, dann müssen wir selber noch eine Menge lernen.

Beim Eintritt in die 4. Dimension wird sich viel mehr auf geistiger Ebene abspielen. Wir können unsere Körper darauf vorbereiten, indem wir uns konsequenter gesund ernähren und unser Denken auf Positives ausrichten. Unsere modernen Nahrungsmittel sind oft bestrahlt, vergiftet, teilweise schon genmanipuliert oder mikrowellenverformt. All dies schadet unserem Körper und hält uns auf einer niederen

Ebene, in der wir ein höheres Bewußtsein schwer erreichen können. Auch das Prana, die kosmische Energie, müssen wir in Reinheit aufnehmen, was bei Luftverschmutzung oder beim Rauchen nicht möglich ist. Wir sollten viel klares Wasser trinken, und uns bewußt und mit Freude ernähren. Es scheint, daß wir auf viel Schönes verzichten müssen. Aber wir haben uns nur an unsere krankmachende Nahrung gewöhnt. Unser Geschmack hat sich verändert, weil bestimmte industriell vermarktete Stoffe süchtig machen. Gesunde Nahrung ist in Fülle vorhanden - wenngleich der Mensch sich alle Mühe gibt, die Grundlagen für diese Fülle systematisch zu zerstören.

Niemand muß seine Ernährung radikal umstellen. Es ist schon ein Anfang sich vorzunehmen, bestimmte Dinge erst mal zu reduzieren. Vielleicht nur noch eine Tasse Kaffee am Tag zu trinken und nur einmal die Woche Fleischgerichte zu machen. Daß wir dadurch in einem Jahr schon einer Kuh oder einem Schwein erspart haben, geschlachtet zu werden, ist ein schöner Gedanke.

Wie schon erwähnt, spielen auch die Gedanken bei der Nahrungsaufnahme eine Rolle. Erstaunliches fand der japanische Wissenschaftler Dr. Kaths heraus, als er die ausgeatmete Luft von verschiedenen Menschen analysierte. Die ZeitenSchrift Nr. 12 gibt das Experiment wider, bei dem die Atemluft in Glasbehältern aufgefangen wurde und sich zu einer Flüssigkeit kondensierte, die bei verschiedenen Menschen verschiedene Farben aufwies. Fröhliche, freundliche Menschen erzeugten eine weiß-goldene oder lavendelblaue, ärgerliche Menschen dunkelgelbe bis dunkelrote Farbe. Brutale, mißgünstige Menschen erzeugten sogar dunkelbraune bis schwarze Flüssigkeiten. Dr. Kaths spritzte dann die verschiedenen Kondensaten in Mäuse. Bei der Injektion der schwarzen Flüssigkeit, die also von haßerfüllten und selbstsüchtigen Menschen ausgeatmet worden war, starben die armen Mäuse nach fünf bis sechs Minuten. Wir sollten uns noch mal an die Aussage von Dr. West erinnern, der meint, daß negative Gedanken krank machen.

Tiere und Menschen, die sich gesund von dem ernähren, was die Natur uns bietet, die zudem streß- und angstfrei leben, bleiben Zeit ihres Lebens gesund. Und sie haben Zugang zu kosmischer Energie und Inspiration. Bei den Tieren nennen wir es Instinkt, wenn sie einfach das tun, was für sie richtig ist. Diese Verbindung zu höheren Bereichen ist das, was in dieser Zeit der Umwandlung nötig ist. Ein Mensch, der gesund lebt und positiv denkt, der Freude am Leben hat, der negative Gedanken vermeidet, braucht keine Angst vor Krebs oder AIDS zu haben und das Ozonloch nicht zu fürchten.

Aber Sie müssen sich entscheiden, ob Sie auf der Seite des Lichts stehen wollen oder auf der der Dunkelheit. Ob Sie Wissen zurückhalten oder offen und wahrhaftig weitergeben wollen. Ob Sie alles Leben lieben und fördern wollen oder nur Ihr eigenes. Wenn Sie z.B. in einer Hühnerfarm den Job haben, die sauberen Eier aus den Legebatterien mit Heu und Abfall zu verunreinigen, damit sie aussehen wie die begehrteren Eier vom Bauernhof, sagen Sie "Nein!" zu dieser Aufgabe. Und wenn Sie dafür gefeuert werden, finden Sie sicherlich etwas, das Ihrer gewandelten Einstellung angemessener ist. Wenn Sie sich als MTA weigern, Forschungsergebnisse "zurechtzubiegen", damit die Vorgaben der industriellen Auftraggeber eingehalten werden können, bleiben Sie standhaft, denn wenig ist für die Neue Zeit wichtiger als Wahrhaftigkeit. Was nützen der Welt gefälschte Forschungsergebnisse? Wenn Ihnen als Journalist gesagt wird, das Interview, das Sie mit einem umstrittenen Menschen gemacht haben, müßte umgeschrieben werden, um in das Bild der vorgefertigten Meinungen zu passen, weisen Sie darauf hin, daß Sie den Beruf des Journalisten aus Überzeugung gewählt haben, daß die Menschen ein Recht auf Wahrheit haben. Und wenn Sie Angst davor haben, Ihrem Vorgesetzten zu widersprechen, dann machen Sie sich klar, daß das Universum auf Ihrer Seite ist. Standhaftigkeit und Charakter werden viel mehr anerkannt als wir oftmals denken.

Wenn Sie ein Auto klauen, beklauen Sie das Universum, und das Universum wird sich diese Energie von Ihnen zurückholen. Wenn Sie jemandem die Unwahrheit sagen, belügen Sie das Universum, und das Universum wird Sie belügen. Wenn Sie Ihren Hund auf einen Fremden an Ihrer Gartentür hetzen, säen Sie Haß und Gewalt ins Universum. Und da Sie in diesem Universum leben müssen (bzw. dürfen), werden Sie weiter in Angst und Schrecken leben.

Sie haben beim Lesen dieses Buches sicherlich oft gedacht: das glaube ich einfach nicht. Es kann doch nicht wahr sein, daß all das, was ich über die Welt zu wissen glaubte, von vorne bis hinten falsch sein soll. Und doch haben Sie bis hierhin weitergelesen. Dafür gibt es einen Grund: in Ihnen gibt es eine Instanz, die die Wahrheit weiß, die Verbindung zu allem Wissen dieses Universums hat. Wenn Ihr Verstand auch zweifeln mag, irgend etwas von dem zu glauben, was Sie gelesen haben - vielleicht fallen Ihnen jetzt ab und zu einmal Dinge

237

im Leben auf, die Ihnen zu denken geben, und das eine oder andere paßt sogar in das Weltbild, das Sie hier kennengelernt haben.

Auch, wenn Sie "wissenschaftliche" Beweise für Vieles, was ich geschrieben habe, vermißt haben - ich hoffe, ich habe Ihnen ein wenig klar gemacht, daß etwas nur deswegen, weil es in wissenschaftlicher Form präsentiert wurde, noch nicht die Wahrheit sein muß. Wenn Sie von mir Beweise verlangen für alles, was ich geschrieben habe, dann verlangen Sie auch Beweise für alles, was Sie sonstwo lesen. Verlangen Sie von den Wissenschaftlern, daß sie nicht nur mit dem Verstand forschen, sondern auch ihre Gefühle als Meßinstrumente einsetzen. Jegliche Forschung, die den Faktor Liebe nicht berücksichtigt, muß zwangsläufig zu falschen Ergebnissen kommen. Denn diese Welt wird zusammengehalten durch Liebe.

Ziel dieses Buches soll sein, Ihnen zu zeigen, wie wundervoll das Leben ist, und daß Sie selbst dafür verantwortlich sind, was in Ihrem Leben geschieht. Daß Sie vor nichts Angst haben müssen, außer vor der Angst selber, da alles - auch das scheinbar Böse - Teil von Gott ist.

Sie haben von Gott die Freiheit der Wahl bekommen. Erkennen Sie also Ihr Göttliches Mandat an, selber die Verantwortung für Ihr Leben zu übernehmen. Stehen Sie für die Wahrheit ein, da die dunklen Mächte nur obsiegen können, wenn wir Angst haben, daß wir für die Wahrheit bestraft werden können. Das Universum ist auf Ihrer Seite.

Sie bekommen zu dieser Zeit die besondere Gelegenheit, in eine neue Dimension aufzusteigen. (Verwechseln Sie sich nicht mit Ihrem Ego.) Es kommt nicht darauf an, daß Sie vorher nichts Böses mehr tun, sondern ob Sie die Freiheit der Wahl und Eigenverantwortung annehmen, oder sich weiterhin von außen vorschreiben lassen, was Sie tun und lassen sollen. Also vom Papst, von Zigaretten und Alkohol, vom Arbeitgeber, von einem Guru, einem Arzt oder einer Kartenlegerin. Sie sind derjenige, welcher...

Segnen Sie das Leben, fangen Sie an, die Liebe zu spüren, die in allem steckt. Hören Sie auf zu urteilen und Angst vor Einbrechern, Krankheiten und Ozonloch zu haben. Halten Sie den Gedanken aufrecht, daß dieser Planet wundervoll und sicher ist. Nehmen Sie mit dem Gott in sich Verbindung auf, und er wird Sie sicher durch die Wirren der Umwandlung der Erde führen. Dabei wünsche ich Ihnen alles Gute und viel Licht.

Literatur- und Quellenverzeichnis

Alternative 3. L.Watkins & D.Ambrose. Sphere Publishing.ISBN 0-7221-1126-6 (Deutsch: ISBN 3-89539-288-X)
Amalgam - in aller Munde, Walter Abriel, Haug Verlag, Heidelberg.
Atommacht Israel. Seymour M. Hersh. Droemer Knaur. ISBN 3-426-26592-3
Beweise, Erich von Däniken, Econ, ISBN 3-4301 1982-0
Brücke über die Zeit. Richard Bach. Ullstein ISBN 3-548-22278-1
Boten des Neuen Morgens. Barbara Marciniak. Bauer Verlag, Freiburg
Das ABC der Insider. Peter Blackwood. Diagnosen.ISBN 3-923864-05-1
Das Leben eines amerikanischen Juden im rassistischen, marxistischen Israel
Jack Bernstein, Lühe Verlag, ISBN 3-926328-20-7
Das Montauk-Projekt, P. B. Nichols, Edition Pandora. ISBN 3-89539-269-3
Das RAF-Phantom. Wisnewski/ Landgraeber/ Sieker. Knaur.
ISBN 3-426-80010-1
Das Thomasevangelium, van Ruysbeek/Messing, Walter, ISBN 3-530-72451-3
Der Anfang, Ulrich Heerd, Edition Pandora, ISBN 3-89539-298-7
Der Antikatechismus. Deschner & Herrmann. Goldmann. ISBN 3-442-12343-7
Der kreative Kosmos, Arthur Young, Knaur, ISBN 3-426-04010-7
Der Magus von Strovolos, K.C. Markides, Knaur, ISBN3-426-0417-X
Der letzte Walzer der Tyrannen. J.Koteen, In-der-Tat Verl. ISBN 3-89539-051-8
Der Talmud, Goldmann Verlag, ISBN 3-442-08665-5
Die Götter von Eden, William Bramley, In Der Tat Verlag, ISBN 3-89539-075-5
Die Ideologie der neuen Weltordnung, H. W. Woltersdorf, Selbstverlag,Remagen
Die Lehre des White Eagle. Ingrid Lind. Heyne. ISBN 3-453-04031-7
Die neue Inquisition. Robert Anton Wilson. 2001 Versand
Die okkulte Seite des Rock. F. S. Banol. Hirthammer ISBN 3-88721-063-8
Die Pharma Story, H. Ruesch, Hirthammer, ISBN 3-88721-027-1
Die Prophezeihungen von Celestine. James Redfield. Heyne
Die Wiederentdeckung der Nutzpflanze Hanf. J.Herer &M.Bröckers, 2001
Die unhörbare Suggestion, Heinz Buddemeier, Urachhaus, ISBN 3-87838-614-1
Die unsichtbaren Waffen der Macht, Falke, Ewert-Verlag, ISBN 3-89478-065-7
Die Zionistischen Protokolle, Hammer Verlag, Leipzig, 1931
Drachenwege. Johannes von Buttlar. Knaur. ISBN 3-426-04847-7
Elsbett Umwelt Technik, Heft vom Förderkreis, Hans-Popp-Str. D 91154 Roth
E.T.101, Zoev Jho, 2001 Verlag, ISBN 3-86150-155-4
Essener Erinnerungen, Meurois-Givaudan. Hugendubel ISBN 3-88034-344-6
Fehldiagnose AIDS, Jon Rappoport, Verlag Bruno Martin ISBN 3-921786-69-X
Frabato, Franz Bardon, Rüggeberg Verlag, ISBN 3-921338-22-0
Geheimakte Mossad, Victor Ostrovsky, Goldmann, ISBN 3-442-12658-4
Geheimgesellschaften J. van Helsing (Pseudonym) Ewert ISBN 3-89478-069-X
Geheimgesellschaften 2 van Helsing, Ewert Verlag ISBN 3-89478-492-X
Geheimsache U.F.O. M. Hesemann, Silberschnur Verlag, ISBN 3-923 781-83-0
God I Am, Peter O. Erbe, Triad Publishers. Australia ISBN 0 646 05255 1
Im Namen Gottes, David Yallop, Knaur. ISBN 3-426-03812-9
Informationen zur politischen Bildung 140. Geschichte d. jüd. Volkes. B 6897 F
Jewish History, Jewish Religion, Israel Shahak, Pluto Press ISBN 0-7453-0819-8
JFK - Verschwg. d. Schweigens. Crenshaw/Hansen/Shaw, Heyne 3-453-06267-1

Krebs - Krankheit der Seele. Ryke Geerd Hamer, Amici di Dirk-Verlag, Köln.
ISBN 3-926755-01-6
Leben und Lehren der Meister im Fernen Osten. Baird Spalding.
Drei Eichen Verlag
Leben und Werk der Helena Blavatsky, S. Cranston, Adyar-Verlag,
ISBN 3-927837-53-9
Meine Welt in Bildern. Erich von Däneken, Knaur ISBN 3-426-00404-6
Olivia - Tagebuch eines Schicksals, Helmut Pilhar, Amici di Dirk Verlag,
ISBN 3-926755-08-3
Orgon und Dor, Jürgen Fischer, Simon + Leutner, ISBN 3-922389-72-4
Ozonloch - das mißbrauchte. Naturwunder. Maduro/Schauerh. Dr.Böttiger.
ISBN 3-925725-11-3
Paradoxie der Geschichte, B. Uschkujnik, Lühe Verlag ISBN 3-926328-21-5
So heilst Du Dich von Krebs, AIDS, etc. Chrysostomos, Interessengemeinschaft
zurück zur Natur. Via Surpunt 41/D, CH 7500 St. Moritz.
Sugar Blues, Suchtstoff Zucker,Willim Dufty, 2001 Verlag, Frankfurt
The Golden Seven Plus One. Dr. Samuel West.
Verdammter Antisemitismus H.C.Robinson, NeueVisionen.ISBN 3-9520669-4-1
Vorbereitung auf den Kontakt, Royal/Priest, 2001-Verlag, ISBN 3-86150-088-4
Wer erschoß John F. Kennedy? Jim Garrison. Bastei Lübbe.
ISBN 3-404-13412-5
Wer will den 3. Weltkrieg? Harm Menkens. Lühe Verlag. ISBN 3-926328-24-X
Wissenschaft der Götter. David Ash & Peter Hewitt, 2001 Frankfurt
Wir entdeckten außerirdische Basen auf d. Mond, Steckling, Kopp
ISBN 3-930219-02-6
Wolfsgesellschaft, Carl-Friedrich Berg, Hohenrain, ISBN 3-89180-043-6
Zurück in unsere Zukunft, Bob Frissell, E.T. Publishing ISBN 3-89538-260-X

Zeitschriften:

Magazin 2000, M. Hesemann, 40211 Düsseldorf, ISSN 0177-672X
Raum&Zeit, Ehlers Verlag, 82054 Sauerlach ISSN 0722-7949
UFO-Kurier, Kopp Verlag, 72108 Rottenburg ISSN 0945-8123
ZeitenSchrift, Postfach, CH 9442 Berneck /Postfach 2115, D 88111 Lindau

Internet:
http://members.aol.com/JoConrad1